司法解释适用指引丛书

— 01 —

婚姻家庭司法解释适用指引

司法实务版

人民法院出版社 编

人民法院出版社

图书在版编目（CIP）数据
婚姻家庭司法解释适用指引 / 人民法院出版社编. 北京 : 人民法院出版社, 2025. 1. -- ISBN 978-7-5109-4286-0
Ⅰ. D923.905
中国国家版本馆CIP数据核字第2024GJ7560号

婚姻家庭司法解释适用指引
人民法院出版社　编

策划编辑　姜　峤
责任编辑　王　婷
出版发行　人民法院出版社
地　　址　北京市东城区东交民巷27号（100745）
电　　话　（010）67550617（责任编辑）　67550558（发行部查询）
65223677（读者服务部）
客服QQ　2092078039
网　　址　http：//www.courtbook.com.cn
E-mail　courtpress@sohu.com
印　　刷　三河市国英印务有限公司
经　　销　新华书店

开　　本　787毫米×1092毫米　1/16
字　　数　270千字
印　　张　17
版　　次　2025年1月第1版　2025年1月第1次印刷
书　　号　ISBN 978-7-5109-4286-0
定　　价　60.00元

编写说明

为准确理解和适用司法解释，助力人民法院统一法律适用，更好地满足法律工作者办案与查询的需求，我们编写了本套丛书。本丛书在每本以某一类别或某一司法解释为主题，汇集与该司法解释相关的最高人民法院司法政策精要、司法解释、司法观点、指导性案例与人民法院案例库参考案例、法答网精选答问以及相关的法律、法规、规章、司法文件等内容，兼具检索与研习功能，能够让广大法律实务工作者全面、快捷、方便地查找到该类案件办理所需的全部材料。

本丛书立足审判，涵盖婚姻家庭、劳动争议、公司企业、诉讼证据、民事诉讼、刑事诉讼、贪污贿赂渎职案件等27个法律专业领域，品类丰富齐全，为立案、调解、仲裁、诉讼、执行等工作提供权威指导，更好地服务司法审判、公众学法、学者科研、律师办案。本书为其中的《婚姻家庭司法解释适用指引》。

本丛书各栏目具体编写情况如下：

【司法政策精要】该栏目摘编自最高人民法院公布的各种审判指导意见、会议纪要，最高人民法院院长对审判工作有重要指导意义的讲话，最高人民法院分管副院长在全国性审判工作会议上的讲话等。文中序号为原文序号，未作删改。

【司法解释】收录了最新公布的司法解释，并在司法解释后附“导读及适用要点”，摘编自最高人民法院专家法官对该司法解释的权威解读，为该司法解释的准确适用提供参考、借鉴。

【司法观点】针对当前审判实务中难点、疑点、热点以及前沿问题，全面系统地总结和梳理了最高人民法院类案审判实践中的裁判理念和法律适用问题，帮助读者全面快速了解最高人民法院对审判实践中重点、难点问题的立场、观点，准确把握审判实践的具体方法、办案依据和裁判尺度。

【指导性案例与人民法院案例库参考案例】收录了人民法院案例库中的相关指导性案例及参考案例，精选裁判要点及裁判要旨，为司法实务提供了权威、规范、全面的案例指引。本书收录的人民法院案例库案例截至2024年11月。

【法答网精选答问】最高人民法院发布的精选答问具有释法说理、普法宣传等多方面的功能效用，一个精选问答可以解决一类法律问题，指导一批争议案例，是“附理由书的批复”。

【相关规定】精选现行有效的相关法律、法规、司法解释、规章等内容，版本权威、内容实用，方便读者对照查询。

值得一提的是，本丛书为首次将最高人民法院裁判观点、人民法院案例库案例、法答网精选答问进行融合出版的图书。2023年，最高人民法院推动建立面向全社会的人民法院案例库、贯通四级法院的法答网。“一网一库”上线运行以来，充分发挥审判监督指导作用，促进统一裁判标准，有效提升广大法官的审判能力，助力司法审判提质增效，取得积极成效。本丛书进一步深化库网融合，促进统一法律适用的功能效用，为法律实务工作者提供覆盖全面、与时俱进的“活教材”。

本丛书内容简洁明了，查询方便快捷，在编排上力求全面、新颖、务实，但疏漏之处在所难免，欢迎广大读者提出批评和改进意见，以便为读者提供更好的法律服务。

人民法院出版社
二〇二五年一月

目 录

第一部分 司法解释

第二部分 司法观点

第四部分　法答网精选答问

第五部分　相关规定

二、司法文件

第一部分　司法解释

最高人民法院
关于适用《中华人民共和国民法典》婚姻家庭编的解释（一）

法释〔2020〕22号

（2020年12月25日最高人民法院审判委员会第1825次会议通过
2020年12月29日最高人民法院公告公布　自2021年1月1日起施行）

为正确审理婚姻家庭纠纷案件，根据《中华人民共和国民法典》《中华人民共和国民事诉讼法》等相关法律规定，结合审判实践，制定本解释。

一、一般规定

第一条　持续性、经常性的家庭暴力，可以认定为民法典第一千零四十二条、第一千零七十九条、第一千零九十一条所称的“虐待”。

第二条　民法典第一千零四十二条、第一千零七十九条、第一千零九十一条规定的“与他人同居”的情形，是指有配偶者与婚外异性，不以夫妻名义，持续、稳定地共同居住。

第三条　当事人提起诉讼仅请求解除同居关系的，人民法院不予受理；已经受理的，裁定驳回起诉。

当事人因同居期间财产分割或者子女抚养纠纷提起诉讼的，人民法院应当受理。

第四条　当事人仅以民法典第一千零四十三条为依据提起诉讼的，人民法院不予受理；已经受理的，裁定驳回起诉。

第五条 当事人请求返还按照习俗给付的彩礼的，如果查明属于以下情形，人民法院应当予以支持：

（一）双方未办理结婚登记手续；

（二）双方办理结婚登记手续但确未共同生活；

（三）婚前给付并导致给付人生活困难。

适用前款第二项、第三项的规定，应当以双方离婚为条件。

二、结婚

第六条 男女双方依据民法典第一千零四十九条规定补办结婚登记的，婚姻关系的效力从双方均符合民法典所规定的结婚的实质要件时起算。

第七条 未依据民法典第一千零四十九条规定办理结婚登记而以夫妻名义共同生活的男女，提起诉讼要求离婚的，应当区别对待：

（一）1994 年 2 月 1 日民政部《婚姻登记管理条例》公布实施以前，男女双方已经符合结婚实质要件的，按事实婚姻处理。

（二）1994 年 2 月 1 日民政部《婚姻登记管理条例》公布实施以后，男女双方符合结婚实质要件的，人民法院应当告知其补办结婚登记。未补办结婚登记的，依据本解释第三条规定处理。

第八条 未依据民法典第一千零四十九条规定办理结婚登记而以夫妻名义共同生活的男女，一方死亡，另一方以配偶身份主张享有继承权的，依据本解释第七条的原则处理。

第九条 有权依据民法典第一千零五十一条规定向人民法院就已办理结婚登记的婚姻请求确认婚姻无效的主体，包括婚姻当事人及利害关系人。其中，利害关系人包括：

（一）以重婚为由的，为当事人的近亲属及基层组织；

（二）以未到法定婚龄为由的，为未到法定婚龄者的近亲属；

（三）以有禁止结婚的亲属关系为由的，为当事人的近亲属。

第十条 当事人依据民法典第一千零五十一条规定向人民法院请求确认婚姻无效，法定的无效婚姻情形在提起诉讼时已经消失的，人民法院不予支持。

第十一条 人民法院受理请求确认婚姻无效案件后，原告申请撤诉的，不予准许。

对婚姻效力的审理不适用调解，应当依法作出判决。

涉及财产分割和子女抚养的，可以调解。调解达成协议的，另行制作调解书；未达成调解协议的，应当一并作出判决。

第十二条　人民法院受理离婚案件后，经审理确属无效婚姻的，应当将婚姻无效的情形告知当事人，并依法作出确认婚姻无效的判决。

第十三条　人民法院就同一婚姻关系分别受理了离婚和请求确认婚姻无效案件的，对于离婚案件的审理，应当待请求确认婚姻无效案件作出判决后进行。

第十四条　夫妻一方或者双方死亡后，生存一方或者利害关系人依据民法典第一千零五十一条的规定请求确认婚姻无效的，人民法院应当受理。

第十五条　利害关系人依据民法典第一千零五十一条的规定，请求人民法院确认婚姻无效的，利害关系人为原告，婚姻关系当事人双方为被告。

夫妻一方死亡的，生存一方为被告。

第十六条　人民法院审理重婚导致的无效婚姻案件时，涉及财产处理的，应当准许合法婚姻当事人作为有独立请求权的第三人参加诉讼。

第十七条　当事人以民法典第一千零五十一条规定的三种无效婚姻以外的情形请求确认婚姻无效的，人民法院应当判决驳回当事人的诉讼请求。

当事人以结婚登记程序存在瑕疵为由提起民事诉讼，主张撤销结婚登记的，告知其可以依法申请行政复议或者提起行政诉讼。

第十八条　行为人以给另一方当事人或者其近亲属的生命、身体、健康、名誉、财产等方面造成损害为要挟，迫使另一方当事人违背真实意愿结婚的，可以认定为民法典第一千零五十二条所称的“胁迫”。

因受胁迫而请求撤销婚姻的，只能是受胁迫一方的婚姻关系当事人本人。

第十九条　民法典第一千零五十二条规定的“一年”，不适用诉讼时效中止、中断或者延长的规定。

受胁迫或者被非法限制人身自由的当事人请求撤销婚姻的，不适用民法典第一百五十二条第二款的规定。

第二十条　民法典第一千零五十四条所规定的“自始没有法律约束力”，是指无效婚姻或者可撤销婚姻在依法被确认无效或者被撤销时，才确定该婚姻自始不受法律保护。

第二十一条 人民法院根据当事人的请求，依法确认婚姻无效或者撤销婚姻的，应当收缴双方的结婚证书并将生效的判决书寄送当地婚姻登记管理机关。

第二十二条 被确认无效或者被撤销的婚姻，当事人同居期间所得的财产，除有证据证明为当事人一方所有的以外，按共同共有处理。

三、夫妻关系

第二十三条 夫以妻擅自中止妊娠侵犯其生育权为由请求损害赔偿的，人民法院不予支持；夫妻双方因是否生育发生纠纷，致使感情确已破裂，一方请求离婚的，人民法院经调解无效，应依照民法典第一千零七十九条第三款第五项的规定处理。

第二十四条 民法典第一千零六十二条第一款第三项规定的“知识产权的收益”，是指婚姻关系存续期间，实际取得或者已经明确可以取得的财产性收益。

第二十五条 婚姻关系存续期间，下列财产属于民法典第一千零六十二条规定的“其他应当归共同所有的财产”：

（一）一方以个人财产投资取得的收益；

（二）男女双方实际取得或者应当取得的住房补贴、住房公积金；

（三）男女双方实际取得或者应当取得的基本养老金、破产安置补偿费。

第二十六条 夫妻一方个人财产在婚后产生的收益，除孳息和自然增值外，应认定为夫妻共同财产。

第二十七条 由一方婚前承租、婚后用共同财产购买的房屋，登记在一方名下的，应当认定为夫妻共同财产。

第二十八条 一方未经另一方同意出售夫妻共同所有的房屋，第三人善意购买、支付合理对价并已办理不动产登记，另一方主张追回该房屋的，人民法院不予支持。

夫妻一方擅自处分共同所有的房屋造成另一方损失，离婚时另一方请求赔偿损失的，人民法院应予支持。

第二十九条 当事人结婚前，父母为双方购置房屋出资的，该出资应当认定为对自己子女个人的赠与，但父母明确表示赠与双方的除外。

当事人结婚后，父母为双方购置房屋出资的，依照约定处理；没有约定或者约定不明确的，按照民法典第一千零六十二条第一款第四项规定的原则处理。

第三十条 军人的伤亡保险金、伤残补助金、医药生活补助费属于个人财产。

第三十一条 民法典第一千零六十三条规定为夫妻一方的个人财产，不因婚姻关系的延续而转化为夫妻共同财产。但当事人另有约定的除外。

第三十二条 婚前或者婚姻关系存续期间，当事人约定将一方所有的房产赠与另一方或者共有，赠与方在赠与房产变更登记之前撤销赠与，另一方请求判令继续履行的，人民法院可以按照民法典第六百五十八条的规定处理。

第三十三条 债权人就一方婚前所负个人债务向债务人的配偶主张权利的，人民法院不予支持。但债权人能够证明所负债务用于婚后家庭共同生活的除外。

第三十四条 夫妻一方与第三人串通，虚构债务，第三人主张该债务为夫妻共同债务的，人民法院不予支持。

夫妻一方在从事赌博、吸毒等违法犯罪活动中所负债务，第三人主张该债务为夫妻共同债务的，人民法院不予支持。

第三十五条 当事人的离婚协议或者人民法院生效判决、裁定、调解书已经对夫妻财产分割问题作出处理的，债权人仍有权就夫妻共同债务向男女双方主张权利。

一方就夫妻共同债务承担清偿责任后，主张由另一方按照离婚协议或者人民法院的法律文书承担相应债务的，人民法院应予支持。

第三十六条 夫或者妻一方死亡的，生存一方应当对婚姻关系存续期间的夫妻共同债务承担清偿责任。

第三十七条 民法典第一千零六十五条第三款所称“相对人知道该约定的”，夫妻一方对此负有举证责任。

第三十八条 婚姻关系存续期间，除民法典第一千零六十六条规定情形以外，夫妻一方请求分割共同财产的，人民法院不予支持。

四、父母子女关系

第三十九条 父或者母向人民法院起诉请求否认亲子关系，并已提供必要证据予以证明，另一方没有相反证据又拒绝做亲子鉴定的，人民法院可以认定否认亲子关系一方的主张成立。

父或者母以及成年子女起诉请求确认亲子关系，并提供必要证据予以证明，另一方没有相反证据又拒绝做亲子鉴定的，人民法院可以认定确认亲子关系一方的主张成立。

第四十条 婚姻关系存续期间，夫妻双方一致同意进行人工授精，所生子女应视为婚生子女，父母子女间的权利义务关系适用民法典的有关规定。

第四十一条 尚在校接受高中及其以下学历教育，或者丧失、部分丧失劳动能力等非因主观原因而无法维持正常生活的成年子女，可以认定为民法典第一千零六十七条规定的“不能独立生活的成年子女”。

第四十二条 民法典第一千零六十七条所称“抚养费”，包括子女生活费、教育费、医疗费等费用。

第四十三条 婚姻关系存续期间，父母双方或者一方拒不履行抚养子女义务，未成年子女或者不能独立生活的成年子女请求支付抚养费的，人民法院应予支持。

第四十四条 离婚案件涉及未成年子女抚养的，对不满两周岁的子女，按照民法典第一千零八十四条第三款规定的原则处理。母亲有下列情形之一，父亲请求直接抚养的，人民法院应予支持：

（一）患有久治不愈的传染性疾病或者其他严重疾病，子女不宜与其共同生活；

（二）有抚养条件不尽抚养义务，而父亲要求子女随其生活；

（三）因其他原因，子女确不宜随母亲生活。

第四十五条 父母双方协议不满两周岁子女由父亲直接抚养，并对子女健康成长无不利影响的，人民法院应予支持。

第四十六条 对已满两周岁的未成年子女，父母均要求直接抚养，一方有下列情形之一的，可予优先考虑：

（一）已做绝育手术或者因其他原因丧失生育能力；

（二）子女随其生活时间较长，改变生活环境对子女健康成长明显不利；

（三）无其他子女，而另一方有其他子女；

（四）子女随其生活，对子女成长有利，而另一方患有久治不愈的传染性疾病或者其他严重疾病，或者有其他不利于子女身心健康的情形，不宜与子女共同生活。

第四十七条　父母抚养子女的条件基本相同，双方均要求直接抚养子女，但子女单独随祖父母或者外祖父母共同生活多年，且祖父母或者外祖父母要求并且有能力帮助子女照顾孙子女或者外孙子女的，可以作为父或者母直接抚养子女的优先条件予以考虑。

第四十八条　在有利于保护子女利益的前提下，父母双方协议轮流直接抚养子女的，人民法院应予支持。

第四十九条　抚养费的数额，可以根据子女的实际需要、父母双方的负担能力和当地的实际生活水平确定。

有固定收入的，抚养费一般可以按其月总收入的百分之二十至三十的比例给付。负担两个以上子女抚养费的，比例可以适当提高，但一般不得超过月总收入的百分之五十。

无固定收入的，抚养费的数额可以依据当年总收入或者同行业平均收入，参照上述比例确定。

有特殊情况的，可以适当提高或者降低上述比例。

第五十条　抚养费应当定期给付，有条件的可以一次性给付。

第五十一条　父母一方无经济收入或者下落不明的，可以用其财物折抵抚养费。

第五十二条　父母双方可以协议由一方直接抚养子女并由直接抚养方负担子女全部抚养费。但是，直接抚养方的抚养能力明显不能保障子女所需费用，影响子女健康成长的，人民法院不予支持。

第五十三条　抚养费的给付期限，一般至子女十八周岁为止。

十六周岁以上不满十八周岁，以其劳动收入为主要生活来源，并能维持当地一般生活水平的，父母可以停止给付抚养费。

第五十四条　生父与继母离婚或者生母与继父离婚时，对曾受其抚养教育的继子女，继父或者继母不同意继续抚养的，仍应由生父或者生母抚养。

第五十五条 离婚后，父母一方要求变更子女抚养关系的，或者子女要求增加抚养费的，应当另行提起诉讼。

第五十六条 具有下列情形之一，父母一方要求变更子女抚养关系的，人民法院应予支持：

（一）与子女共同生活的一方因患严重疾病或者因伤残无力继续抚养子女；

（二）与子女共同生活的一方不尽抚养义务或有虐待子女行为，或者其与子女共同生活对子女身心健康确有不利影响；

（三）已满八周岁的子女，愿随另一方生活，该方又有抚养能力；

（四）有其他正当理由需要变更。

第五十七条 父母双方协议变更子女抚养关系的，人民法院应予支持。

第五十八条 具有下列情形之一，子女要求有负担能力的父或者母增加抚养费的，人民法院应予支持：

（一）原定抚养费数额不足以维持当地实际生活水平；

（二）因子女患病、上学，实际需要已超过原定数额；

（三）有其他正当理由应当增加。

第五十九条 父母不得因子女变更姓氏而拒付子女抚养费。父或者母擅自将子女姓氏改为继母或继父姓氏而引起纠纷的，应当责令恢复原姓氏。

第六十条 在离婚诉讼期间，双方均拒绝抚养子女的，可以先行裁定暂由一方抚养。

第六十一条 对拒不履行或者妨害他人履行生效判决、裁定、调解书中有关子女抚养义务的当事人或者其他人，人民法院可依照民事诉讼法第一百一十一条的规定采取强制措施。

五、离婚

第六十二条 无民事行为能力人的配偶有民法典第三十六条第一款规定行为，其他有监护资格的人可以要求撤销其监护资格，并依法指定新的监护人；变更后的监护人代理无民事行为能力一方提起离婚诉讼的，人民法院应予受理。

第六十三条 人民法院审理离婚案件，符合民法典第一千零七十九条第三款规定“应当准予离婚”情形的，不应当因当事人有过错而判决不准离婚。

第六十四条　民法典第一千零八十一条所称的“军人一方有重大过错”，可以依据民法典第一千零七十九条第三款前三项规定及军人有其他重大过错导致夫妻感情破裂的情形予以判断。

第六十五条　人民法院作出的生效的离婚判决中未涉及探望权，当事人就探望权问题单独提起诉讼的，人民法院应予受理。

第六十六条　当事人在履行生效判决、裁定或者调解书的过程中，一方请求中止探望的，人民法院在征询双方当事人意见后，认为需要中止探望的，依法作出裁定；中止探望的情形消失后，人民法院应当根据当事人的请求书面通知其恢复探望。

第六十七条　未成年子女、直接抚养子女的父或者母以及其他对未成年子女负担抚养、教育、保护义务的法定监护人，有权向人民法院提出中止探望的请求。

第六十八条　对于拒不协助另一方行使探望权的有关个人或者组织，可以由人民法院依法采取拘留、罚款等强制措施，但是不能对子女的人身、探望行为进行强制执行。

第六十九条　当事人达成的以协议离婚或者到人民法院调解离婚为条件的财产以及债务处理协议，如果双方离婚未成，一方在离婚诉讼中反悔的，人民法院应当认定该财产以及债务处理协议没有生效，并根据实际情况依照民法典第一千零八十七条和第一千零八十九条的规定判决。

当事人依照民法典第一千零七十六条签订的离婚协议中关于财产以及债务处理的条款，对男女双方具有法律约束力。登记离婚后当事人因履行上述协议发生纠纷提起诉讼的，人民法院应当受理。

第七十条　夫妻双方协议离婚后就财产分割问题反悔，请求撤销财产分割协议的，人民法院应当受理。

人民法院审理后，未发现订立财产分割协议时存在欺诈、胁迫等情形的，应当依法驳回当事人的诉讼请求。

第七十一条　人民法院审理离婚案件，涉及分割发放到军人名下的复员费、自主择业费等一次性费用的，以夫妻婚姻关系存续年限乘以年平均值，所得数额为夫妻共同财产。

前款所称年平均值，是指将发放到军人名下的上述费用总额按具体年限均分得出的数额。其具体年限为人均寿命七十岁与军人入伍时实际年龄的差额。

第七十二条 夫妻双方分割共同财产中的股票、债券、投资基金份额等有价证券以及未上市股份有限公司股份时，协商不成或者按市价分配有困难的，人民法院可以根据数量按比例分配。

第七十三条 人民法院审理离婚案件，涉及分割夫妻共同财产中以一方名义在有限责任公司的出资额，另一方不是该公司股东的，按以下情形分别处理：

（一）夫妻双方协商一致将出资额部分或者全部转让给该股东的配偶，其他股东过半数同意，并且其他股东均明确表示放弃优先购买权的，该股东的配偶可以成为该公司股东；

（二）夫妻双方就出资额转让份额和转让价格等事项协商一致后，其他股东半数以上不同意转让，但愿意以同等条件购买该出资额的，人民法院可以对转让出资所得财产进行分割。其他股东半数以上不同意转让，也不愿意以同等条件购买该出资额的，视为其同意转让，该股东的配偶可以成为该公司股东。

用于证明前款规定的股东同意的证据，可以是股东会议材料，也可以是当事人通过其他合法途径取得的股东的书面声明材料。

第七十四条 人民法院审理离婚案件，涉及分割夫妻共同财产中以一方名义在合伙企业中的出资，另一方不是该企业合伙人的，当夫妻双方协商一致，将其合伙企业中的财产份额全部或者部分转让给对方时，按以下情形分别处理：

（一）其他合伙人一致同意的，该配偶依法取得合伙人地位；

（二）其他合伙人不同意转让，在同等条件下行使优先购买权的，可以对转让所得的财产进行分割；

（三）其他合伙人不同意转让，也不行使优先购买权，但同意该合伙人退伙或者削减部分财产份额的，可以对结算后的财产进行分割；

（四）其他合伙人既不同意转让，也不行使优先购买权，又不同意该合伙人退伙或者削减部分财产份额的，视为全体合伙人同意转让，该配偶依法取得合伙人地位。

第七十五条 夫妻以一方名义投资设立个人独资企业的，人民法院分割夫妻在该个人独资企业中的共同财产时，应当按照以下情形分别处理：

（一）一方主张经营该企业的，对企业资产进行评估后，由取得企业资产所有权一方给予另一方相应的补偿；

（二）双方均主张经营该企业的，在双方竞价基础上，由取得企业资产所有权的一方给予另一方相应的补偿；

（三）双方均不愿意经营该企业的，按照《中华人民共和国个人独资企业法》等有关规定办理。

第七十六条 双方对夫妻共同财产中的房屋价值及归属无法达成协议时，人民法院按以下情形分别处理：

（一）双方均主张房屋所有权并且同意竞价取得的，应当准许；

（二）一方主张房屋所有权的，由评估机构按市场价格对房屋作出评估，取得房屋所有权的一方应当给予另一方相应的补偿；

（三）双方均不主张房屋所有权的，根据当事人的申请拍卖、变卖房屋，就所得价款进行分割。

第七十七条 离婚时双方对尚未取得所有权或者尚未取得完全所有权的房屋有争议且协商不成的，人民法院不宜判决房屋所有权的归属，应当根据实际情况判决由当事人使用。

当事人就前款规定的房屋取得完全所有权后，有争议的，可以另行向人民法院提起诉讼。

第七十八条 夫妻一方婚前签订不动产买卖合同，以个人财产支付首付款并在银行贷款，婚后用夫妻共同财产还贷，不动产登记于首付款支付方名下的，离婚时该不动产由双方协议处理。

依前款规定不能达成协议的，人民法院可以判决该不动产归登记一方，尚未归还的贷款为不动产登记一方的个人债务。双方婚后共同还贷支付的款项及其相对应财产增值部分，离婚时应根据民法典第一千零八十七条第一款规定的原则，由不动产登记一方对另一方进行补偿。

第七十九条 婚姻关系存续期间，双方用夫妻共同财产出资购买以一方父母名义参加房改的房屋，登记在一方父母名下，离婚时另一方主张按照夫妻共同财产对该房屋进行分割的，人民法院不予支持。购买该房屋时的出资，可以作为债权处理。

第八十条 离婚时夫妻一方尚未退休、不符合领取基本养老金条件，另一方请求按照夫妻共同财产分割基本养老金的，人民法院不予支持；婚后以夫妻共同财产缴纳基本养老保险费，离婚时一方主张将养老金账户中婚姻关系存续期间个人实际缴纳部分及利息作为夫妻共同财产分割的，人民法院应予支持。

第八十一条 婚姻关系存续期间，夫妻一方作为继承人依法可以继承的遗产，在继承人之间尚未实际分割，起诉离婚时另一方请求分割的，人民法院应当告知当事人在继承人之间实际分割遗产后另行起诉。

第八十二条 夫妻之间订立借款协议，以夫妻共同财产出借给一方从事个人经营活动或者用于其他个人事务的，应视为双方约定处分夫妻共同财产的行为，离婚时可以按照借款协议的约定处理。

第八十三条 离婚后，一方以尚有夫妻共同财产未处理为由向人民法院起诉请求分割的，经审查该财产确属离婚时未涉及的夫妻共同财产，人民法院应当依法予以分割。

第八十四条 当事人依据民法典第一千零九十二条的规定向人民法院提起诉讼，请求再次分割夫妻共同财产的诉讼时效期间为三年，从当事人发现之日起计算。

第八十五条 夫妻一方申请对配偶的个人财产或者夫妻共同财产采取保全措施的，人民法院可以在采取保全措施可能造成损失的范围内，根据实际情况，确定合理的财产担保数额。

第八十六条 民法典第一千零九十一条规定的“损害赔偿”，包括物质损害赔偿和精神损害赔偿。涉及精神损害赔偿的，适用《最高人民法院关于确定民事侵权精神损害赔偿责任若干问题的解释》的有关规定。

第八十七条 承担民法典第一千零九十一条规定的损害赔偿责任的主体，为离婚诉讼当事人中无过错方的配偶。

人民法院判决不准离婚的案件，对于当事人基于民法典第一千零九十一条提出的损害赔偿请求，不予支持。

在婚姻关系存续期间，当事人不起诉离婚而单独依据民法典第一千零九十一条提起损害赔偿请求的，人民法院不予受理。

第八十八条　人民法院受理离婚案件时，应当将民法典第一千零九十一条等规定中当事人的有关权利义务，书面告知当事人。在适用民法典第一千零九十一条时，应当区分以下不同情况：

（一）符合民法典第一千零九十一条规定的无过错方作为原告基于该条规定向人民法院提起损害赔偿请求的，必须在离婚诉讼的同时提出。

（二）符合民法典第一千零九十一条规定的无过错方作为被告的离婚诉讼案件，如果被告不同意离婚也不基于该条规定提起损害赔偿请求的，可以就此单独提起诉讼。

（三）无过错方作为被告的离婚诉讼案件，一审时被告未基于民法典第一千零九十一条规定提出损害赔偿请求，二审期间提出的，人民法院应当进行调解；调解不成的，告知当事人另行起诉。双方当事人同意由第二审人民法院一并审理的，第二审人民法院可以一并裁判。

第八十九条　当事人在婚姻登记机关办理离婚登记手续后，以民法典第一千零九十一条规定为由向人民法院提出损害赔偿请求的，人民法院应当受理。但当事人在协议离婚时已经明确表示放弃该项请求的，人民法院不予支持。

第九十条　夫妻双方均有民法典第一千零九十一条规定的过错情形，一方或者双方向对方提出离婚损害赔偿请求的，人民法院不予支持。

六、附则

第九十一条　本解释自2021年1月1日起施行。

【导读及适用要点】

一、关于补办登记是否具有溯及力的问题

《民法典》第一千零四十九条规定，完成结婚登记，即确立婚姻关系。结婚登记是男女缔结婚姻关系的法定必经程序，因此原则上双方应当以结婚登

记作为婚姻关系确立的起点。该条同时规定，未办理结婚登记的，应当补办登记。在编纂《民法典》时，对该条后半部分是否予以保留有过争议，其中就包括补办登记的情况下婚姻关系自何时确立的问题，最后《民法典》仍保留了原《婚姻法》[①]的表述，但是，对于补办结婚登记的情况下婚姻关系的效力能否具有溯及力没有明确。我们认为，既然法律规定可以补办登记，那么认定补办登记具有溯及既往的效力更能保护当事人的权益。即不仅认可事实婚姻关系在补办登记后的合法婚姻效力，而且对补办登记前的事实婚姻关系也应予以认可。但对补办登记前婚姻效力的追及认可，是以没有办理结婚登记即以夫妻名义同居生活的男女双方必须具备结婚的法定实质要件为条件的，即补办登记的溯及力自男女双方均符合结婚的实质要件时起算，而不是溯及至男女双方以夫妻名义同居生活时。

二、关于是否可以诉请解除同居关系的问题

原《最高人民法院关于人民法院审理未办结婚登记而以夫妻名义同居生活案件的若干意见》[②]和原《最高人民法院关于适用〈中华人民共和国婚姻法〉若干问题的解释（一）》[以下简称原《婚姻法解释（一）》][③]第五条均有解除同居关系的规定，《最高人民法院关于适用〈中华人民共和国婚姻法〉若干问题的解释（二）》[以下简称原《婚姻法解释（二）》][④]第一条也在但书部分对有配偶者与他人同居的情形规定可以解除同居关系。我们经研究认为，目前法律并未明确规定同居关系，同居关系本身不具有法律上的权利义务内

① 原《婚姻法》于1980年9月10日第五届全国人民代表大会第三次会议通过。根据2001年4月28日第九届全国人民代表大会常务委员会第二十一次会议《关于修改〈中华人民共和国婚姻法〉的决定》修正；根据《民法典》第一千二百六十条的规定，《民法典》自2021年1月1日起施行，原《婚姻法》同时废止。

② 原《最高人民法院印发〈关于人民法院审理离婚案件如何认定夫妻感情确已破裂的若干具体意见〉〈关于人民法院审理未办结婚登记而以夫妻名义同居生活案件的若干意见〉的通知》[法（民）发〔1989〕38号]，根据《最高人民法院关于废止部分司法解释及相关规范性文件的决定》（法释〔2020〕16号）的规定已废止，自2021年1月1日起不再适用。

③ 原《最高人民法院关于适用〈中华人民共和国婚姻法〉若干问题的解释（一）》（法释〔2001〕30号），根据《最高人民法院关于废止部分司法解释及相关规范性文件的决定》（法释〔2020〕16号）的规定已废止，自2021年1月1日起不再适用。

④ 原《最高人民法院关于适用〈中华人民共和国婚姻法〉若干问题的解释（二）》（法释〔2003〕19号），根据《最高人民法院关于废止部分司法解释及相关规范性文件的决定》（法释〔2020〕16号）的规定已废止，自2021年1月1日起不再适用。

容，故没有必要由人民法院通过判决的方式予以解除。而且，有配偶者与他人同居亦无例外规定的必要。因此，《最高人民法院关于适用〈中华人民共和国民法典〉婚姻家庭编的解释（一）》[以下简称《民法典婚姻家庭编的解释（一）》]第三条统一规定，当事人提起诉讼仅请求解除同居关系的，人民法院不予受理。同时，在《民法典婚姻家庭编的解释（一）》第七条关于《婚姻登记管理条例》公布实施以后未补办结婚登记事宜的部分中，删除了原来"按解除同居关系处理"的规定，转引至第三条统一处理。

三、关于婚姻被确认无效或被撤销后的财产问题

《民法典》第一千零五十四条规定，无效的或者被撤销的婚姻自始没有法律约束力，当事人不具有夫妻的权利和义务。同居期间所得的财产，由当事人协议处理；协议不成的，由人民法院根据照顾无过错方的原则判决。可见，婚姻被确认无效或者被撤销后，对前期同居期间所得的财产，法律并未明确规定为共同共有，而是指引当事人通过协议的方式处理。因此，在婚姻被确认无效或者被撤销后，如果当事人对同居期间所得的财产有协议，应当首先按照协议约定处理，不适用原《婚姻法》有关夫妻法定婚后所得共同制的规定，也不存在依法分割夫妻共同财产的问题。因为无效婚姻或被撤销婚姻的双方在法律上并不是配偶关系而只是同居关系，夫妻财产制所调整的财产关系，是以合法的配偶身份关系为前提的，无效婚姻或被撤销婚姻当事人同居期间并非婚姻关系存续期间，在同居期间所得的财产，不能当然地视为双方当事人共同所有。夫妻共有财产与其他一般共有财产的最大区别在于，夫妻共有财产关系是基于配偶身份，基于彼此是夫妻的特别关系而产生的，虽然财产的形成也含有共同投资、共同劳动的内容，但法律更强调的是身份关系，并不要求双方付出同等的劳动、智力才能共同所有。而其他财产共有关系主要是基于共同投资、共同经营而形成的，如合伙共有财产、出资合购的共有房屋等都不是基于身份而产生的共有关系。无效婚姻或被撤销的婚姻中，虽没有配偶身份关系，但共同生活期间因紧密联系而共同投资、经营或者共同购置的，也可能形成共有财产。这次司法解释清理中，《民法典婚姻家庭编的解释（一）》第二十二条对原《婚姻法解释（一）》第十五条整体上没有改变，只是文字上作了微调，将除外条款提前，以强调这一理念，即同居期间，

如果有证据证明为一方所有的，即首先认定为个人财产，以更明确地区别于合法的婚姻关系。需要特别说明的是，《民法典婚姻家庭编的解释（一）》第二十二条只适用于婚姻被确认无效或者被撤销后同居期间的财产分割问题，而不适用于一般同居关系中的财产纠纷。

四、关于父母为子女出资购房的问题

近年来，由于房价高企，子女购房财力有限，往往需要父母的资助。为了子女能够安居乐业，很多父母倾其大半生积蓄。父母为子女购房出资的性质以及归属关涉各方切身利益，往往成为社会热点。原《婚姻法解释（二）》和原《最高人民法院关于适用〈中华人民共和国婚姻法〉若干问题的解释（三）》[以下简称原《婚姻法解释（三）》][①]对此问题均有规定。此次清理中对上述规定进行了体系化整合，删除了原《婚姻法解释（三）》第七条。在理解时需要注意以下问题。

（一）严格遵守法律的规定

根据《民法典》第一千零六十二条第一款第四项和第一千零六十三条第三项规定，夫妻在婚姻关系存续期间继承或受赠的财产原则上为夫妻共同所有，除非遗嘱或者赠与合同中确定财产只归一方。也即，在我国法定夫妻财产制为婚后所得共同制的前提下，夫妻一方婚后所得的财产原则上均为夫妻共同所有，除非遗嘱或赠与合同中确定只归夫或妻一方的财产。因此，总体上，原《婚姻法解释（二）》第二十二条第二款是符合立法精神的。但考虑到实践中的情形非常复杂，有借款的情形，也有赠与的情形；有只赠与一方的，也有愿意赠与双方的。如果当事人愿意通过事先协议的方式明确出资性质以及房屋产权归属，则能够最大限度减少纠纷的发生。为此，我们对原《婚姻法解释（二）》第二十二条第二款进行了重新表述。首先规定当事人结婚后，父母为双方购置房屋出资的，依照约定处理；对于没有约定或者约定不明的，严格按照法律规定的精神，直接转引至《民法典》第一千零六十二条第一款第四项的规定，即如果没有明确表示是赠与一方的，则按照夫妻共同财产

① 原《最高人民法院关于适用〈中华人民共和国婚姻法〉若干问题的解释（三）》（法释〔2011〕18号），根据《最高人民法院关于废止部分司法解释及相关规范性文件的决定》（法释〔2020〕16号）的规定已废止，自2021年1月1日起不再适用。

处理。

（二）要明确法律关系的性质

实践中，对父母为子女购房出资的性质是借贷还是赠与，各方可能存在争议，在此情况下，应当将法律关系的性质作为争议焦点进行审理，根据查明的案件事实，准确认定双方的法律关系是借款还是赠与，不能仅依据《民法典婚姻家庭编的解释（一）》第二十九条当然地认为是赠与法律关系。需要特别强调的是，在相关证据的认定和采信上，注意适用《最高人民法院关于适用〈中华人民共和国民事诉讼法〉的解释》第一百零五条的规定，运用逻辑推理和日常生活经验法则，对证据有无证明力和证明力大小进行判断，从而准确认定法律关系的性质。从中国现实国情看，子女刚参加工作缺乏经济能力，无力独自负担买房费用，而父母基于对子女的亲情，往往自愿出资为子女购置房屋。大多数父母出资的目的是要解决或改善子女的居住条件，希望子女生活更加幸福，而不是日后要回这笔出资，因此，在父母一方主张为借款的情况下，应当由父母来承担证明责任，这也与一般人的日常生活经验感知一致。

（三）准确认定是赠与一方还是赠与双方

认定父母为子女出资购房为赠与的情况下，根据《民法典》第一千零六十二条的规定，婚姻关系存续期间受赠的财产原则上为夫妻共同财产，除非赠与合同中确定只归一方的财产。因此，《民法典婚姻家庭编的解释（一）》没有再作出具体规定，而是转引至《民法典》第一千零六十二条第一款第四项。要特别注意的是第四项中的但书条款，即《民法典》第一千零六十三条第三项的规定，对于如何认定“赠与合同中确定只归一方”，司法实践中最具争议。如前所述，我们在《民法典婚姻家庭编的解释（一）》中首先引导当事人事先约定，以期尽量减少纠纷的发生。但是，基于父母子女间密切的人身关系和特有的中国传统家庭文化的影响，实践中父母与子女之间一般并没有正式赠与合同的存在，或者说没有一个书面赠与合同的存在，对于是否存在口头的赠与合同以及赠与合同的内容，在夫妻离婚时往往是双方争议的焦点。在一方父母出全资并且在购买不动产后将不动产登记在自己一方子女名下的，考虑到原《物权法》① 已经实施多年，普通民众对不动产登记的意义已经有较为充分的认识，在出资后将不动产登记在自己一方子女名下，认定为是父母将出资确定赠与给自己子女一方的意思表示，符合当事人本意，也符合法律规定的精神。

（撰稿人：最高人民法院　刘敏、王丹）

最高人民法院
关于适用《中华人民共和国民法典》婚姻家庭编的解释（二）

法释〔2025〕1号

（2024年11月25日最高人民法院审判委员会第1933次会议通过
2025年1月15日最高人民法院公告公布　自2025年2月1日起施行）

为正确审理婚姻家庭纠纷案件，根据《中华人民共和国民法典》《中华人民共和国民事诉讼法》等相关法律规定，结合审判实践，制定本解释。

第一条　当事人依据民法典第一千零五十一条第一项规定请求确认重婚的婚姻无效，提起诉讼时合法婚姻当事人已经离婚或者配偶已经死亡，被告以此为由抗辩后一婚姻自以上情形发生时转为有效的，人民法院不予支持。

第二条　夫妻登记离婚后，一方以双方意思表示虚假为由请求确认离婚无效的，人民法院不予支持。

第三条　夫妻一方的债权人有证据证明离婚协议中财产分割条款影响其债权实现，请求参照适用民法典第五百三十八条或者第五百三十九条规定撤销相关条款的，人民法院应当综合考虑夫妻共同财产整体分割及履行情况、子女抚养费负担、离婚过错等因素，依法予以支持。

① 原《物权法》于2007年3月16日第十届全国人民代表大会第五次会议通过。根据《民法典》第一千二百六十条的规定，《民法典》自2021年1月1日起施行，原《物权法》同时废止。

第四条　双方均无配偶的同居关系析产纠纷案件中，对同居期间所得的财产，有约定的，按照约定处理；没有约定且协商不成的，人民法院按照以下情形分别处理：

（一）各自所得的工资、奖金、劳务报酬、知识产权收益，各自继承或者受赠的财产以及单独生产、经营、投资的收益等，归各自所有；

（二）共同出资购置的财产或者共同生产、经营、投资的收益以及其他无法区分的财产，以各自出资比例为基础，综合考虑共同生活情况、有无共同子女、对财产的贡献大小等因素进行分割。

第五条　婚前或者婚姻关系存续期间，当事人约定将一方所有的房屋转移登记至另一方或者双方名下，离婚诉讼时房屋所有权尚未转移登记，双方对房屋归属或者分割有争议且协商不成的，人民法院可以根据当事人诉讼请求，结合给予目的，综合考虑婚姻关系存续时间、共同生活及孕育共同子女情况、离婚过错、对家庭的贡献大小以及离婚时房屋市场价格等因素，判决房屋归其中一方所有，并确定是否由获得房屋一方对另一方予以补偿以及补偿的具体数额。

婚前或者婚姻关系存续期间，一方将其所有的房屋转移登记至另一方或者双方名下，离婚诉讼中，双方对房屋归属或者分割有争议且协商不成的，如果婚姻关系存续时间较短且给予方无重大过错，人民法院可以根据当事人诉讼请求，判决该房屋归给予方所有，并结合给予目的，综合考虑共同生活及孕育共同子女情况、离婚过错、对家庭的贡献大小以及离婚时房屋市场价格等因素，确定是否由获得房屋一方对另一方予以补偿以及补偿的具体数额。

给予方有证据证明另一方存在欺诈、胁迫、严重侵害给予方或者其近亲属合法权益、对给予方有扶养义务而不履行等情形，请求撤销前两款规定的民事法律行为的，人民法院依法予以支持。

第六条　夫妻一方未经另一方同意，在网络直播平台用夫妻共同财产打赏，数额明显超出其家庭一般消费水平，严重损害夫妻共同财产利益的，可以认定为民法典第一千零六十六条和第一千零九十二条规定的“挥霍”。另一方请求在婚姻关系存续期间分割夫妻共同财产，或者在离婚分割夫妻共同财产时请求对打赏一方少分或者不分的，人民法院应予支持。

第七条　夫妻一方为重婚、与他人同居以及其他违反夫妻忠实义务等目的，将夫妻共同财产赠与他人或者以明显不合理的价格处分夫妻共同财产，另一方主张该民事法律行为违背公序良俗无效的，人民法院应予支持并依照民法典第一百五十七条规定处理。

夫妻一方存在前款规定情形，另一方以该方存在转移、变卖夫妻共同财产行为，严重损害夫妻共同财产利益为由，依据民法典第一千零六十六条规定请求在婚姻关系存续期间分割夫妻共同财产，或者依据民法典第一千零九十二条规定请求在离婚分割夫妻共同财产时对该方少分或者不分的，人民法院应予支持。

第八条 婚姻关系存续期间，夫妻购置房屋由一方父母全额出资，如果赠与合同明确约定只赠与自己子女一方的，按照约定处理；没有约定或者约定不明确的，离婚分割夫妻共同财产时，人民法院可以判决该房屋归出资人子女一方所有，并综合考虑共同生活及孕育共同子女情况、离婚过错、对家庭的贡献大小以及离婚时房屋市场价格等因素，确定是否由获得房屋一方对另一方予以补偿以及补偿的具体数额。

婚姻关系存续期间，夫妻购置房屋由一方父母部分出资或者双方父母出资，如果赠与合同明确约定相应出资只赠与自己子女一方的，按照约定处理；没有约定或者约定不明确的，离婚分割夫妻共同财产时，人民法院可以根据当事人诉讼请求，以出资来源及比例为基础，综合考虑共同生活及孕育共同子女情况、离婚过错、对家庭的贡献大小以及离婚时房屋市场价格等因素，判决房屋归其中一方所有，并由获得房屋一方对另一方予以合理补偿。

第九条 夫妻一方转让用夫妻共同财产出资但登记在自己名下的有限责任公司股权，另一方以未经其同意侵害夫妻共同财产利益为由请求确认股权转让合同无效的，人民法院不予支持，但有证据证明转让人与受让人恶意串通损害另一方合法权益的除外。

第十条 夫妻以共同财产投资有限责任公司，并均登记为股东，双方对相应股权的归属没有约定或者约定不明确，离婚时，一方请求按照股东名册或者公司章程记载的各自出资额确定股权分割比例的，人民法院不予支持；对当事人分割夫妻共同财产的请求，人民法院依照民法典第一千零八十七条规定处理。

第十一条 夫妻一方以另一方可继承的财产为夫妻共同财产、放弃继承侵害夫妻共同财产利益为由主张另一方放弃继承无效的，人民法院不予支持，但有证据证明放弃继承导致放弃一方不能履行法定扶养义务的除外。

第十二条　父母一方或者其近亲属等抢夺、藏匿未成年子女，另一方向人民法院申请人身安全保护令或者参照适用民法典第九百九十七条规定申请人格权侵害禁令的，人民法院依法予以支持。

抢夺、藏匿未成年子女一方以另一方存在赌博、吸毒、家庭暴力等严重侵害未成年子女合法权益情形，主张其抢夺、藏匿行为有合理事由的，人民法院应当告知其依法通过撤销监护人资格、中止探望或者变更抚养关系等途径解决。当事人对其上述主张未提供证据证明且未在合理期限内提出相关请求的，人民法院依照前款规定处理。

第十三条　夫妻分居期间，一方或者其近亲属等抢夺、藏匿未成年子女，致使另一方无法履行监护职责，另一方请求行为人承担民事责任的，人民法院可以参照适用民法典第一千零八十四条关于离婚后子女抚养的有关规定，暂时确定未成年子女的抚养事宜，并明确暂时直接抚养未成年子女一方有协助另一方履行监护职责的义务。

第十四条　离婚诉讼中，父母均要求直接抚养已满两周岁的未成年子女，一方有下列情形之一的，人民法院应当按照最有利于未成年子女的原则，优先考虑由另一方直接抚养：

（一）实施家庭暴力或者虐待、遗弃家庭成员；

（二）有赌博、吸毒等恶习；

（三）重婚、与他人同居或者其他严重违反夫妻忠实义务情形；

（四）抢夺、藏匿未成年子女且另一方不存在本条第一项或者第二项等严重侵害未成年子女合法权益情形；

（五）其他不利于未成年子女身心健康的情形。

第十五条　父母双方以法定代理人身份处分用夫妻共同财产购买并登记在未成年子女名下的房屋后，又以违反民法典第三十五条规定损害未成年子女利益为由向相对人主张该民事法律行为无效的，人民法院不予支持。

第十六条　离婚协议中关于一方直接抚养未成年子女或者不能独立生活的成年子女、另一方不负担抚养费的约定，对双方具有法律约束力。但是，离婚后，直接抚养子女一方经济状况发生变化导致原生活水平显著降低或者子女生活、教育、医疗等必要合理费用确有显著增加，未成年子女或者不能独立生活的成年子女请求另一方支付抚养费的，人民法院依法予以支持，并综合考虑离婚协议整体约定、子女实际需要、另一方的负担能力、当地生活水平等因素，确定抚养费的数额。

前款但书规定情形下，另一方以直接抚养子女一方无抚养能力为由请求变更抚养关系的，人民法院依照民法典第一千零八十四条规定处理。

第十七条 离婚后，不直接抚养子女一方未按照离婚协议约定或者以其他方式作出的承诺给付抚养费，未成年子女或者不能独立生活的成年子女请求其支付欠付的抚养费的，人民法院应予支持。

前款规定情形下，如果子女已经成年并能够独立生活，直接抚养子女一方请求另一方支付欠付的费用的，人民法院依法予以支持。

第十八条 对民法典第一千零七十二条中继子女受继父或者继母抚养教育的事实，人民法院应当以共同生活时间长短为基础，综合考虑共同生活期间继父母是否实际进行生活照料、是否履行家庭教育职责、是否承担抚养费等因素予以认定。

第十九条 生父与继母或者生母与继父离婚后，当事人主张继父或者继母和曾受其抚养教育的继子女之间的权利义务关系不再适用民法典关于父母子女关系规定的，人民法院应予支持，但继父或者继母与继子女存在依法成立的收养关系或者继子女仍与继父或者继母共同生活的除外。

继父母子女关系解除后，缺乏劳动能力又缺乏生活来源的继父或者继母请求曾受其抚养教育的成年继子女给付生活费的，人民法院可以综合考虑抚养教育情况、成年继子女负担能力等因素，依法予以支持，但是继父或者继母曾存在虐待、遗弃继子女等情况的除外。

第二十条 离婚协议约定将部分或者全部夫妻共同财产给予子女，离婚后，一方在财产权利转移之前请求撤销该约定的，人民法院不予支持，但另一方同意的除外。

一方不履行前款离婚协议约定的义务，另一方请求其承担继续履行或者因无法履行而赔偿损失等民事责任的，人民法院依法予以支持。

双方在离婚协议中明确约定子女可以就本条第一款中的相关财产直接主张权利，一方不履行离婚协议约定的义务，子女请求参照适用民法典第五百二十二条第二款规定，由该方承担继续履行或者因无法履行而赔偿损失等民事责任的，人民法院依法予以支持。

离婚协议约定将部分或者全部夫妻共同财产给予子女，离婚后，一方有证据证明签订离婚协议时存在欺诈、胁迫等情形，请求撤销该约定的，人民法院依法予以支持；当事人同时请求分割该部分夫妻共同财产的，人民法院依照民法典第一千零八十七条规定处理。

第二十一条 离婚诉讼中，夫妻一方有证据证明在婚姻关系存续期间因抚育子女、照料老年人、协助另一方工作等负担较多义务，依据民法典第一千零八十八条规定请求另一方给予补偿的，人民法院可以综合考虑负担相应义务投入的时间、精力和对双方的影响以及给付方负担能力、当地居民人均可支配收入等因素，确定补偿数额。

第二十二条 离婚诉讼中，一方存在年老、残疾、重病等生活困难情形，依据民法典第一千零九十条规定请求有负担能力的另一方给予适当帮助的，人民法院可以根据当事人请求，结合另一方财产状况，依法予以支持。

第二十三条 本解释自2025年2月1日起施行。

【导读及适用要点】

一、“通过离婚方式意图逃债”的行为认定①

《民法典》第七条规定，民事主体从事民事活动，应当遵循诚信原则，秉持诚实，恪守承诺。在夫妻以一方名义对外负债的情况下，有的夫妻意图通过离婚方式“金蝉脱壳”，将全部或者大部分夫妻共同财产转移给未负债一方，使负债方的偿债能力降低，损害债权人利益。这种行为是不诚信的，法律坚决予以否定。

《最高人民法院关于适用〈中华人民共和国民法典〉婚姻家庭编的解释

---

① 《以公正高效权威的司法裁判维护婚姻家庭和谐稳定——最高法相关部门负责人就民法典婚姻家庭编司法解释（二）答记者问》，载《人民法院报》2025年1月16日。

（二）》[以下简称《民法典婚姻家庭编的解释（二）》]明确，如果债务人通过离婚恶意逃债，债权人可以参照适用《民法典》第五百三十八条或者第五百三十九条关于债权人行使撤销权的规定，请求撤销离婚协议中的相关财产分割条款，以保护自身合法权益。

要特别说明的是，离婚协议中夫妻双方的财产分割往往会考虑子女抚养费负担、离婚过错等因素，并非一定均等分割。不能简单以只要不均等分割就损害债权人利益为由撤销离婚协议，需要考虑婚姻家庭的特殊性，严格把握撤销标准。

《民法典婚姻家庭编的解释（二）》在总结审判实践经验基础上明确，人民法院应当综合考虑夫妻共同财产整体分割及履行情况、子女抚养费负担、离婚过错等因素，依法予以支持。在保护债权人合法权益的同时，避免损害夫妻另一方和未成年子女利益。

二、夫妻一方采用不合理手段阻止另一方探望孩子的认定

实践中，夫妻双方分居期间或离婚后，一方有采用激烈的、不合理的手段阻止另一方探望孩子，甚至抢夺、隐匿孩子情形，《民法典婚姻家庭编的解释（二）》有哪些回应?

《民法典》第一千零五十八条规定，夫妻双方平等享有对未成年子女抚养、教育和保护的权利。《未成年人保护法》第二十四条也明确规定，不得以抢夺、藏匿未成年子女等方式争夺抚养权。抢夺、藏匿未成年子女，不仅侵害了父母另一方对子女依法享有的抚养、教育和保护的权利，更为重要的是，会严重损害未成年子女身心健康，应当坚决预防和制止。

在审理案件中，我们发现，夫妻间矛盾冲突激烈时，有时会失去理智，甚至出现“抢娃”大战。在这个过程中，双方往往更多关注自己的情感发泄和经济利益得失，而忽略了“角落里”的孩子。法律对抢夺、藏匿未成年子女行为应当作出否定性评价。基于此，《民法典婚姻家庭编的解释（二）》用三个条文对该行为予以规制：一是签发人身安全保护令或人格权侵害禁令，及时快速制止不法行为；二是在没有离婚的情况下，根据当事人请求，在监护权纠纷中暂时确定未成年子女抚养事宜；三是在离婚纠纷中确定未成年子女由哪一方直接抚养时，将该行为作为不利因素，优先考虑由另一方直接抚

养。司法审判中，法官一般会通过家事调查、心理评估、走访等方式全面了解各种情况，根据最有利于未成年子女的原则，综合各种因素判断未成年子女由哪一方直接抚养更为适宜，具体考量因素包括子女的个人意愿、年龄、性别、与双方的情感依赖程度、双方经济状况等。

我们要特别强调，孩子是独立的生命个体，他们有独立的思想、独立的人格，更有对父母的依赖和爱，不是可以随意争夺和处分的物品。孩子与父母双方的血缘亲情无法割断，孩子的成长既需要父爱，也需要母爱，任何单独的一方或者其他人都不可替代。婚姻破裂，孩子已失去完整的家，但我们可以努力做到让他们不再失去完整的爱。

三、父母为子女出资购房的房产在离婚时如何分割

在我国，父母为子女出资购房的现象较为普遍，在离婚分割夫妻共同财产时，上述房产该如何分割？子女结婚时由父母出资购房既是我国传统上家庭财产代际传承的方式，也是父母对子女婚姻幸福美满的祝福和物质支持，同时承载着父母对晚年享受天伦之乐的期盼，有着广泛的社会基础。但是在子女离婚时，父母的希望落空，利益平衡被打破，纠纷也由此产生。

《民法典婚姻家庭编的解释（二）》处理该类纠纷的基本原则是：以习近平总书记关于注重家庭家教家风建设论述精神为指导，落实《民法典》第一千零六十二条、第一千零六十三条关于夫妻共同财产和个人财产范围的规定以及第一千零八十七条关于离婚分割夫妻共同财产的规定，在保护个人财产权利的同时，注重维护婚姻家庭和谐稳定，肯定和鼓励双方对家庭的投入和付出。

根据《民法典》第一千零六十二条和第一千零六十三条规定，婚姻关系存续期间受赠的财产，除赠与合同中确定只归一方的以外，属于夫妻共同财产。基于父母为子女出资购房的特殊考量，如果婚姻关系解除，父母出资购房的行为基础丧失，在分割夫妻共同财产时应当考虑个案情况予以平衡。根据《民法典》第一千零八十七条规定，夫妻离婚对分割共同财产协议不成时，由人民法院根据财产的具体情况，按照照顾子女、女方和无过错方权益的原则判决。其中“财产的具体情况”应当包括出资来源情况。鉴于实际生活中出资来源的复杂性，《民法典婚姻家庭编的解释（二）》区分一方父母全额出

资和部分出资两大类情况分别予以规定：（1）针对一方父母全额出资的情况。《民法典婚姻家庭编的解释（二）》规定，如果赠与合同明确约定只赠与自己子女一方，依照约定处理；如果没有约定或者约定不明确的，离婚分割夫妻共同财产时，房屋不论是否登记在自己子女名下，都可以判决该房屋归出资人子女一方所有，以保障出资父母一方的利益。但是，也要综合考虑共同生活及孕育共同子女情况、离婚过错、对家庭的贡献大小等因素，来确定是否需要对另一方予以补偿以及补偿的具体数额。（2）针对一方父母部分出资或者双方父母对房屋均有出资的情况，《民法典婚姻家庭编的解释（二）》规定，如果赠与合同明确约定，相应出资只赠与自己子女一方，依照约定处理；如果没有约定或者约定不明确的，离婚分割夫妻共同财产时，因不同案件出资来源和各方出资比例不同，需要根据个案情况分别处理。比如，双方父母的出资比例为 2 ∶ 8，如双方没有明确约定房产归属，具体分割时，一般可以判决房屋归 80% 出资比例的一方，但是并非一定给另一方 20% 的补偿，需要在考虑共同生活及孕育共同子女情况、离婚过错、对家庭的贡献大小等因素的基础上，按照照顾子女、女方和无过错方权益的原则判决，补偿比例可能高于也可能低于 20%。

《民法典婚姻家庭编的解释（二）》引导大家在婚姻中更注重双方的共同努力和付出，互相尊重，互相关爱，增强家庭认同感和婚姻凝聚力，既不能让一心一意为家庭付出的一方伤心又伤财，也不能让婚姻成为获取不当利益的借口。

最高人民法院
关于适用《中华人民共和国民法典》继承编的解释（一）

法释〔2020〕23号

（2020年12月25日最高人民法院审判委员会第1825次会议通过
2020年12月29日最高人民法院公告公布　自2021年1月1日起施行）

为正确审理继承纠纷案件，根据《中华人民共和国民法典》等相关法律规定，结合审判实践，制定本解释。

一、一般规定

第一条　继承从被继承人生理死亡或者被宣告死亡时开始。

宣告死亡的，根据民法典第四十八条规定确定的死亡日期，为继承开始的时间。

第二条　承包人死亡时尚未取得承包收益的，可以将死者生前对承包所投入的资金和所付出的劳动及其增值和孳息，由发包单位或者接续承包合同的人合理折价、补偿。其价额作为遗产。

第三条　被继承人生前与他人订有遗赠扶养协议，同时又立有遗嘱的，继承开始后，如果遗赠扶养协议与遗嘱没有抵触，遗产分别按协议和遗嘱处理；如果有抵触，按协议处理，与协议抵触的遗嘱全部或者部分无效。

第四条　遗嘱继承人依遗嘱取得遗产后，仍有权依照民法典第一千一百三十条的规定取得遗嘱未处分的遗产。

第五条　在遗产继承中，继承人之间因是否丧失继承权发生纠纷，向人民法院提起诉讼的，由人民法院依据民法典第一千一百二十五条的规定，判决确认其是否丧失继承权。

第六条　继承人是否符合民法典第一千一百二十五条第一款第三项规定的“虐待被继承人情节严重”，可以从实施虐待行为的时间、手段、后果和社会影响等方面认定。

虐待被继承人情节严重的，不论是否追究刑事责任，均可确认其丧失继承权。

第七条 继承人故意杀害被继承人的，不论是既遂还是未遂，均应当确认其丧失继承权。

第八条 继承人有民法典第一千一百二十五条第一款第一项或者第二项所列之行为，而被继承人以遗嘱将遗产指定由该继承人继承的，可以确认遗嘱无效，并确认该继承人丧失继承权。

第九条 继承人伪造、篡改、隐匿或者销毁遗嘱，侵害了缺乏劳动能力又无生活来源的继承人的利益，并造成其生活困难的，应当认定为民法典第一千一百二十五条第一款第四项规定的“情节严重”。

二、法定继承

第十条 被收养人对养父母尽了赡养义务，同时又对生父母扶养较多的，除可以依照民法典第一千一百二十七条的规定继承养父母的遗产外，还可以依照民法典第一千一百三十一条的规定分得生父母适当的遗产。

第十一条 继子女继承了继父母遗产的，不影响其继承生父母的遗产。

继父母继承了继子女遗产的，不影响其继承生子女的遗产。

第十二条 养子女与生子女之间、养子女与养子女之间，系养兄弟姐妹，可以互为第二顺序继承人。

被收养人与其亲兄弟姐妹之间的权利义务关系，因收养关系的成立而消除，不能互为第二顺序继承人。

第十三条 继兄弟姐妹之间的继承权，因继兄弟姐妹之间的扶养关系而发生。没有扶养关系的，不能互为第二顺序继承人。

继兄弟姐妹之间相互继承了遗产的，不影响其继承亲兄弟姐妹的遗产。

第十四条 被继承人的孙子女、外孙子女、曾孙子女、外曾孙子女都可以代位继承，代位继承人不受辈数的限制。

第十五条 被继承人的养子女、已形成扶养关系的继子女的生子女可以代位继承；被继承人亲生子女的养子女可以代位继承；被继承人养子女的养子女可以代位继承；与被继承人已形成扶养关系的继子女的养子女也可以代位继承。

第十六条　代位继承人缺乏劳动能力又没有生活来源，或者对被继承人尽过主要赡养义务的，分配遗产时，可以多分。

第十七条　继承人丧失继承权的，其晚辈直系血亲不得代位继承。如该代位继承人缺乏劳动能力又没有生活来源，或者对被继承人尽赡养义务较多的，可以适当分给遗产。

第十八条　丧偶儿媳对公婆、丧偶女婿对岳父母，无论其是否再婚，依照民法典第一千一百二十九条规定作为第一顺序继承人时，不影响其子女代位继承。

第十九条　对被继承人生活提供了主要经济来源，或者在劳务等方面给予了主要扶助的，应当认定其尽了主要赡养义务或主要扶养义务。

第二十条　依照民法典第一千一百三十一条规定可以分给适当遗产的人，分给他们遗产时，按具体情况可以多于或者少于继承人。

第二十一条　依照民法典第一千一百三十一条规定可以分给适当遗产的人，在其依法取得被继承人遗产的权利受到侵犯时，本人有权以独立的诉讼主体资格向人民法院提起诉讼。

第二十二条　继承人有扶养能力和扶养条件，愿意尽扶养义务，但被继承人因有固定收入和劳动能力，明确表示不要求其扶养的，分配遗产时，一般不应因此而影响其继承份额。

第二十三条　有扶养能力和扶养条件的继承人虽然与被继承人共同生活，但对需要扶养的被继承人不尽扶养义务，分配遗产时，可以少分或者不分。

三、遗嘱继承和遗赠

第二十四条　继承人、受遗赠人的债权人、债务人，共同经营的合伙人，也应当视为与继承人、受遗赠人有利害关系，不能作为遗嘱的见证人。

第二十五条　遗嘱人未保留缺乏劳动能力又没有生活来源的继承人的遗产份额，遗产处理时，应当为该继承人留下必要的遗产，所剩余的部分，才可参照遗嘱确定的分配原则处理。

继承人是否缺乏劳动能力又没有生活来源，应当按遗嘱生效时该继承人的具体情况确定。

第二十六条 遗嘱人以遗嘱处分了国家、集体或者他人财产的，应当认定该部分遗嘱无效。

第二十七条 自然人在遗书中涉及死后个人财产处分的内容，确为死者的真实意思表示，有本人签名并注明了年、月、日，又无相反证据的，可以按自书遗嘱对待。

第二十八条 遗嘱人立遗嘱时必须具有完全民事行为能力。无民事行为能力人或者限制民事行为能力人所立的遗嘱，即使其本人后来具有完全民事行为能力，仍属无效遗嘱。遗嘱人立遗嘱时具有完全民事行为能力，后来成为无民事行为能力人或者限制民事行为能力人的，不影响遗嘱的效力。

第二十九条 附义务的遗嘱继承或者遗赠，如义务能够履行，而继承人、受遗赠人无正当理由不履行，经受益人或者其他继承人请求，人民法院可以取消其接受附义务部分遗产的权利，由提出请求的继承人或者受益人负责按遗嘱人的意愿履行义务，接受遗产。

四、遗产的处理

第三十条 人民法院在审理继承案件时，如果知道有继承人而无法通知的，分割遗产时，要保留其应继承的遗产，并确定该遗产的保管人或者保管单位。

第三十一条 应当为胎儿保留的遗产份额没有保留的，应从继承人所继承的遗产中扣回。

为胎儿保留的遗产份额，如胎儿出生后死亡的，由其继承人继承；如胎儿娩出时是死体的，由被继承人的继承人继承。

第三十二条 继承人因放弃继承权，致其不能履行法定义务的，放弃继承权的行为无效。

第三十三条 继承人放弃继承应当以书面形式向遗产管理人或者其他继承人表示。

第三十四条 在诉讼中，继承人向人民法院以口头方式表示放弃继承的，要制作笔录，由放弃继承的人签名。

第三十五条 继承人放弃继承的意思表示，应当在继承开始后、遗产分割前作出。遗产分割后表示放弃的不再是继承权，而是所有权。

第三十六条 遗产处理前或者在诉讼进行中，继承人对放弃继承反悔的，由人民法院根据其提出的具体理由，决定是否承认。遗产处理后，继承人对放弃继承反悔的，不予承认。

第三十七条 放弃继承的效力，追溯到继承开始的时间。

第三十八条 继承开始后，受遗赠人表示接受遗赠，并于遗产分割前死亡的，其接受遗赠的权利转移给他的继承人。

第三十九条 由国家或者集体组织供给生活费用的烈属和享受社会救济的自然人，其遗产仍应准许合法继承人继承。

第四十条 继承人以外的组织或者个人与自然人签订遗赠扶养协议后，无正当理由不履行，导致协议解除的，不能享有受遗赠的权利，其支付的供养费用一般不予补偿；遗赠人无正当理由不履行，导致协议解除的，则应当偿还继承人以外的组织或者个人已支付的供养费用。

第四十一条 遗产因无人继承又无人受遗赠归国家或者集体所有制组织所有时，按照民法典第一千一百三十一条规定可以分给适当遗产的人提出取得遗产的诉讼请求，人民法院应当视情况适当分给遗产。

第四十二条 人民法院在分割遗产中的房屋、生产资料和特定职业所需要的财产时，应当依据有利于发挥其使用效益和继承人的实际需要，兼顾各继承人的利益进行处理。

第四十三条 人民法院对故意隐匿、侵吞或者争抢遗产的继承人，可以酌情减少其应继承的遗产。

第四十四条 继承诉讼开始后，如继承人、受遗赠人中有既不愿参加诉讼，又不表示放弃实体权利的，应当追加为共同原告；继承人已书面表示放弃继承、受遗赠人在知道受遗赠后六十日内表示放弃受遗赠或者到期没有表示的，不再列为当事人。

五、附则

第四十五条 本解释自 2021 年 1 月 1 日起施行。

【导读及适用要点】

一、关于死亡时间的确定

《民法典》第一千一百二十一条第一款规定，继承从被继承人死亡时开始。继承的开始意味着继承法律关系的形成，故继承开始的时间非常重要，其决定着继承人（受遗赠人）的范围、遗产的范围、遗产所有权的转移、遗嘱的效力和继承权放弃的时间等许多重要问题。死亡从法律上而言，包括自然死亡与宣告死亡。自然死亡就是生理意义上的死亡，即自然人生命的终结。《最高人民法院关于适用〈中华人民共和国民法典〉继承编的解释（一）》[以下简称《民法典继承编的解释（一）》]保留了原《最高人民法院关于贯彻执行〈中华人民共和国继承法〉若干问题的意见》(以下简称原《继承法解释》)[①]第一条第一款关于“继承从被继承人生理死亡或者被宣告死亡时开始”的规定。

（一）关于生理死亡时间

实践中，确定生理死亡时间应当适用《民法典》第十五条的规定，即自然人的死亡时间，以死亡证明记载的时间为准；没有死亡证明的，以户籍登记或者其他有效身份登记记载的时间为准。当然，如果有其他证据足以推翻以上记载时间的，应当以该证据证明的时间为准。

（二）关于宣告死亡时间

原《继承法解释》第一条第二款规定：“失踪人被宣告死亡的，以法院判决中确定的失踪人的死亡日期，为继承开始的时间。”其后的原《最高人民法院关于贯彻执行〈中华人民共和国民法通则〉若干问题的意见（试行）》[②]第三十六条规定，被宣告死亡的人，判决宣告之日为其死亡的日期。但原《民

① 原《最高人民法院关于贯彻执行〈中华人民共和国继承法〉若干问题的意见》[法(民)发〔1985〕22号]，根据《最高人民法院关于废止部分司法解释及相关规范性文件的决定》(法释〔2020〕16号)的规定已废止，自2021年1月1日起不再适用。

② 原《最高人民法院印发〈关于贯彻执行《中华人民共和国民法通则》若干问题的意见（试行）〉的通知》[法(民)发〔1985〕22号]，根据《最高人民法院关于废止部分司法解释及相关规范性文件的决定》(法释〔2020〕16号)的规定已废止，自2021年1月1日起不再适用。

法总则》[①]第四十八条对此作了修改，区分一般下落不明和因意外事件下落不明分别确定了不同的死亡时间，即被宣告死亡的人，人民法院宣告死亡的判决作出之日视为其死亡的日期；因意外事件下落不明宣告死亡的，意外事件发生之日视为其死亡的日期。民法典对该条未作修改。考虑到民法典总则编对宣告死亡时间已经有明确规定，司法解释无须重复，故《民法典继承编的解释（一）》第一条第二款将此转引至总则编的规定，据此认定继承开始的时间。

二、关于继承权丧失的确认

继承权丧失是指继承人因对被继承人或者其他继承人实施了法律所禁止的行为，而依法被取消继承被继承人遗产的资格。一般认为，在出现可以导致继承权丧失的事由之后，继承人当然地丧失继承权。但是，考虑到司法实践中，当事人往往对继承权是否丧失发生争议，因此，《民法典继承编的解释（一）》第五条基本沿用了原来的规定，即“在遗产继承中，继承人之间因是否丧失继承权发生纠纷，向人民法院提起诉讼的，由人民法院依据民法典第一千一百二十五条的规定，判决确认其是否丧失继承权。”该诉在性质上属于确认之诉。确认之诉不同于形成之诉，不引起民事法律关系的变动或消灭，只是对某种民事法律关系的确认或否认。因此，如果人民法院经过审理，认为该继承人符合《民法典》第一千一百二十五条规定的某项情形而确认其丧失继承权的，则该继承人丧失继承权的时点不是判决生效之时，而是法律规定的继承开始之时。此外，《民法典》第一千一百二十五条增加规定了受遗赠人丧失受遗赠权的规定，与继承人丧失继承权的情形相同。继承人与受遗赠人或者受遗赠人之间因是否丧失受遗赠权发生纠纷的，亦应当作同一理解，根据本条的处理思路进行处理。

---

① 原《民法总则》于2017年3月15日第十二届全国人民代表大会第五次会议通过。根据《民法典》第一千二百六十条的规定，《民法典》自2021年1月1日起施行，原《民法总则》同时废止。

三、关于被继承人宽恕制度

原《继承法》[①]中针对继承人丧失继承权的情形，没有规定被继承人宽恕制度，但是原《继承法解释》基于社会生活实践，确立了该项制度，其中第十三条规定，继承人虐待被继承人情节严重的，或者遗弃被继承人的，如以后确有悔改表现，而且被虐待人、被遗弃人生前又表示宽恕，可不确认其丧失继承权。《民法典》第一千一百二十五条吸收了原《继承法解释》的该条规定，并拓展至“伪造、篡改、隐匿或者销毁遗嘱，情节严重”以及“以欺诈、胁迫手段迫使或者妨碍被继承人设立、变更或者撤回遗嘱，情节严重”两种情形，同时，将“事后在遗嘱中将其列为继承人”也作为宽恕的一种形式，对继承权法定丧失制度予以完善，从而更好地尊重被继承人处分自己财产的自由意志，也进一步弘扬了尊老爱幼的中华传统美德。但是，从《民法典》第一千一百二十五条规定看，如果继承人故意杀害被继承人或者为争夺遗产而杀害其他继承人的，属于继承权的绝对丧失，不适用被继承人宽恕制度。该继承权不仅包括法定继承的情形，也应当包括遗嘱继承的情形。因此，《民法典继承编的解释（一）》第八条保留了原《继承法解释》第十二条规定精神，明确如果存在《民法典》第一千一百二十五条规定的第一项和第二项情形，而被继承人立遗嘱将遗产指定由该继承人继承的，可以确认遗嘱无效，并确认该继承人丧失继承权。此处被继承人立遗嘱的行为包括上述法定情形发生之前，也包括相关情形发生之后。

四、关于代位继承的问题

代位继承是法定继承中的一项重要制度，对于保障遗产在各支系中合理分配、实现财产的传承、发挥遗产育幼功能等方面具有重大作用。代位继承也被称为“间接继承”，是相对于本位继承而言的，指具有法定继承权的人因主客观原因不能继承时，由其直系晚辈血亲按照该继承人的继承地位和顺序，继承被继承人遗产的制度。关于代位继承制度，在理解中需要注意以下几点。

---

① 原《继承法》于 1985 年 4 月 10 日第六届全国人民代表大会第三次会议通过。根据《民法典》第一千二百六十条的规定，《民法典》自 2021 年 1 月 1 日起施行，原《继承法》同时废止。

（一）代位继承人范围

此次《民法典》编纂对代位继承制度作出了重大修改，增加了兄弟姐妹的子女可以代位继承的规定。据此，代位继承人包括两类：一类是被继承人子女的直系晚辈血亲；另一类是被继承人兄弟姐妹的子女。原《继承法解释》第二十五条基于代位继承的制度目的，明确被继承人的孙子女、外孙子女、曾孙子女、外曾孙子女都可以代位继承，代位继承人不受辈数的限制。《民法典继承编的解释（一）》第十四条保留了原来的规定。要特别强调的是，在被继承人子女直系晚辈血亲代位继承时，需要按照辈分依次代位，不能隔辈代位。例如，在儿子去世的情况下，孙子女可以代位继承，如果孙子女在世，曾孙子女不能代位继承，但如果孙子女也先于被继承人去世，则曾孙子女可以代位。在被继承人兄弟姐妹的子女代位继承时，从法条的文义解释看，应仅限于兄弟姐妹的子女，而不包括兄弟姐妹的其他直系晚辈。因此，在兄弟姐妹子女代位继承的情况下，代位继承人是受辈数限制的。还需注意的是，因兄弟姐妹是第二顺序继承人，只有在没有第一顺序继承人继承的情况下，被继承人的兄弟姐妹才有资格继承，其子女也才可能发生代位继承。如果被继承人的配偶或者父母、子女在世且未丧失或放弃继承权，则不发生兄弟姐妹子女代位继承的问题。此外，根据《民法典》第一千一百二十七条规定，继承编所称子女，包括婚生子女、非婚生子女、养子女和有扶养关系的继子女。据此，从体系解释的角度，被继承人兄弟姐妹的子女应当与被继承人的子女作一体解释，即只要符合《民法典》第一千一百二十七条子女的范围，均可以代位继承。

（二）代位继承人的分配原则

根据《民法典》第一千一百二十八条第三款规定，代位继承人一般只能继承被代位继承人有权继承的遗产份额。但是，考虑到代位继承是法定继承制度的一部分，在法定继承中需要多分或少分的，应当同样适用于代位继承情况。因此，《民法典继承编的解释（一）》第十六条保留了原《继承法解释》第二十七条的规定，明确代位继承人缺乏劳动能力又没有生活来源或者对被继承人尽了主要赡养义务的，分配遗产时，可以多分。

（三）代位继承的限制

关于代位继承的法律性质，存在两种学说，一种是代表权说，另一种是固有权说。代表权说认为，代位继承是代位继承人代表被代位继承人参加继承，行使被代位继承人的权利。在被代位继承人丧失或者放弃继承权的情况下，不能再由他人代位继承；固有权说认为，代位继承权是法律赋予代位继承人的固有权利，并不是基于被代位继承人的继承权而继承。因此，只要被代位继承人不能继承，代位继承人就可以代位继承。根据全国人大常委会法工委的解释，《民法典》最终没有采纳固有权说，而是采用代表权说，主要理由是：确定代位继承发生原因时，要综合考虑被继承人的意愿、遗产应发挥的功能、公序良俗等多方面因素，允许继承人在丧失继承权时可以由其直系晚辈血亲代位继承，违背丧失继承权制度的目的，容易引发道德风险，也不符合社会公众关于公平正义的期待。据此，《民法典继承编的解释（一）》第十七条保留了原《继承法解释》第二十八条的规定，即采代表权说，在继承人丧失继承权的情况下，其晚辈直系血亲不得代位继承。当然，特殊情况下，代位继承人可以通过《民法典》第一千一百三十一条规定的酌分遗产请求权以及被继承人立遗嘱的方式，分给其一定遗产。也就是说，如果该代位继承人依靠被继承人抚养或者对被继承人赡养较多的，可以分给适当遗产。《民法典继承编的解释（一）》第十七条所称的“该代位继承人缺乏劳动能力又没有生活来源”是指该代位继承人需要依靠被继承人扶养的情况。此外，虽然第十七条没有明确规定，但对于兄弟姐妹丧失继承权的情况应按照本条精神作一体理解，即兄弟姐妹如果丧失继承权的，其子女亦不得代位继承。对于继承人放弃继承的，《民法典》也采代表权说。立法者认为，在继承开始后，继承人放弃继承的，并不是客观上不能行使继承权，而是对自己权利的一种处分，法律应当尊重当事人的选择。如果允许代位继承，可能违背继承人的意愿，也容易产生纠纷。因此，继承人放弃继承权的，也应参照《民法典继承编的解释（一）》第十七条的精神处理，即不论是其子女的直系晚辈血亲，还是其兄弟姐妹的子女，都不得代位继承。

（四）代位继承人与特定法定继承人的关系

当被继承人的子女先于被继承人死亡，如果该子女已经结婚，儿媳、女婿作为姻亲，不享有法定继承权。但法律为弘扬中华民族传统家庭美德和优良家风，促进家庭内部互助友爱、团结和睦，使老年人能够老有所养，同时贯彻权利义务一致原则，保留了原《继承法》关于对公婆或者岳父母尽了主要赡养义务的丧偶儿媳、丧偶女婿的第一顺序法定继承人身份。为此,《民法典继承编的解释（一）》第十八条也保留了原《继承法解释》第二十九条的规定，即丧偶儿媳对公婆、丧偶女婿对岳父母，无论其是否再婚，依法作为第一顺序继承人时，不影响其子女代位继承。

五、关于放弃继承权的问题

继承权是继承人依法享有的一种权利，继承人可以放弃，也可以不放弃，应当以尊重继承人的真实意愿为原则。理解此问题时需要重点关注以下几个方面。

（一）放弃继承权的具体形式

考虑到放弃继承关系继承人的重大利益，有必要以要式法律行为作出，《民法典》第一千一百二十四条在原《继承法》规定的基础上，增加规定放弃的意思表示必须以书面方式作出，以示慎重。基于法律的上述修改，相应地，《民法典继承编的解释（一）》第三十三条删除了原《继承法解释》第四十七条后半段“用口头方式表示放弃继承，本人承认，或有其他充分证据证明的，也应当认定其有效”的规定，以更加符合法律修改的精神。但是，考虑到继承人的各种特殊情况，有些继承人由于身体健康等方面的原因可能无法以书面方式提出,《民法典继承编的解释（一）》第三十四条保留了原《继承法解释》第四十八条的规定，即在诉讼中，继承人向人民法院以口头方式表示放弃继承的，要制作笔录，由放弃继承的人签名。该种放弃继承的意思表示虽然是继承人以口头方式作出的，但是由于在诉讼中，通过制作笔录由放弃继承的人签名的方式，固定了证据，实质上已经转化为书面形式，能够保证放弃继承意思表示的真实性，不违背《民法典》第一千一百二十四条的精神。而且，可以最大限度满足人民群众的司法需求。对于实践中如何认定书面形式，我们认为，可以参考《民法典》第四百六十九条的规定，能够有形地表现所载内容的形式即可以认定为书面形式。除信件、电报、电传、传真等可以作为书面形式外，以电子数据交换、电子邮件等方式能够有形地表现所载内容，并可以随时调取查用的数据电文，也可以视为书面形式。

（二）放弃继承的对象

《民法典》编纂过程中，有意见提出，应当明确规定放弃继承的意思表示须向遗产管理人作出。考虑到遗产管理人在继承开始后需要一段时间才能确定，所以《民法典》未予明确。《民法典》第一千一百四十五条规定，继承开始后，遗嘱执行人为遗产管理人；没有遗嘱执行人的，继承人应当及时推选遗产管理人；继承人未推选的，由继承人共同担任遗产管理人；没有继承人或者继承人均放弃继承的，由被继承人生前住所地的民政部门或者村民委员会担任遗产管理人。从该条规定的文字表述看，确定遗产管理人应当是遗产处理的前提，因此，放弃继承的意思表示似乎只向遗产管理人作出即可。但是，实践中大多数普通家庭结构相对简单、财产并不复杂，可能并不存在名义上的遗产管理人。而且，即便明确遗产管理人，也需要在继承开始后一段时间才能确定。因此，《民法典继承编的解释（一）》虽然为配套衔接《民法典》新增加的遗产管理人制度，在第三十三条增加规定放弃继承的可以向遗产管理人提出，但仍保留了向“其他继承人表示”的规定。此外，如果在遗产继承的诉讼中，当事人向人民法院表示放弃继承的，也应当认可该意思表示的合法性。

（三）放弃继承权的限制

继承人可以放弃继承权，这是继承人对自己权益处分意思自治的体现，应当充分予以尊重。但是，如果继承人因放弃继承权导致其不能履行法定义务的，则应当认定该放弃继承的行为无效。此处的法定义务主要是指依法负有的抚养、扶养或赡养义务。例如，继承人原本生活困难，放弃继承后，导致无法履行对妻子的扶养义务，则该放弃继承的行为应认定无效。对于放弃继承导致不能履行合同义务的，是否因此认定放弃继承权的行为无效，存在争议。我们认为，继承权系源于血缘、婚姻等身份关系产生，放弃继承权可能基于情感利益或者其他家庭因素考量，会涉及其他继承人的利益，比如其他继承人尽了主要赡养义务或者其他继承人生活有特殊困难又缺乏劳动能力等，需要在其他继承人利益与债权人利益之间作出平衡。放弃继承权虽可能导致继承人责任财产不足以清偿债务，但不宜简单认定放弃继承权的行为无效。对于该行为，可以根据《民法典》第五百三十八条规定的精神予以处理。《民法典》第五百三十八条规定，债务人以放弃其债权、放弃债权担保、无偿转让财产等方式无偿处分财产权益，或者恶意延长其到期债权的履行期限，影响债权人的债权实现的，债权人可以请求人民法院撤销债务人的行为。与原《合同法》[1]第七十四条相比，该条扩大了债权人撤销权的范围，能够最大限度保障债权人利益。因此，如果债权人能够证明作为继承人的债务人恶意放弃继承影响债权人债权实现的，可以通过行使撤销权保障其合法权益。

（四）放弃继承的时间要求

根据《民法典》第一千一百二十四条的规定，放弃继承必须在特定时间作出，即继承开始后、遗产处理前。根据《民法典》第一千一百二十一条的规定，继承从被继承人死亡时开始。如果被继承人尚未死亡，继承人就作出放弃继承的意思表示，因继承还未开始，这种放弃继承自应当是无效的。如果遗产已经处理完毕，遗产的所有权已经转移给继承人，此时继承人放弃的不是继承权，而是所继承遗产的所有权。《民法典继承编的解释（一）》第三十五条对此作出了规定。

（五）对放弃继承反悔的理解

根据禁止反言原则，放弃继承的，一般不应允许其反悔，但如果有特殊情况，人民法院可以根据其提出的具体理由决定是否承认。遗产处理后，遗产的所有权已经转移给各继承人或受遗赠人，为了维护社会秩序的稳定，则不宜再允许对放弃继承予以反悔。此处的反悔不包括欺诈、胁迫或者继承人无民事行为能力的情况，如果存在上述情形，根据《民法典》总则编的规定，应属于法定的撤销或者无效情形。

六、关于转继承的问题

转继承是指继承人在继承开始后、遗产分割前死亡，其所应继承的遗产份额转由其继承人承受的法律制度。原《继承法》没有规定转继承制度，但原《继承法解释》第五十二条对转继承问题作出了明确规定。《民法典》第一千一百五十二条对此予以吸收并完善，规定："继承开始后，继承人于遗产分割前死亡，并没有放弃继承的，该继承人应当继承的遗产转给其继承人，但是遗嘱另有安排的除外。"该条理清了转继承的是"该继承人应当继承的遗产"，而不是"其继承遗产的权利"。同时，为最大限度尊重被继承人处分遗

① 原《合同法》于 1999 年 3 月 15 日第九届全国人民代表大会第二次会议通过。根据《民法典》第一千二百六十条的规定，《民法典》自 2021 年 1 月 1 日起施行，原《合同法》同时废止。

产的自由，增加了但书条款，即“遗嘱另有安排的除外”。所谓“遗嘱另有安排”，是指被继承人在其遗嘱中，特别说明所留遗产仅限于给继承人本人，不得转继承给其他人。由于转继承制度经过完善后已经上升为法律规定，故《民法典继承编的解释（一）》删除了原《继承法解释》第五十二条的规定。

原《继承法解释》第五十三条还对受遗赠权转继承问题作出了规定，但是，此次民法典编纂并未将之上升为法律。对此，我们经研究认为，原《继承法解释》第五十三条关于受遗赠权转继承的规定，不违背《民法典》规定的精神，可予以保留，即《民法典继承编的解释（一）》第三十八条“继承开始后，受遗赠人表示接受遗赠，并于遗产分割前死亡的，其接受遗赠的权利转移给他的继承人”。对该条征求全国人大常委会法工委意见时，全国人大常委会法工委未提出异议。在理解该条时需要注意以下两点：

1. 根据《民法典》第一千一百二十四条第二款的规定，受遗赠人应当在知道受遗赠后60日内，作出接受或者放弃受遗赠的表示；到期没有表示的，视为放弃受遗赠。因此，该条所称的“受遗赠人表示接受遗赠”需要在法律规定的时间内作出。如果受遗赠人在知道受遗赠后超过60日作出接受遗赠的表示，则该表示无效，应当视为其已经放弃受遗赠。如果其在遗产分割前死亡，亦不存在受遗赠的权利转移给其继承人的问题。

2.《民法典》物权编第二百三十条对原《物权法》第二十九条进行重大修改，删去了受遗赠取得物权的，自受遗赠开始时发生效力的规定。可见，受遗赠的财产所有权已经从非法律行为的物权变动中剥离出来，应当遵循物权变动的一般原则，即使受遗赠人表示接受遗赠，遗产所有权亦不当然转移至受遗赠人。因此，《民法典继承编的解释（一）》仍沿用了“接受遗赠的权利”的表述，而未采用“接受遗赠的遗产”之表述。

七、关于农村五保户的问题

原《继承法解释》第五十五条规定，集体组织对“五保户”实行“五保”时，双方有扶养协议的，按协议处理；没有扶养协议，死者有遗嘱继承人或法定继承人要求继承的，按遗嘱继承或法定继承处理，但集体组织有权要求扣回“五保”费用。但是，1994年的《农村五保供养工作条例》改变了农村五保户遗产的归属。其中，第十八条规定，五保对象的个人财产，其本人可以继续使用，但是不得自行处分；其需要代管的财产，可以由农村集体经济组织代管。第十九条规定，五保对象死亡后，其遗产归所在的农村集体经济组织所有；有五保供养协议的，按照协议处理。可见，农村五保户死亡后，在没有五保供养协议的情况下，遗产由原来的可以由遗嘱继承人或法定继承人继承，变为归所在农村集体经济组织所有。为此，原《最高人民法院关于如何处理农村五保对象遗产问题的批复》（法释〔2000〕23号）[①]规定，农村五保对象死亡后，其遗产按照1994年国务院《农村五保供养工作条例》第十八条、第十九条的有关规定处理。该批复基于当时生效的《农村五保供养工作条例》，改变了原《继承法解释》第五十五条确立的继承规则。随后，2006年，新的《农村五保供养工作条例》出台，又废除了1994年《农村五保供养工作条例》第十八条和第十九条。依据2006年《农村五保供养工作条例》第十一条第一款规定，农村五保供养资金，在地方人民政府财政预算中安排。有农村集体经营等收入的地方，可以从农村集体经营等收入中安排资金，用于补助和改善农村五保供养对象的生活。可见，目前五保户的供养资金主要来源于地方政府预算。在此情况下，不仅五保对象遗产归农村集体经济组织所有失去了依据，集体组织要求扣回"五保"费用也失去了依据。考虑到农村五保户的相关政策发生多次变化，因此，司法解释清理中不仅废止了《最高人民法院关于如何处理农村五保对象遗产问题的批复》，而且对原《继承法解释》第五十五条也同时予以废止。本条在征求意见过程中，民政部无不同意见。司法实践中，如果存在五保户的遗产纠纷，可以根据《民法典继承编的解释（一）》第三十九条规定的精神予以处理。

八、关于遗嘱的问题

立遗嘱是指自然人生前依照法律规定预先处分其个人财产，安排与此有关的事务，并于其死亡后发生效力的单方民事法律行为。相较于法定继承由法律直接规定继承人的范围和继承顺序、继承遗产的份额等，依照遗嘱处分财产，可以由自然人自主决定在其死亡后如何对其个人财产进行分配与处置，

---

① 原《最高人民法院关于如何处理农村五保对象遗产问题的批复》（法释〔2000〕23号），根据《最高人民法院关于废止部分司法解释及相关规范性文件的决定》（法释〔2020〕16号）的规定已废止，自2021年1月1日起不再适用。

充分体现了对自然人意思自治的尊重以及对私有财产权利的保障。

遗嘱部分需要注意以下问题：

（一）遗嘱能力

遗嘱能力是否适用民事行为能力的一般规则，有不同的立法例。《民法典》第一千一百四十三条第一款规定，无民事行为能力人或者限制民事行为能力人所立的遗嘱无效。可见，我国采取的是遗嘱能力与民事行为能力一致原则。但是，法律对于以何时为准来认定遗嘱能力未予明确，原《继承法解释》确定以立遗嘱时为准。《民法典继承编的解释（一）》继续采纳此立场。同时，根据《民法典》总则编对民事行为能力的表述，予以文字修改，第二十八条明确，遗嘱人立遗嘱时必须具有完全民事行为能力。无民事行为能力人或者限制民事行为能力人所立的遗嘱，即使其本人后来具有完全民事行为能力，仍属无效遗嘱。遗嘱人立遗嘱时具有完全民事行为能力，后来成为无民事行为能力人或者限制民事行为能力人的，不影响遗嘱的效力。这样，就比较全面地对遗嘱能力进行了规定。实践中，对遗嘱人立遗嘱时是否具有完全民事行为能力发生争议的，如果有条件，可以通过司法鉴定确定；如果无法判断何时丧失或者恢复完全民事行为能力，可以结合遗嘱人的病历资料、居民委员会（村民委员会）证明或者其他证人证言以及遗嘱的合理性等，运用日常生活经验法则，综合判断遗嘱人是否具有完全民事行为能力。

（二）公证遗嘱

原《继承法》第二十条第三款规定，自书、代书、录音、口头遗嘱，不得撤销、变更公证遗嘱。原《继承法解释》第四十二条进一步规定为：遗嘱人以不同形式立有数份内容相抵触的遗嘱，其中有公证遗嘱的，以最后所立公证遗嘱为准；没有公证遗嘱的，以最后所立的遗嘱为准。上述规定突出强调了公证遗嘱的优先效力。从法理上而言，遗嘱以体现立遗嘱人的真实意愿为己任，遗嘱的效力本质上取决于其真实性，只要是按照法律规定的方式设立的遗嘱，均应具有法律效力。公证遗嘱与其他遗嘱相比，并不存在哪种遗嘱的效力更优先的问题。公证遗嘱与其他遗嘱的差异在于，对遗嘱的真实性发生争议时，由于公证遗嘱形式更严格、程序更严谨，更能保障遗嘱人意思表示的真实性，因而，在证据的证明力上强于其他遗嘱，但本质上与其他遗嘱并无不同，并不当然具有优先效力。从近些年的司法实践看，该规则有些情况下并不利于充分保护遗嘱人的遗嘱自由。作为一种死因民事法律行为，遗嘱从设立到生效往往要经过一段较长的时间，在此期间，客观情况往往会发生一定的变化，而公证遗嘱程序相对复杂，当事人立有公证遗嘱后，紧急情况下如果不能通过其他形式的遗嘱变更原遗嘱内容，则不利于保护其自由处分的意志；从世界范围的立法例看，也没有公证遗嘱优先效力的规定。此次《民法典》编纂取消了原来公证遗嘱的优先效力，其中第一千一百四十二条第三款规定，立有数份遗嘱，内容相抵触的，以最后的遗嘱为准，即在存有数份遗嘱的情况下，完全按照先后顺序确定立遗嘱人的最后真实意思；立遗嘱人也可以自由通过其他形式改变公证遗嘱的内容。基于此，《民法典继承编的解释（一）》删除了与民法典新规定不符的原《继承法解释》第四十二条。

九、关于继承纠纷的共同诉讼问题

原《继承法解释》第六十条规定：继承诉讼开始后，如继承人、受遗赠人中有既不愿参加诉讼，又不表示放弃实体权利的，应追加为共同原告；已明确表示放弃继承的，不再列为当事人。该条确定了继承纠纷作为必要共同诉讼的情形。《最高人民法院关于适用〈中华人民共和国民事诉讼法〉的解释》第七十条也规定，在继承遗产的诉讼中，部分继承人起诉的，人民法院应通知其他继承人作为共同原告参加诉讼；被通知的继承人不愿意参加诉讼又未明确表示放弃实体权利的，人民法院仍应将其列为共同原告。我们认为，将继承纠纷作为必要共同诉讼，对于查清事实，更好地保护所有继承人利益，妥善解决继承纠纷具有重要意义。因此，《民法典继承编的解释（一）》对原规定的精神予以保留。考虑到《民法典》对继承的制度设计是采当然继承主义，只要不明确表示放弃继承的，即视为接受继承；但受遗赠不同，自然人以遗嘱方式作出遗赠虽然是单方行为，但从法律的本质上而言，遗赠行为在某种程度上应当视为一种双方法律行为，遗赠人作出赠与的意思表示，受遗赠人需要接受方可，这就需要双方意思表示达成一致方能成立，如果受遗赠人在法定期限内不作任何意思表示，赠与的合意难以形成，因此，法律规定接受遗赠必须以明示的方式作出意思表示，受遗赠人在法定期限内不作出意思表示的，即视为放弃。故《民法典继承编的解释（一）》第四十四条区分继承与受遗赠两种不同的制度设计，将原规定中的“已明确表示放弃继承的，不再列为当事人”，修改为“继承人已书面表示放弃继承、受遗赠人在知道受遗赠后六十日内表示放弃受遗赠或者到期没有表示的，不再列为当事人”，进一步完善了相关程序设计。

十、其他问题

此次司法解释清理还尤其注重弘扬社会主义核心价值观。例如，《民法典》第一千一百六十条规定了无人继承又无人受遗赠的遗产，归国家所有，用于公益事业；死者生前是集体所有制组织成员的，归所在集体所有制组织所有。但是，考虑到此情况下，如果在死者生前有对其扶养较多的人，可以适用《民法典》第一千一百三十一条规定的酌给遗产制度，使其获得一定数额的遗产，不仅在继承中贯彻了正义、扶助的理念，也有助于发扬我国养老育幼、互助互爱的传统美德，因此，《民法典继承编的解释（一）》第四十一条规定，遗产因无人继承又无人受遗赠归国家或集体所有制组织所有时，按照《民法典》第一千一百三十一条规定可以分给适当遗产的人提出取得遗产的诉讼请求，人民法院应当视情况适当分给遗产。

此外，由于民事行为能力、法定代理以及诉讼时效制度在《民法典》总则编中均已有明确规定，故《民法典继承编的解释（一）》删除了原《继承法解释》相应的第七条、第八条以及第十五条至第十八条。

（撰稿人：最高人民法院　刘敏、王丹）

最高人民法院
关于适用《中华人民共和国民法典》
侵权责任编的解释（一）

法释〔2024〕12号

（2023年12月18日最高人民法院审判委员会第1909次会议通过
2024年9月25日最高人民法院公告公布　自2024年9月27日起施行）

为正确审理侵权责任纠纷案件，根据《中华人民共和国民法典》《中华人民共和国民事诉讼法》等法律规定，结合审判实践，制定本解释。

第一条　非法使被监护人脱离监护，监护人请求赔偿为恢复监护状态而支出的合理费用等财产损失的，人民法院应予支持。

第二条　非法使被监护人脱离监护，导致父母子女关系或者其他近亲属关系受到严重损害的，应当认定为民法典第一千一百八十三条第一款规定的严重精神损害。

第三条　非法使被监护人脱离监护，被监护人在脱离监护期间死亡，作为近亲属的监护人既请求赔偿人身损害，又请求赔偿监护关系受侵害产生的损失的，人民法院依法予以支持。

第四条　无民事行为能力人、限制民事行为能力人造成他人损害，被侵权人请求监护人承担侵权责任，或者合并请求监护人和受托履行监护职责的人承担侵权责任的，人民法院应当将无民事行为能力人、限制民事行为能力人列为共同被告。

第五条　无民事行为能力人、限制民事行为能力人造成他人损害，被侵权人请求监护人承担侵权人应承担的全部责任的，人民法院应予支持，并在判决中明确，赔偿费用可以先从被监护人财产中支付，不足部分由监护人支付。

监护人抗辩主张承担补充责任，或者被侵权人、监护人主张人民法院判令有财产的无民事行为能力人、限制民事行为能力人承担赔偿责任的，人民法院不予支持。

从被监护人财产中支付赔偿费用的，应当保留被监护人所必需的生活费和完成义务教育所必需的费用。

第六条 行为人在侵权行为发生时不满十八周岁，被诉时已满十八周岁的，被侵权人请求原监护人承担侵权人应承担的全部责任的，人民法院应予支持，并在判决中明确，赔偿费用可以先从被监护人财产中支付，不足部分由监护人支付。

前款规定情形，被侵权人仅起诉行为人的，人民法院应当向原告释明申请追加原监护人为共同被告。

第七条 未成年子女造成他人损害，被侵权人请求父母共同承担侵权责任的，人民法院依照民法典第二十七条第一款、第一千零六十八条以及第一千一百八十八条的规定予以支持。

第八条 夫妻离婚后，未成年子女造成他人损害，被侵权人请求离异夫妻共同承担侵权责任的，人民法院依照民法典第一千零六十八条、第一千零八十四条以及第一千一百八十八条的规定予以支持。一方以未与该子女共同生活为由主张不承担或者少承担责任的，人民法院不予支持。

离异夫妻之间的责任份额，可以由双方协议确定；协议不成的，人民法院可以根据双方履行监护职责的约定和实际履行情况等确定。实际承担责任超过自己责任份额的一方向另一方追偿的，人民法院应予支持。

第九条 未成年子女造成他人损害的，依照民法典第一千零七十二条第二款的规定，未与该子女形成抚养教育关系的继父或者继母不承担监护人的侵权责任，由该子女的生父母依照本解释第八条的规定承担侵权责任。

第十条 无民事行为能力人、限制民事行为能力人造成他人损害，被侵权人合并请求监护人和受托履行监护职责的人承担侵权责任的，依照民法典第一千一百八十九条的规定，监护人承担侵权人应承担的全部责任；受托人在过错范围内与监护人共同承担责任，但责任主体实际支付的赔偿费用总和不应超出被侵权人应受偿的损失数额。

监护人承担责任后向受托人追偿的，人民法院可以参照民法典第九百二十九条的规定处理。

仅有一般过失的无偿受托人承担责任后向监护人追偿的，人民法院应予支持。

第十一条　教唆、帮助无民事行为能力人、限制民事行为能力人实施侵权行为，教唆人、帮助人以其不知道且不应当知道行为人为无民事行为能力人、限制民事行为能力人为由，主张不承担侵权责任或者与行为人的监护人承担连带责任的，人民法院不予支持。

第十二条　教唆、帮助无民事行为能力人、限制民事行为能力人实施侵权行为，被侵权人合并请求教唆人、帮助人以及监护人承担侵权责任的，依照民法典第一千一百六十九条第二款的规定，教唆人、帮助人承担侵权人应承担的全部责任；监护人在未尽到监护职责的范围内与教唆人、帮助人共同承担责任，但责任主体实际支付的赔偿费用总和不应超出被侵权人应受偿的损失数额。

监护人先行支付赔偿费用后，就超过自己相应责任的部分向教唆人、帮助人追偿的，人民法院应予支持。

第十三条　教唆、帮助无民事行为能力人、限制民事行为能力人实施侵权行为，被侵权人合并请求教唆人、帮助人与监护人以及受托履行监护职责的人承担侵权责任的，依照本解释第十条、第十二条的规定认定民事责任。

第十四条　无民事行为能力人或者限制民事行为能力人在幼儿园、学校或者其他教育机构学习、生活期间，受到教育机构以外的第三人人身损害，第三人、教育机构作为共同被告且依法应承担侵权责任的，人民法院应当在判决中明确，教育机构在人民法院就第三人的财产依法强制执行后仍不能履行的范围内，承担与其过错相应的补充责任。

被侵权人仅起诉教育机构的，人民法院应当向原告释明申请追加实施侵权行为的第三人为共同被告。

第三人不确定的，未尽到管理职责的教育机构先行承担与其过错相应的责任；教育机构承担责任后向已经确定的第三人追偿的，人民法院依照民法典第一千二百零一条的规定予以支持。

第十五条　与用人单位形成劳动关系的工作人员、执行用人单位工作任务的其他人员，因执行工作任务造成他人损害，被侵权人依照民法典第一千一百九十一条第一款的规定，请求用人单位承担侵权责任的，人民法院应予支持。

个体工商户的从业人员因执行工作任务造成他人损害的，适用民法典第一千一百九十一条第一款的规定认定民事责任。

第十六条 劳务派遣期间，被派遣的工作人员因执行工作任务造成他人损害，被侵权人合并请求劳务派遣单位与接受劳务派遣的用工单位承担侵权责任的，依照民法典第一千一百九十一条第二款的规定，接受劳务派遣的用工单位承担侵权人应承担的全部责任；劳务派遣单位在不当选派工作人员、未依法履行培训义务等过错范围内，与接受劳务派遣的用工单位共同承担责任，但责任主体实际支付的赔偿费用总和不应超出被侵权人应受偿的损失数额。

劳务派遣单位先行支付赔偿费用后，就超过自己相应责任的部分向接受劳务派遣的用工单位追偿的，人民法院应予支持，但双方另有约定的除外。

第十七条 工作人员在执行工作任务中实施的违法行为造成他人损害，构成自然人犯罪的，工作人员承担刑事责任不影响用人单位依法承担民事责任。依照民法典第一千一百九十一条规定用人单位应当承担侵权责任的，在刑事案件中已完成的追缴、退赔可以在民事判决书中明确并扣减，也可以在执行程序中予以扣减。

第十八条 承揽人在完成工作过程中造成第三人损害的，人民法院依照民法典第一千一百六十五条的规定认定承揽人的民事责任。

被侵权人合并请求定作人和承揽人承担侵权责任的，依照民法典第一千一百六十五条、第一千一百九十三条的规定，造成损害的承揽人承担侵权人应承担的全部责任；定作人在定作、指示或者选任过错范围内与承揽人共同承担责任，但责任主体实际支付的赔偿费用总和不应超出被侵权人应受偿的损失数额。

定作人先行支付赔偿费用后，就超过自己相应责任的部分向承揽人追偿的，人民法院应予支持，但双方另有约定的除外。

第十九条 因产品存在缺陷造成买受人财产损害，买受人请求产品的生产者或者销售者赔偿缺陷产品本身损害以及其他财产损害的，人民法院依照民法典第一千二百零二条、第一千二百零三条的规定予以支持。

第二十条 以买卖或者其他方式转让拼装或者已经达到报废标准的机动车，发生交通事故造成损害，转让人、受让人以其不知道且不应当知道该机动车系拼装或者已经达到报废标准为由，主张不承担侵权责任的，人民法院不予支持。

第二十一条　未依法投保强制保险的机动车发生交通事故造成损害，投保义务人和交通事故责任人不是同一人，被侵权人合并请求投保义务人和交通事故责任人承担侵权责任的，交通事故责任人承担侵权人应承担的全部责任；投保义务人在机动车强制保险责任限额范围内与交通事故责任人共同承担责任，但责任主体实际支付的赔偿费用总和不应超出被侵权人应受偿的损失数额。

投保义务人先行支付赔偿费用后，就超出机动车强制保险责任限额范围部分向交通事故责任人追偿的，人民法院应予支持。

第二十二条　机动车驾驶人离开本车后，因未采取制动措施等自身过错受到本车碰撞、碾压造成损害，机动车驾驶人请求承保本车机动车强制保险的保险人在强制保险责任限额范围内，以及承保本车机动车商业第三者责任保险的保险人按照保险合同的约定赔偿的，人民法院不予支持，但可以依据机动车车上人员责任保险的有关约定支持相应的赔偿请求。

第二十三条　禁止饲养的烈性犬等危险动物造成他人损害，动物饲养人或者管理人主张不承担责任或者减轻责任的，人民法院不予支持。

第二十四条　物业服务企业等建筑物管理人未采取必要的安全保障措施防止从建筑物中抛掷物品或者从建筑物上坠落的物品造成他人损害，具体侵权人、物业服务企业等建筑物管理人作为共同被告的，人民法院应当依照民法典第一千一百九十八条第二款、第一千二百五十四条的规定，在判决中明确，未采取必要安全保障措施的物业服务企业等建筑物管理人在人民法院就具体侵权人的财产依法强制执行后仍不能履行的范围内，承担与其过错相应的补充责任。

第二十五条　物业服务企业等建筑物管理人未采取必要的安全保障措施防止从建筑物中抛掷物品或者从建筑物上坠落的物品造成他人损害，经公安等机关调查，在民事案件一审法庭辩论终结前仍难以确定具体侵权人的，未采取必要安全保障措施的物业服务企业等建筑物管理人承担与其过错相应的责任。被侵权人其余部分的损害，由可能加害的建筑物使用人给予适当补偿。

具体侵权人确定后，已经承担责任的物业服务企业等建筑物管理人、可能加害的建筑物使用人向具体侵权人追偿的，人民法院依照民法典第一千一百九十八条第二款、第一千二百五十四条第一款的规定予以支持。

第二十六条 本解释自 2024 年 9 月 27 日起施行。

本解释施行后，人民法院尚未审结的一审、二审案件适用本解释。本解释施行前已经终审，当事人申请再审或者按照审判监督程序决定再审的，适用当时的法律、司法解释规定。

【导读及适用要点】

一、非法使被监护人脱离监护的侵权责任

保护妇女儿童人身权益不受侵犯，是人民法院服务保障人权发展大局、维护社会和谐稳定、维护国家安全、展现负责任大国形象的重要内容。审判实践中非法使被监护人脱离监护的情形，既有拐卖、拐骗儿童等刑事犯罪行为，也有亲子错换等民事行为，还有未达到刑事追诉年龄的未成年人实施的非法使被监护人脱离监护的行为。《最高人民法院关于确定民事侵权精神损害赔偿责任若干问题的解释》第二条规定："非法使被监护人脱离监护，导致亲子关系或者近亲属间的亲属关系遭受严重损害，监护人向人民法院起诉请求赔偿精神损害的，人民法院应当依法予以受理"。为进一步明确裁判标准，《最高人民法院关于适用〈中华人民共和国民法典〉侵权责任编的解释（一）》[以下简称《民法典侵权责任编的解释（一）》] 第一条至第三条作出相应规定。

（一）明确支持赔偿监护人寻亲的合理费用

监护的主要内容为"抚养（赡养）、教育（扶助）和保护"，既是权利，又是义务，将监护纳入侵权责任调整范围予以保护，具有正当性。

非法使被监护人脱离监护，监护人为寻亲往往花费较长时间和一定数额的金钱，产生财产损失。财产损失属于物质损失、直接损失，按照填补损害的基本原则，无论非法使被监护人脱离监护的行为是否构成犯罪，监护人为寻亲花费的合理费用均应获得赔偿，但赔偿范围如何确定，则存在一定争议。

《民法典侵权责任编的解释（一）》第一条以“恢复原状”“禁止得利”为法理基础，协调了拐卖获利刑事追缴与民事赔偿的关系，规定“非法使被监护人脱离监护，监护人请求赔偿为恢复监护状态而支出的合理费用等财产损失的，人民法院应予支持”。为增强财产损失范围认定弹性，又避免不当扩大损失范围，对“财产损失”作出“合理费用”的限定，同时使用了“等”之表述，给予法官一定的裁量权。

（二）明确严重精神损害的认定标准

精神损害赔偿是被侵权人因人格利益或身份利益受到侵害遭受精神痛苦，通过金钱赔偿的方式对其给予精神抚慰。非法使被监护人脱离监护侵害了监护关系这种身份利益，若造成了严重精神损害，依照《民法典》第一千一百八十三条关于“侵害自然人人身权益造成严重精神损害的，被侵权人有权请求精神损害赔偿”的规定，人民法院应当支持监护人和被监护人提出的精神损害赔偿请求；但非法使被监护人脱离监护构成刑事犯罪的，应当依照《最高人民法院关于适用〈中华人民共和国刑事诉讼法〉的解释》的有关规定处理。

对于如何认定非法使被监护人脱离监护造成严重精神损害，理论与实践中存在不同观点。有意见认为，非法使被监护人脱离监护即构成严重精神损害。我们认为，这种意见对精神损害的认定标准失之过宽。《民法典》第一千一百八十三条关于精神损害赔偿的规定，体现了防止精神损害赔偿被滥用的立法精神。为严格确立非法使被监护人脱离监护造成严重精神损害的认定标准，《民法典侵权责任编的解释（一）》第二条规定：“非法使被监护人脱离监护，导致父母子女关系或者其他近亲属关系受到严重损害的，应当认定为民法典第一千一百八十三条第一款规定的严重精神损害。”审判实践中，可综合脱离监护的时间、使近亲属出现精神疾患等因素作出认定。此条规定中的父母子女关系，不仅包括亲子关系，还包括形成抚养教育关系的继父母子女关系和养父母子女关系。

（三）明确依法支持权利人合并请求赔偿人身损害与寻亲费用

非法使被监护人脱离监护可能同时造成被监护人死亡。作为近亲属的监护人在人身损害赔偿案件中合并主张赔偿人身损害和寻亲费用的，人民法院应否一并支持，审判实践中存在争议。《民法典侵权责任编的解释（一）》第三条本着快捷解决纠纷、保障权利人及时受偿的考虑，明确规定依法支持赔偿权利人合并请求赔偿人身损害和寻亲费用。

二、被监护人侵权的责任承担问题

针对《民法典》中监护人责任，教唆、帮助侵权责任和教育机构责任适用中的争议，《民法典侵权责任编的解释（一）》明确了四个问题：

（一）明确被监护人侵权，监护人承担全部责任而非补充责任，不以被监护人本人有财产来认定被监护人担责

针对学理与实务中关于《民法典》第一千一百八十八条规定的监护人责任是补充责任还是全部赔偿责任的争议，《民法典侵权责任编的解释（一）》明确规定，被监护人侵权，由监护人承担侵权人应承担的全部赔偿责任。被监护人无论是无民事行为能力人，还是限制民事行为能力人，均不得因其本人有财产而承担侵权责任。这一规定，彰显了保障未成年人合法权益和轻装前行的司法理念。

在非近亲属担任监护人且被监护人本人有财产的情况下，完全由监护人担责可能导致非近亲属不愿担任监护人，这不利于未成年人的成长。为解决上述问题，从公平角度考量，依照《民法典》第一千一百八十八条第二款“有财产的无民事行为能力人、限制民事行为能力人造成他人损害的，从本人财产中支付赔偿费用；不足部分，由监护人赔偿”的规定，《民法典侵权责任编的解释（一）》第五条规定，人民法院在判令监护人担责的同时，应当在判决中明确“赔偿费用可以先从被监护人财产中支付，不足部分由监护人支付”。

同时，为保证被监护人健康成长，《民法典侵权责任编的解释（一）》对从被监护人的财产中支付赔偿费用作出限定，规定“应当保留被监护人所必需的生活费和完成义务教育所必需的费用”。

针对行为人在侵权行为发生时不满 18 周岁，被诉时已满 18 周岁的情况，《民法典侵权责任编的解释（一）》第六条调整了既往裁判标准，明确仍由原监护人承担侵权责任，并协调规定了赔偿费用支付问题。征求意见过程中，有意见建议依照《民法典》第十八条第二款的规定，明确行为人在侵权行为发生时已满 16 周岁未满 18 周岁，但以自己的劳动收入为主要生活来源的，

由行为人承担侵权责任。但经广泛征求意见，普遍认为，《民法典》第十八条第二款有关16周岁视为完全民事行为能力人的规定，是为了保护以自己的劳动收入为主要生活来源的未成年人，使他们参与的正常民事法律关系处于稳定状态，该规定一般适用于民事法律行为领域，不适用于侵权责任领域。如果规定这部分未成年人还要承担侵权责任，与立法保护未成年人的精神不符。据此，《民法典侵权责任编的解释（一）》未采纳相关建议。

（二）明确未成年子女侵权，由父母共同承担责任，未与未成年人形成抚养教育关系的继父母不承担监护人的侵权责任，由该子女的生父母承担责任

我们根据《民法典》的精神对既往裁判规则作出相应调整和补充。

关于未成年子女侵权的父母责任。依照《民法典》第二十六条、第二十七条以及第一千零六十八条的规定，父母是未成年子女的监护人，未成年子女造成他人损害的，父母应当依法承担民事责任。《民法典》有关监护人责任的规定并未明确父与母之间的责任形态，《民法典侵权责任编的解释（一）》参照夫妻共同债务的立法精神，在第七条明确规定："未成年子女造成他人损害，被侵权人请求父母共同承担侵权责任的，人民法院依照民法典第二十七条第一款、第一千零六十八条以及第一千一百八十八条的规定予以支持。"

关于未成年子女侵权的离异夫妻责任。审判实践中，未成年子女侵权的，离异夫妻一方往往以未与未成年子女共同生活为由主张自己不承担责任或者少承担责任。以前，司法实践依照"与子女共同生活"标准来判定离异夫妻的责任，会导致不与子女共同生活的一方疏于履行监护职责。依照《民法典》第一千零八十四条的规定，离婚后父母对子女仍有抚养、教育、保护的权利和义务。据此，《民法典侵权责任编的解释（一）》第八条第一款明确，夫妻离婚后，未成年子女造成他人损害，被侵权人请求离异夫妻共同承担侵权责任的，人民法院依照《民法典》第一千零六十八条、第一千零八十四条以及第一千一百八十八条的规定予以支持。一方以未与该子女共同生活为由主张不承担或者少承担责任的，人民法院不予支持。

考虑到夫妻离异后财产进行了分割，双方对抚养子女一般会作出约定，《民法典侵权责任编的解释（一）》第八条第二款规定了离异夫妻对外承担责任后的内部求偿规则，"离异夫妻之间的责任份额，可以由双方协议确定；协

议不成的，人民法院可以根据双方履行监护职责的约定和实际履行情况等确定。实际承担责任超过自己责任份额的一方向另一方追偿的，人民法院应予支持。”

关于未成年子女侵权的继父母责任。夫妻离异后再婚，再婚相对方与未成年人形成继父母子女关系。依照《民法典》第一千零七十二条第二款的规定，继父或者继母和受其抚养教育的继子女间的权利义务关系，适用《民法典》有关父母子女关系的规定。未成年人受继父母抚养教育成立了监护关系，但并不因此免除生父母的监护职责，对于未成年人侵权应如何协调生父母责任与继父母责任，实务中争议较大，处理纠纷时应进行“个案考量”和“利益平衡”，不宜“一刀切”。因此，《民法典侵权责任编的解释（一）》第九条仅针对未成年子女与继父母未形成抚养教育关系的情形作出规定，明确未与该子女形成抚养教育关系的继父或者继母不承担监护人的侵权责任，由该子女的生父母承担侵权责任。

（三）明确被监护人侵权，受托履行监护职责的人在过错范围内与承担全部责任的监护人共同承担责任，产生责任重合；教唆、帮助未成年人侵权的，监护人在过错范围内与承担全部责任的教唆人、帮助人共同承担责任，产生责任重合

但是，责任主体实际支付的赔偿费用总和不应超出被侵权人应受偿的损失数额，目的是在利益衡量的基础上保障被侵权人充分受偿。《民法典》第一千一百八十九条规定了委托监护关系中的侵权责任，第一千一百六十九条第二款规定了教唆、帮助无民事行为能力人、限制民事行为能力人侵权的民事责任。法律适用中的主要争议为，委托监护关系中受托履行监护职责的人承担的与过错相应的责任，教唆、帮助侵权中监护人承担的与过错相应的责任，实务中应如何据此认定民事责任。《民法典侵权责任编的解释（一）》第十条、第十二条对相关争议的裁判标准予以了明确。

关于受托人承担责任应否限定于有偿受托的问题。《民法典侵权责任编的解释（一）》制定过程中，有观点认为无偿看管孙辈的祖辈不应对被监护人的侵权行为承担责任。经广泛征求意见，我们目前的倾向性意见为，排除无偿受托人担责限缩了《民法典》第一千一百八十九条规定的适用范围，不利于保障被侵权人充分受偿，也不符合强化监护职责履行的立法精神。为此，《民法典侵权责任编的解释（一）》对这种意见未予采纳。实践中，可综合过错情况，合理界定情谊行为与无偿受托的区别等来妥善认定无偿受托人的责任。

关于受托人的过错认定问题。审判实践中应具体分析，综合被侵权人的人身财产权益，被监护人的年龄、性格和过往表现等自身特点，健康自由发展空间，教育义务履行情况，受托人的履行成本等因素，对受托人的过错作出认定。

此外，《民法典侵权责任编的解释（一）》对教唆、帮助未成年人侵权的行为持严格否定立场，明确教唆人、帮助人承担责任不以明知被教唆、帮助人为无民事行为能力人、限制民事行为能力人为前提。

（四）明确学生在校内遭受校外人员人身损害的，实施侵权行为的第三人为第一责任主体，未尽到管理职责的教育机构承担顺位在后的补充责任；第三人不确定的，未尽到管理职责的教育机构先行承担责任，并有权向第三人追偿

《民法典》第一千二百零一条规定了学生在校内遭受校外人员人身损害的责任承担。针对审判实践中反映的实体与程序问题，《民法典侵权责任编的解释（一）》第十四条作出规定：

一是被侵权人可一并起诉实施侵权行为的第三人和教育机构。无须被侵权人先行起诉、强制执行第三人财产后再就赔偿不能部分起诉请求教育机构承担责任。目的是减轻当事人诉累，保障被侵权人及时获得救济。

二是如果诉讼时实施侵权行为的第三人能够确定，一般不单独列教育机构为被告。人民法院应当向原告释明申请追加实施侵权行为的第三人为共同被告。第三人和教育机构作为共同被告的，人民法院在判决中应体现教育机构承担补充责任的在后执行顺位，即明确“教育机构在人民法院就第三人的财产依法强制执行后仍不能履行的范围内，承担与其过错相应的补充责任”。

三是诉讼时无法确定第三人的，未尽到管理职责的教育机构可以先行承担与其过错相应的责任。教育机构承担责任后向已经确定的第三人追偿的，人民法院依照《民法典》第一千二百零一条的规定予以支持。

三、《民法典侵权责任编的解释（一）》对“相应的责任”的规定

这确实是一个需要阐明的问题。《民法典》侵权责任编多处规定“相应的

责任”，比如，委托监护关系中受托人承担的相应的责任，教唆、帮助侵权中监护人承担的相应的责任，劳务派遣关系中劳务派遣单位承担的相应的责任，承揽关系中定作人承担的相应的责任等。如何依照有关法律规定确定各民事主体的民事责任，是审判实务中应予统一的问题。

《民法典》有关“相应的责任”的规定，均涉及两个以上的责任主体。对于多数人侵权的侵权责任形态，《民法典》明文规定了按份责任、连带责任、补充责任，在产品侵权等具体法律条文中体现了侵权行为法学理上的不真正连带责任。《民法典侵权责任编的解释（一）》制定过程中，我们认真研究、广泛征求意见并积极与立法机关沟通，在正确区分侵权行为法中数人侵权的不同责任形态的基础上，坚持比例原则、利益衡量，《民法典侵权责任编的解释（一）》在关于委托监护，教唆、帮助侵权，劳务派遣，承揽人、定作人侵权，投保义务人与交通事故责任人不是同一人时的责任承担等5个具体条文中，从与过错相应的角度作了务实的处理。

刚才，我在第四个问题中，通过对委托监护责任，教唆、帮助侵权责任的说明也简要进行了阐述。这里我仍以《民法典》第一千一百八十九条委托监护的规定为例。依照委托监护责任的法律规定，无民事行为能力人、限制民事行为能力人造成他人损害，监护人将监护职责委托给他人的，监护人应当承担侵权责任；受托人有过错的，承担“相应的责任”。可见，监护人和有过错的受托人都是责任主体。

其一，监护人将监护职责委托给他人履行，并不发生监护职责的移转。监护人仍是履行监护职责的主体，应依照《民法典》关于监护人责任的规定，对被监护人的侵权行为承担全部替代赔偿责任。受托人的过错并不因此减少监护人的责任。

其二，被侵权人可以任意选择由谁承担责任。受托人承担过错责任并不以监护人先行承担责任为前提，受托人的责任亦不符合补充责任的特征。

其三，在连带责任法定化背景下，受托人的相应过错责任不宜解释为比例连带责任。

在比较、区分不同责任的情况下，《民法典侵权责任编的解释（一）》适当借鉴不真正连带责任原理，第十条第一款首先规定，无民事行为能力人、限制民事行为能力人造成他人损害，被侵权人合并请求监护人和受托履行监护职责的人承担侵权责任的，依照《民法典》第一千一百八十九条的规定，监护人承担侵权人应承担的全部责任；受托人在过错范围内与监护人共同承担责任，但责任主体实际支付的赔偿费用总和不应超出被侵权人应受偿的损失数额。通俗地讲就是，一个责任主体在过错比例范围内承担的责任，与另一个承担全部责任的主体所承担的责任部分重合，执行中根据各个责任主体的责任范围和责任财产情况，协调处理执行数额。为避免“过错范围内共同承担责任”的规定产生赔偿范围超出100%的误解，《民法典侵权责任编的解释（一）》明确：“责任主体实际支付的赔偿费用总和不应超出被侵权人应受偿的损失数额。”应强调的是，这里规定的共同承担责任，不是两个以上的责任主体根据各自过错大小按份承担相应的责任，若监护人在诉讼中主张与有过错的受托人对外按份承担责任的，人民法院不予支持。

多个责任主体共同对外承担责任后，如何处理相互之间的内部求偿问题，《民法典侵权责任编的解释（一）》起草过程中争议很大。《民法典侵权责任编的解释（一）》在坚持“过错终局”求偿规则的基础上具体分析“相应的责任”的不同法律规定情形，对内部求偿规则作出了一定的区分，确保司法解释与立法精神一致。具体为：一是对监护人和受托人之间的内部求偿，指引参照适用《民法典》第九百二十九条关于委托合同内部求偿的规定。二是鼓励相应责任主体积极履行赔付义务，若其自愿支付超出自己相应责任的赔偿费用的，人民法院应支持该责任主体就超出自己相应责任的部分向其他责任主体追偿。鉴于劳务派遣和承揽属于合同关系，故内部追偿规则应坚持当事人约定优先原则。

——摘自《最高法民一庭负责人就民法典侵权责任编司法解释（一）答记者问》（2024年9月6日），载《人民法院报》2024年9月27日。

最高人民法院
关于办理人身安全保护令案件适用法律若干问题的规定

法释〔2022〕17号

（2022年6月7日最高人民法院审判委员会第1870次会议通过
2022年7月14日最高人民法院公告公布　自2022年8月1日起施行）

为正确办理人身安全保护令案件，及时保护家庭暴力受害人的合法权益，根据《中华人民共和国民法典》《中华人民共和国反家庭暴力法》《中华人民共和国民事诉讼法》等相关法律规定，结合审判实践，制定本规定。

第一条　当事人因遭受家庭暴力或者面临家庭暴力的现实危险，依照反家庭暴力法向人民法院申请人身安全保护令的，人民法院应当受理。

向人民法院申请人身安全保护令，不以提起离婚等民事诉讼为条件。

第二条　当事人因年老、残疾、重病等原因无法申请人身安全保护令，其近亲属、公安机关、民政部门、妇女联合会、居民委员会、村民委员会、残疾人联合会、依法设立的老年人组织、救助管理机构等，根据当事人意愿，依照反家庭暴力法第二十三条规定代为申请的，人民法院应当依法受理。

第三条　家庭成员之间以冻饿或者经常性侮辱、诽谤、威胁、跟踪、骚扰等方式实施的身体或者精神侵害行为，应当认定为反家庭暴力法第二条规定的“家庭暴力”。

第四条　反家庭暴力法第三十七条规定的“家庭成员以外共同生活的人”一般包括共同生活的儿媳、女婿、公婆、岳父母以及其他有监护、扶养、寄养等关系的人。

第五条　当事人及其代理人对因客观原因不能自行收集的证据，申请人民法院调查收集，符合《最高人民法院关于适用〈中华人民共和国民事诉讼法〉的解释》第九十四条第一款规定情形的，人民法院应当调查收集。

人民法院经审查，认为办理案件需要的证据符合《最高人民法院关于适用〈中华人民共和国民事诉讼法〉的解释》第九十六条规定的，应当调查收集。

第六条　人身安全保护令案件中，人民法院根据相关证据，认为申请人遭受家庭暴力或者面临家庭暴力现实危险的事实存在较大可能性的，可以依法作出人身安全保护令。

前款所称“相关证据”包括：

（一）当事人的陈述；

（二）公安机关出具的家庭暴力告诫书、行政处罚决定书；

（三）公安机关的出警记录、讯问笔录、询问笔录、接警记录、报警回执等；

（四）被申请人曾出具的悔过书或者保证书等；

（五）记录家庭暴力发生或者解决过程等的视听资料；

（六）被申请人与申请人或者其近亲属之间的电话录音、短信、即时通讯信息、电子邮件等；

（七）医疗机构的诊疗记录；

（八）申请人或者被申请人所在单位、民政部门、居民委员会、村民委员会、妇女联合会、残疾人联合会、未成年人保护组织、依法设立的老年人组织、救助管理机构、反家暴社会公益机构等单位收到投诉、反映或者求助的记录；

（九）未成年子女提供的与其年龄、智力相适应的证言或者亲友、邻居等其他证人证言；

（十）伤情鉴定意见；

（十一）其他能够证明申请人遭受家庭暴力或者面临家庭暴力现实危险的证据。

第七条　人民法院可以通过在线诉讼平台、电话、短信、即时通讯工具、电子邮件等简便方式询问被申请人。被申请人未发表意见的，不影响人民法院依法作出人身安全保护令。

第八条　被申请人认可存在家庭暴力行为，但辩称申请人有过错的，不影响人民法院依法作出人身安全保护令。

第九条　离婚等案件中，当事人仅以人民法院曾作出人身安全保护令为由，主张存在家庭暴力事实的，人民法院应当根据《最高人民法院关于适用〈中华人民共和国民事诉讼法〉的解释》第一百零八条的规定，综合认定是否存在该事实。

第十条 反家庭暴力法第二十九条第四项规定的"保护申请人人身安全的其他措施"可以包括下列措施：

（一）禁止被申请人以电话、短信、即时通讯工具、电子邮件等方式侮辱、诽谤、威胁申请人及其相关近亲属；

（二）禁止被申请人在申请人及其相关近亲属的住所、学校、工作单位等经常出入场所的一定范围内从事可能影响申请人及其相关近亲属正常生活、学习、工作的活动。

第十一条 离婚案件中，判决不准离婚或者调解和好后，被申请人违反人身安全保护令实施家庭暴力的，可以认定为民事诉讼法第一百二十七条第七项规定的"新情况、新理由"。

第十二条 被申请人违反人身安全保护令，符合《中华人民共和国刑法》第三百一十三条规定的，以拒不执行判决、裁定罪定罪处罚；同时构成其他犯罪的，依照刑法有关规定处理。

第十三条 本规定自2022年8月1日起施行。

【导读及适用要点】

一、家庭暴力的行为种类

《反家庭暴力法》第二条规定："本法所称家庭暴力，是指家庭成员之间以殴打、捆绑、残害、限制人身自由以及经常性谩骂、恐吓等方式实施的身体、精神等侵害行为。"该条列举了家庭暴力的常见形式，但实践中，除了上述列举的形式外，还存在其他可以归为家庭暴力范畴的行为，需要明确。

《最高人民法院关于办理人身安全保护令案件适用法律若干问题的规定》（以下简称《人身安全保护令规定》）第三条对家庭暴力行为种类作了列举式扩充，明确冻饿以及经常性侮辱、诽谤、威胁、跟踪、骚扰等均属于家庭暴力，从而进一步明晰了人身安全保护令的适用范围，保障家庭成员免受各种形式家庭暴力的侵害。

需要特别说明的是，从现有理论研究成果和国外立法例看，将性暴力和经济控制纳入家庭暴力范畴并无大的争议。《人身安全保护令规定》没有明确列举该两种情形，主要考虑是：第一，对于性暴力，一方面可能涉及目前争议较大的婚内强奸问题；另一方面基于该类行为发生的时空领域的特殊性，证据收集、留存困难，导致事实认定上也存在一定难度，需要审判实践进一步总结经验。第二，对于经济控制，《反家庭暴力法》对家庭暴力的界定，主要是以身体和精神暴力为主。从司法实践看，因经济控制原因提出人身安全保护令的案件数量较少，目前的样本数量无法为制定规则提供实践支撑。司法实践中，对于上述两种形式，各地法院可以根据案件实际情况进行探索，积累实践经验，待条件成熟的时候再作进一步明确。

二、关于代为申请的问题

《反家庭暴力法》第二十三条第二款规定："当事人是无民事行为能力人、限制民事行为能力人，或者因受到强制、威吓等原因无法申请人身安全保护令的，其近亲属、公安机关、妇女联合会、居民委员会、村民委员会、救助管理机构可以代为申请。"实践中，除了受到强制、威吓外，还存在因年老、残疾、重病等原因致使受害人不敢或者不能亲自申请的情况。为最大限度保障该类特殊困难群体能够依法及时获得人身安全保护令制度的救济，《人身安全保护令规定》第二条在《反家庭暴力法》基础上进行了适当扩充，将年老、残疾、重病等情况纳入代为申请情形。

但考虑到该类人员生活保障仍需要以家庭为基础，而且，其并非因民事行为能力欠缺而导致意思表示受限，仅仅是因身体状况等现实原因，是否申请人身安全保护令也需要充分尊重其自身意愿，因此，《人身安全保护令规定》在扩大代为申请情形时增加了一个限制条件，即"根据其意愿"。

同时，对于代为申请的主体，《人身安全保护令规定》结合审判实践，在征求有关部门意见的基础上，根据部门职责分工，增加了民政部门、残疾人联合会、依法设立的老年人组织等，以充分调动全社会力量，进一步织牢织密对该类人员的保护网，合力保障其人身健康和生命安全。本条在征求意见过程中，有部门建议增加学校、幼儿园、医疗机构以及未成年人保护机构、儿童福利机构作为代为申请的主体。

我们经研究认为，学校、幼儿园、医疗机构在工作过程中较容易发现家庭暴力，故法律已经赋予其强制报告的义务，代为申请人身安全保护令与其基本职责关系较远，且在实践中不好操作，故未作出明确规定。未成年人属于无民事行为能力人或者限制民事行为能力人，考虑到《反家庭暴力法》对无民事行为能力人或者限制民事行为能力人代为申请的情形已经有明确规定，因此，司法解释没有重复规定。

在没有规定未成年人的情况下，《人身安全保护令规定》相应地也没有增加未成年人保护机构和儿童福利机构作为代为申请的主体。实践中，如果家暴受害人是未成年人，未成年人保护机构或者儿童福利机构代为申请的，法院可以受理。

三、关于证据形式及证明标准的问题

《反家庭暴力法》第二十条规定："人民法院审理涉及家庭暴力的案件，可以根据公安机关出警记录、告诫书、伤情鉴定意见等证据，认定家庭暴力事实。"但是，实践中，家庭暴力行为具有封闭性、隐秘性等特点。而且，与一般民事侵权案件不同，受害人往往处于弱势地位，不敢或缺乏收集证据的意识，未及时采取报警、验伤、拍照、住院治疗等方式固定、收集证据。有些家庭暴力发生时，当事人虽第一时间报警，但公安机关仅将其作为一般家事纠纷，只进行口头处理，不记录现场状况，不对加害人作出询问笔录，甚至也不给受害人作出询问笔录，未留存证据或者虽留存有证据但不允许当事人自己查看。

此外，经常性谩骂、恐吓等精神侵害行为更是难以留存证据，实践中往往只有当事人陈述。上述原因常导致家庭暴力受害人的申请因证据不足而被驳回，限制了人身安全保护令作用的发挥。法院还可以根据哪些证据作出人身安全保护令，是审判实践中亟待明确的问题。

我们经研究认为，根据《民事诉讼法》第六十六条的规定，证据形式包括当事人的陈述、书证、物证、视听资料、电子数据、证人证言、鉴定意见、勘验笔录等。具体到申请人身安全保护令案件中的证据，根据家庭暴力发生

特点，总结审判实践经验，《人身安全保护令规定》细化列举了10种证据形式，比较常见的如当事人的陈述（包括申请人的陈述和被申请人的陈述）、被申请人曾出具的悔过书或者保证书、双方之间的电话录音、短信，医疗机构的诊疗记录，妇联组织等收到反映或者求助的记录，公安机关的出警记录、讯问笔录、询问笔录、接警记录、报警回执等。

这不仅能够明确指导审判实践，也为家庭暴力受害人留存、收集证据提供了清晰的行为指引。法院在审查申请人身安全保护令案件中，可以综合上述证据的一种或者几种对家庭暴力事实进行认定。

人身安全保护令案件中，对家庭暴力事实的证明标准把握不准，是制约签发率的重要原因。当事人为证明自己的请求或者申请能够成立，应当提供相应的证据予以证明，这一点并无异议，问题是当事人提供的证据达到何种证明程度，法院即可作出人身安全保护令，实践中采用的标准并不一致。

人身安全保护令案件的证明标准，要根据人身安全保护令的性质、功能等作出合理认定。从内容上看，人身安全保护令可以包括禁止实施家庭暴力，禁止骚扰、跟踪、接触以及责令迁出居所等措施，主要是对被申请人行为的控制，类似于行为保全，因此，严格来说，人身安全保护令案件并不是独立的诉讼案件。从程序上看，根据《反家庭暴力法》第二十八条规定："人民法院受理申请后，应当在七十二小时内作出人身安全保护令或者驳回申请；情况紧急的，应当在二十四小时内作出。"可见，人身安全保护令的作用是快捷、高效地制止已经发生或者可能发生的家庭暴力行为，更多的是追求效率，而不是通过判断是非确定民事责任承担。

人身安全保护令不对申请人与被申请人的权利和义务作出终局性的判断，不对当事人的亲属关系、财产分配、子女监护权探望权等人身财产关系作出终局决定，也不是对被申请人的惩罚措施。人身安全保护令的目的是制止正在发生的家庭暴力，给受害人提供一道"隔离墙"，故应当与民事案件实体事实的证明标准有所区分。

2019年修正后的《最高人民法院关于民事诉讼证据的若干规定》第八十六条第二款对于降低证明标准的情形作了规定，降低证明标准的情形主要针对民事诉讼程序中的程序性事项，从保障当事人诉讼权利、推进诉讼程序出发，对于程序性事项降低证明标准，符合审判实际的需要。

参照上述规定精神，《人身安全保护令规定》根据人身安全保护令非诉程序特点，明确签发人身安全保护令的证明标准是“较大可能性”，而不需要达到“高度可能性”，从而减轻了当事人的举证负担，有助于充分发挥人身安全保护令的作用。

同时，《人身安全保护令规定》还进一步重申了人民法院依职权调查取证的规定。这些规定完善了人身安全保护令案件的证据规则体系，进一步消除了家庭暴力受害人的举证困难，为保护家庭暴力受害人合法权益提供了更加坚强有力的制度支撑，从而保障人民群众更安全更有尊严地生活。

四、人身安全保护令适用的人员范围

《反家庭暴力法》第三十七条规定：“家庭成员以外共同生活的人之间实施的暴力行为，参照本法规定执行。”《民法典》实施之前，对于家庭成员的范围，没有明确的法律规定。《民法典》第一千零四十五条对家庭成员进行了界定。该条规定，亲属包括配偶、血亲和姻亲。配偶、父母、子女、兄弟姐妹、祖父母、外祖父母、孙子女、外孙子女为近亲属。配偶、父母、子女和其他共同生活的近亲属为家庭成员。也即，配偶、父母、子女以及共同生活的兄弟姐妹、祖父母、外祖父母、孙子女、外孙子女为家庭成员。

但是“家庭成员以外共同生活的人”都包括哪些，实践中存在一定的模糊认识。现实生活中比较常见的共同生活的人主要是儿媳、女婿、公婆、岳父母，也包括其他一些因监护、扶养、寄养等关系共同生活的人。这类人员与家庭成员一样，具有相似的生活紧密度和情感连接性，因为共同生活的事实，参照适用《反家庭暴力法》，争议不大，《人身安全保护令规定》对此进行了明确。

需要特别说明的是，离婚后或恋爱、同居关系终止后的暴力行为，能否参照适用《反家庭暴力法》，对此实践中最具争议。该类情况在现实生活中并不鲜见，甚至由此产生极端恶性事件，引起舆论广泛关注。从调研了解的情况看，很多地方法院倾向于将该种暴力行为纳入参照适用范围，依当事人申请作出了人身安全保护令。

对此，我们也进行了深入研究。从《反家庭暴力法》的规定看，人身安全保护令适用的情形是家庭成员，家庭成员以外共同生活的人可以参照适用。

而离婚后或恋爱、同居关系终止后的人员既不属于家庭成员，也未共同生活，因此，不适宜通过司法解释的方式将其纳入人身安全保护令的适用范围。目前，正在修改的《妇女权益保障法》征求意见稿规定，该类人员可以参照《反家庭暴力法》规定申请人身安全保护令。如果最终法律保留该条规定，则该类人员参照适用《反家庭暴力法》规定向法院申请人身安全保护令就有了明确的法律依据。在现行法律没有明确规定的情况下，该类人员之间发生的暴力行为可以通过《民法典》第九百九十七条规定的人格权禁令予以解决。《民法典》第九百九十七条规定，民事主体有证据证明行为人正在实施或者即将实施侵害其人格权的违法行为，不及时制止将使其合法权益受到难以弥补的损害的，有权依法向法院申请采取责令行为人停止有关行为的措施。

人身安全保护令是人格权行为禁令针对家庭暴力行为的具体化特殊化适用，是为有效保护受害人的生命权、身体权、健康权等人格权，由法院依法责令行为人停止家庭暴力侵害行为的一种命令制度。虽然从法律施行时间看，规定人身安全保护令的《反家庭暴力法》先于规定人格权禁令的《民法典》，但从二者内在逻辑关系看，人格权行为禁令与人身安全保护令属于一般与特殊的关系。人格权行为禁令是一般化普遍化适用于保护所有人格权主体免于所有人格权侵害的制度，具有适用主体、适用客体上的一般性，而原本规定在先的人身安全保护令反而成了人格权禁令的一种特殊适用程序。家庭暴力虽然广义上也属于人格权侵权范畴，但人身安全保护令属于特别法规定，在《反家庭暴力法》明确规定的人员范围内，应优先适用。但对于该范围以外人员之间实施的暴力行为，则应当适用《民法典》第九百九十七条的规定。

《人身安全保护令规定》之所以没有就该部分人员申请人格权禁令作出指引性规定，主要考虑是，如果最终通过的《妇女权益保障法》能够保留征求意见稿的相关规定，则该类人员可以直接根据妇女权益保障法，参照适用《反家庭暴力法》规定，向法院申请人身安全保护令，而不需要再适用人格权禁令制度。

五、被申请人辩称受害人有过错如何处理的问题

实践中，被申请人对自己实施的家庭暴力行为往往提出各种辩解，以对方“有错在先”为由为自己的行为寻找借口，借机通过暴力的方式控制对方，

是比较常见的情形之一，甚至有些法官在决定是否作出人身安全保护令时也会考虑对方过错情况。

为纠正上述对家庭暴力的错误认识，着重体现对家庭暴力“零容忍”的态度和原则，《人身安全保护令规定》第八条明确规定，被申请人认可存在家庭暴力行为，但辩称受害人有过错的，法院应当依法作出人身安全保护令。该条规定明确了这样一个观念，即任何理由都不是实施家庭暴力的借口。家庭暴力是违法行为，甚至有可能构成犯罪，要坚决予以制止和打击。那种认为家庭暴力情有可原的想法是完全错误的。实践中，受害人可能存在虐待老人或出轨等过错行为，但《民法典》等法律已对相应情形作出了规定，比如，根据《民法典》第一千零八十七条规定，离婚时夫妻共同财产分割在双方协议不成时要考虑照顾无过错方权益的原则。再比如，根据《民法典》第一千零九十一条规定，如果一方构成虐待、遗弃家庭成员或者存在与他人同居等重大过错的，要承担损害赔偿责任。

六、人身安全保护令案件与离婚等案件中对家庭暴力事实认定的关系问题

据调研了解，很多基层法院法官之所以对签发人身安全保护令持谨慎态度，证据标准把握过严，一个很大的担心是，如果当事人将来提起离婚诉讼，并以法院曾作出人身安全保护令为由主张存在家庭暴力事实的，将给离婚案件审理造成被动。而在离婚案件中，一旦认定家庭暴力事实存在，就必须依法判决离婚和支持离婚损害赔偿的诉讼请求。

我们经研究认为，基层法院法官的担心有一定道理，尤其对于普通民众来讲，盖有法院印章的人身安全保护令是最好的家庭暴力证明。但该种观念在诉讼法意义上确实需要一定程度的澄清。尤其是，如果将二者捆绑，将使得法官签发人身安全保护令瞻前顾后，反倒限制了该制度作用的有效发挥，不能及时保护家庭暴力受害人。

为此，《人身安全保护令规定》第九条从证明标准的角度对二者关系进行了澄清。主要思路是：人身安全保护令的目的在于制止正在发生或者可能发生的家庭暴力行为，要求便捷、快速，与诉讼中经过当事人举证质证程序采信证据认定事实，存在本质不同。根据《人身安全保护令规定》第六条规定，

人身安全保护令案件的证明标准是“较大可能性”，而非“高度可能性”，故同样是对家庭暴力事实的认定，由于人身安全保护令案件证明标准相较离婚案件中对涉及实体权利义务关系事实的证明标准低，如果只要作出人身安全保护令，就必须在离婚纠纷中认定家庭暴力事实，则实际上变相降低了实体权利义务关系的证明标准。

因此，仅以法院曾签发人身安全保护令为由，即在离婚案件中认定家庭暴力事实，这样的事实认定可能是不扎实的。根据《反家庭暴力法》规定，向法院申请人身安全保护令有两种情形：一种是面临家庭暴力的现实危险；另一种是遭受了家庭暴力。如果系因面临家庭暴力现实危险作出的人身安全保护令，当然不能以人身安全保护令作为认定家庭暴力事实的证据。

实际上，《人身安全保护令规定》第九条要规范的也并不主要是该种情形。该条主要解决的是，即便当事人以实际遭受家庭暴力为由申请人身安全保护令，但是，由于签发人身安全保护令的证明标准较低，仅为“较大可能性”即可，而不需要达到涉及实体权利义务事实的“高度可能性”证明标准。而且，在七十二小时甚至二十四小时内即必须签发，相关证据一般未经法定的举证质证程序，人身安全保护令裁定书中亦没有法院查明事实部分，故离婚纠纷中，对涉及实体权利义务内容的家庭暴力事实，还不能仅以曾签发人身安全保护令为由直接认定。

但是，签发人身安全保护令一般有一些基础证据，根据《人身安全保护令规定》第六条规定，包括当事人陈述、被申请人曾出具的悔过书或者保证书、记录家庭暴力发生或者解决过程等的视听资料以及医疗机构的诊疗记录等。此种情况下，既要考虑法院曾作出人身安全保护令的事实，也要进一步对基础证据进行审查和质证，并根据《最高人民法院关于适用〈中华人民共和国民事诉讼法〉的解释》第一百零八条的规则对家庭暴力事实进行认定。人身安全保护令属于非诉程序，应当适用适当的职权干预和职权探知。审判实践中，考虑到家庭暴力受害人普遍举证能力比较弱，法院应当进行适当的释明，告知当事人补充提供有关证据。

七、违反人身安全保护令构成拒不执行判决、裁定罪的问题

法院作出人身安全保护令后，被申请人理应严格遵守，不再实施家庭暴

力。如果被申请人在保护期内仍然实施家庭暴力，则不仅是对家庭成员人格权的再次侵害，也是对司法权威的漠视，应当坚决依法惩治。根据《反家庭暴力法》第三十四条规定，被申请人违反人身安全保护令，构成犯罪的，依法追究刑事责任；尚不构成犯罪的，人民法院应当给予训诫，可以根据情节轻重处以 1000 元以下罚款或者 15 日以下拘留。

据调研了解，人身安全保护令制度实施中存在的主要问题之一是违反后受到的惩罚力度较弱，一般只能是训诫、1000 元以下罚款或者 15 日以下拘留，对施暴方起不到足够的威慑作用。《反家庭暴力法》第三十四条虽然规定"构成犯罪的，依法追究刑事责任"，但实践中对于违反人身安全保护令的，能否构成拒不执行判决、裁定罪，存在不同认识，需要对构成何种犯罪进一步明确。

经研究，我们认为，违反人身安全保护令的，可以构成拒不执行判决、裁定罪，主要理由有以下几点：

第一，从适用对象看。根据《刑法》第三百一十三条规定，拒不执行判决、裁定罪针对的是"对人民法院的判决、裁定有能力执行而拒不执行"的行为，人身安全保护令是法院依法作出的裁定，属于拒不执行判决、裁定罪的适用范畴。

第二，从体系解释的角度看。《反家庭暴力法》第三十三条和第三十四条均规定了刑事责任的承担问题，第三十三条规定了加害人实施家庭暴力，构成犯罪的，依法追究刑事责任；第三十四条规定了被申请人违反人身安全保护令，构成犯罪的，依法追究刑事责任。可见，第三十四条主要是对人身安全保护令本身的保障。当然，违反人身安全保护令的，一般情况下是再次实施了家庭暴力。如果通过实施家庭暴力的方式违反人身安全保护令，则可能同时构成虐待罪、故意伤害罪甚至故意杀人罪等，具体定罪量刑还要考虑犯罪竞合的问题。

第三，违反人身安全保护令本身情节严重的，可以按照拒不执行判决、裁定罪定罪处罚，这是《反家庭暴力法》第三十四条规定的立法初衷，不存在破坏刑法谦抑性问题。

第四，根据 2015 年《最高人民法院关于审理拒不执行判决、裁定刑事案件适用法律若干问题的解释》第二条第一项规定，违反人民法院限制高消费及有关消费令等拒不执行行为，经采取罚款或者拘留等强制措施后仍拒不执行的，可以拒不执行判决、裁定罪定罪量刑。第三条规定，申请执行人有证据证明同时具有下列情形，人民法院认为符合《刑事诉讼法》第二百零四条第三项规定的，以自诉案件立案审理：（1）负有执行义务的人拒不执行判决、裁定，侵犯了申请执行人的人身、财产权利，应当依法追究刑事责任的；（2）申请执行人曾经提出控告，而公安机关或者人民检察院对负有执行义务的人不予追究刑事责任的。被申请人违反人身安全保护令的，与上述情形相比，在行为特点上有相似之处，可以作一定程度的类比。

据此，《人身安全保护令规定》第十二条明确，被申请人违反人身安全保护令，符合《刑法》第三百一十三条规定的，以拒不执行判决、裁定罪定罪处罚，从而将违反人身安全保护令行为本身纳入拒不执行判决、裁定罪适用范围，更有针对性地加大刑事打击力度，增强人身安全保护令的权威性，回应社会关切。

需要特别说明的是，该条只解决违反人身安全保护令本身能否构成拒不执行判决、裁定罪的问题，至于是否与其他犯罪构成竞合，需要根据案件具体情况确定。为避免产生歧义，《人身安全保护令规定》第十二条后半段规定，同时构成其他犯罪的，按照《刑法》有关规定处理。之所以作此笼统规定，主要考虑是《人身安全保护令规定》并非刑事法律适用司法解释，具体的刑事裁判规则，比如犯罪竞合问题，在相关刑事司法解释中均有明确规定，故在条文表述上仅笼统性地作出转引性规定，未作具体规定。实践中，在构成犯罪竞合的情况下，应当依照处罚较重的规定定罪处罚。

（撰稿人：最高人民法院　吴景丽、王丹）

最高人民法院
关于审理涉彩礼纠纷案件适用法律若干问题的规定

法释〔2024〕1号

（2023年11月13日最高人民法院审判委员会第1905次会议通过
2024年1月17日最高人民法院公告公布　自2024年2月1日起施行）

为正确审理涉彩礼纠纷案件，根据《中华人民共和国民法典》《中华人民共和国民事诉讼法》等法律规定，结合审判实践，制定本规定。

第一条　以婚姻为目的依据习俗给付彩礼后，因要求返还产生的纠纷，适用本规定。

第二条　禁止借婚姻索取财物。一方以彩礼为名借婚姻索取财物，另一方要求返还的，人民法院应予支持。

第三条　人民法院在审理涉彩礼纠纷案件中，可以根据一方给付财物的目的，综合考虑双方当地习俗、给付的时间和方式、财物价值、给付人及接收人等事实，认定彩礼范围。

下列情形给付的财物，不属于彩礼：

（一）一方在节日、生日等有特殊纪念意义时点给付的价值不大的礼物、礼金；

（二）一方为表达或者增进感情的日常消费性支出；

（三）其他价值不大的财物。

第四条　婚约财产纠纷中，婚约一方及其实际给付彩礼的父母可以作为共同原告；婚约另一方及其实际接收彩礼的父母可以作为共同被告。

离婚纠纷中，一方提出返还彩礼诉讼请求的，当事人仍为夫妻双方。

第五条　双方已办理结婚登记且共同生活，离婚时一方请求返还按照习俗给付的彩礼的，人民法院一般不予支持。但是，如果共同生活时间较短且彩礼数额过高的，人民法院可以根据彩礼实际使用及嫁妆情况，综合考虑彩礼数额、共同生活及孕育情况、双方过错等事实，结合当地习俗，确定是否返还以及返还的具体比例。

人民法院认定彩礼数额是否过高，应当综合考虑彩礼给付方所在地居民人均可支配收入、给付方家庭经济情况以及当地习俗等因素。

第六条　双方未办理结婚登记但已共同生活，一方请求返还按照习俗给付的彩礼的，人民法院应当根据彩礼实际使用及嫁妆情况，综合考虑共同生活及孕育情况、双方过错等事实，结合当地习俗，确定是否返还以及返还的具体比例。

第七条　本规定自2024年2月1日起施行。

本规定施行后，人民法院尚未审结的一审、二审案件适用本规定。本规定施行前已经终审、施行后当事人申请再审或者按照审判监督程序决定再审的案件，不适用本规定。

【导读及适用要点】

一、强调禁止借婚姻索取财物

《民法典》第一千零四十二条第一款规定，禁止借婚姻索取财物。借婚姻索取财物违反了婚姻自由原则，应当坚决予以打击。《最高人民法院关于审理涉彩礼纠纷案件适用法律若干问题的规定》（以下简称《涉彩礼案件规定》）明确，以彩礼为名借婚姻索取财物，另一方要求返还的，人民法院应予支持。

本条向社会征求意见过程中，有意见提出，应当以是否有结婚意愿为标准，明确规定借婚姻索取财物的具体情形。还有的意见提出，彩礼就是借婚姻索取财物，应当一律禁止。

我们经研究认为，彩礼是中国婚嫁领域的传统习俗，为广大群众普遍接受，适当数额的彩礼是双方表情达意的重要载体，蕴含着对婚姻的美好祝福，也有的将彩礼作为新家庭的启动资金，是家庭财物传承的重要途径。对于民间习俗，法律不能一律予以禁止，而且，这从实际操作上也是不现实的。

当然，习俗要受到公序良俗原则的检视，以彩礼为名借婚姻索取财物的，可以违背公序良俗为由认定合同无效，给付方有权要求返还。但是，借婚姻索取财物更侧重主观状态，实践中，很难区分给付彩礼行为是主动自愿还是被索取。给付彩礼最终的目的是维持长期共同生活的婚姻，在当事人目的达不到时，也可能反过来影响其主观状态。

一般来讲，以彩礼为名借婚姻索取财物较多的一方，有的本身就没有结婚的意愿，有的可能有结婚的意愿，只是借机索取财物，因此，既不能以事后结果评判行为时的主观状态，也不宜以接收彩礼一方是否有意愿结婚作为区分标准。因为有的情况即使当事人有结婚意愿，也可能存在借机索取财物的情况，且结婚意愿作为主观因素在诉讼中亦需要客观事实证明，实践中当事人很难举证证明。

有意见提出，收受彩礼后携款潜逃或者短期内多次以缔结婚姻为名收取高额彩礼后无正当理由悔婚的，应认定为借婚姻索取财物，我们认为该意见有一定道理，上述两种情形具有一定的典型性，如果有证据证明存在上述情形，一方根据《涉彩礼案件规定》第二条，请求对方返还的，人民法院应予支持。

就借婚姻索取财物问题，最高人民法院 1993 年印发的《最高人民法院关于人民法院审理离婚案件处理财产分割问题的若干具体意见》（以下简称《离婚财产分割意见》）第十九条规定："借婚姻关系索取的财物，离婚时，如结婚时间不长，或者因索要财物造成对方生活困难的，可酌情返还。对取得财物的性质是索取还是赠与难以认定的，可按赠与处理。"该意见将结婚时间长短、给付一方的生活状况作为考量因素，《涉彩礼案件规定》第五条与上述《离婚财产分割意见》的精神是一致的。

因此，在难以认定是否系借婚姻索取财物的情况下，可以依据《涉彩礼案件规定》第五条，在综合考虑彩礼数额、共同生活及孕育情况以及是否办理结婚登记等因素的情况下，酌情确定返还比例，这样也能够依法平衡保护双方合法权益。考虑到实践情况较为复杂，需要继续探索总结经验，《涉彩礼案件规定》对此未予以明确规定。

二、明确彩礼与恋爱期间一般赠与的区别

司法实践中，对男女双方婚恋过程中一方给予另一方的财物是彩礼还是一般赠与，存在认定难问题。

《民法典》未对“彩礼”作出明确界定。根据《民法典》第十条规定，处理民事纠纷，应当依照法律；法律没有规定的，可以适用习惯，但是不得违背公序良俗。“彩礼”是我国民间的一种习惯称呼，也称为“聘礼”等，来源于我国古代婚姻制度中的“六礼”。既然法律没有明确规定彩礼，对涉彩礼纠纷案件审理的主要法源是习惯，那么在确定彩礼范围时，就要以当地群众普遍认可的彩礼内容为基础。

具体来说，彩礼与恋爱期间一般赠与存在以下区别：（1）发生阶段不同。恋爱期间的赠与发生在恋爱阶段，有些尚未谈及结婚。而彩礼发生在谈婚论嫁的特殊阶段，通常已经有较为明确的婚期；（2）发生的原因不同。彩礼与恋爱期间的一般赠与相比，虽然当事人的目的和动机相似，但是彩礼的给付一般是基于当地风俗习惯，直接目的是缔结婚姻关系，有其相对特定的外延范围。而恋爱期间的赠与多是为了联络关系、增进感情，由一方自愿、无偿给予对方。

为此，《涉彩礼案件规定》明确，在认定某一项给付是否属于彩礼时，可以根据一方给付财物的目的，综合考虑双方当地习俗、给付的时间和方式、财物价值、给付人及收受人等事实认定。《涉彩礼案件规定》在起草过程中曾经将“一方给付财物的目的”与其他因素并列规定，后考虑该因素是主观因素，其他为客观因素，应予以区分，而且该因素也与第一条的彩礼给付目的性特征相一致，故将“根据一方给付财物的目的”提前。对于其他客观因素，要综合予以考量，比如，可以考察当地是否有给付彩礼的习俗、是否是以结婚为目的给付，给付的时间是否是在双方谈婚论嫁阶段、给付是否有双方父母参与以及给付财物价值大小等事实，在此基础上予以综合判断。

《涉彩礼案件规定》同时以反向排除的方式明确了几类不属于彩礼的财物，包括一方在对方节日或者生日等有特殊纪念意义时点给付对方价值不大的财物、一方为表达或者增进感情的日常消费性支出等。此类财物或支出，金额较小，主要是为了增进感情的需要，在婚约解除或离婚时，可以不予返还。但是，如果是大额赠与，虽然不属于按照习俗给付的彩礼范围，亦应当考虑赠与的特定目的，参照本《涉彩礼案件规定》理念处理。

三、明确涉彩礼纠纷的诉讼主体

彩礼返还纠纷中，程序上存在的主要争议是婚约双方的父母能否作为诉讼当事人。在中国的传统习俗中，儿女的婚姻一般由父母操办，接、送彩礼也大多有双方父母参与。

《涉彩礼案件规定》充分考虑上述习俗，区分两种情况：

（一）婚约财产纠纷

此类案件原则上以婚约双方当事人作为诉讼主体，但考虑到实践中，彩礼的给付方和接收方并非限于婚约当事人，双方父母也可能参与其中，为尊重习俗，同时也有利于查明彩礼数额、彩礼实际使用情况等案件事实，《涉彩礼案件规定》明确，婚约财产纠纷中，婚约一方及其实际给付彩礼的父母可以作为共同原告；婚约另一方及其实际接收彩礼的父母可以作为共同被告。

（二）离婚纠纷

考虑到离婚纠纷的诉讼标的主要是解除婚姻关系，不宜将婚姻之外的其他人作为当事人，故《涉彩礼案件规定》明确，在离婚纠纷中一方提起返还彩礼诉讼请求的，当事人仍为夫妻双方。

在征求意见过程中，有意见提出，实践中，有的给付彩礼和接收彩礼的主体不仅包括父母还包括其他近亲属等，应当将上述人员一并纳入诉讼主体范畴。我们经研究认为，婚约财产纠纷案件中，适当将诉讼主体由婚约当事人扩大到其父母，符合传统习俗，但如果扩大到其他亲属，将导致过多人牵涉诉讼，严重影响诉讼效率，也容易激化矛盾。对于有的婚约当事人父母早亡，由其他亲属抚养长大并在彩礼给付接收中代行父母职责的情况，我们在《涉彩礼案件规定》起草过程中已对此予以特别关注。但是，考虑到个案千差万别，亦无明确的法律或习俗概念界定该类人员，为保证司法解释准确清晰，《涉彩礼案件规定》未作扩大表述。实践中，如出现此种特殊情况，可以基于习俗，参照适用本《涉彩礼案件规定》处理。

四、完善彩礼返还规则

近年来，返还彩礼纠纷数量逐年递增，但法院审判面临无法律依据的困境。原《最高人民法院关于适用〈中华人民共和国婚姻法〉若干问题的解释

（二）》[以下简称原《婚姻法解释（二）》]第十条第一款规定了彩礼返还问题。《最高人民法院关于适用〈中华人民共和国民法典〉婚姻家庭编的解释（一）》[以下简称《民法典婚姻家庭编的解释（一）》]沿袭了原《婚姻法解释（二）》第十条的规定，未作修改。该条对彩礼返还规定的条件非常严格，仅在未办理结婚登记（司法实践中还要求“且未共同生活”）、办理结婚登记但确未共同生活或者彩礼给付导致给付人生活困难情况下才支持返还的请求。

但是，近些年来，给付了彩礼的男女双方大部分已经办理结婚登记并已共同生活，实践中对导致给付人生活困难掌握的标准又非常严格，使得大多数案件均无法适用上述司法解释规定。对于虽办理结婚登记，但同居生活时间较短，彩礼数额较大，男方无明显过错的情形下，女方提出离婚，是否能根据具体情况，按比例适当返还彩礼，无明确具体的法律依据，这成了审判实践中的难点。我们经研究认为，彩礼问题不仅是法律问题，更是社会问题，要本着实事求是的原则处理，最大限度实现法律效果、社会效果和政治效果的有机统一。此类纠纷如果处理不好，不仅会导致双方利益明显失衡，严重影响社会和谐稳定，甚至可能对乡村振兴等国家重大战略部署产生一定影响。因此，有必要明确特定情形下彩礼的返还条件和比例。

办理结婚登记和共同生活是婚姻的重要内容。结婚登记是婚姻有效成立的法定形式要件，共同生活是婚姻的本质特征，二者都具有重要意义。从逻辑上讲，婚姻的这两个重要方面通过不同形式组合，可能出现4种情况，即未办理结婚登记且未共同生活；未办理结婚登记但已共同生活；已办理结婚登记但未共同生活；已办理结婚登记且已共同生活。《民法典婚姻家庭编的解释（一）》第五条沿袭了原《婚姻法解释（二）》第十条的规定，其第一款第一项和第二项包括了3种情况，即未办理结婚登记的两种情况和已办理结婚登记但未共同生活的情况。但是，2011年，最高人民法院曾以《全国民事审判工作会议纪要》的形式对此进行明确，原《婚姻法解释（二）》第十条第一款第一项中“双方未办理结婚登记手续”，并非针对双方已共同生活的情形；如果未婚男女双方确已共同生活但最终未能办理结婚登记手续，给付彩礼方请求返还彩礼，人民法院可以根据双方共同生活的时间、彩礼数额并结合当地风俗习惯等因素，确定是否返还及具体返还的数额。故此，《民法典婚姻家庭编的解释（一）》规定明确的实际只有两种情形，未规范已经共同生活的情形（包括未办理结婚登记和已办理结婚登记情况）。

基于此，《涉彩礼案件规定》在《民法典婚姻家庭编的解释（一）》的基础上扩展了另外两种情况：一是已经结婚并共同生活；二是未办理结婚登记但已经共同生活。《涉彩礼案件规定》基于彩礼的目的性特征，充分考虑婚姻的丰富内涵，既落实结婚登记的法定要求，同时也关注共同生活的实质内容。

关于第一种情况。一般认为，彩礼给付既然以婚姻为最终目的，那么，在双方已经结婚的情况下，目的已经实现，原则上不应再予以返还。但是，婚姻毕竟是男女两性以永久共同生活为目的，给付彩礼的目的除了办理结婚登记这一法定形式要件外，更重要的是双方长期共同生活。因此，共同生活时间长短应当作为确定彩礼是否返还以及返还比例的重要考量因素。如果婚姻生活时间较短，则永久共同生活的目的并没有全部达成，部分返还亦有其合理性。这也与《涉彩礼案件规定》第一条的表述呼应。《涉彩礼案件规定》第一条原为“以缔结婚姻为目的”，后改为“以婚姻为目的”。主要是考虑，缔结婚姻更多地理解为一个即时行为，而彩礼的目的不仅仅是办理结婚登记，更多的是长久共同生活。实际上，这也是本解释制定的基础，即彩礼的目的不仅是办理结婚登记一个行为，长久共同生活才是婚姻的本质特征。此外，考虑到目前我国尤其是农村社会高额彩礼引起的一系列社会问题，通过司法手段予以规制亦有其必要性。当然，在已经结婚并共同生活的情形下，司法规制的应是“高额彩礼”而非一般按照习俗给付的彩礼。因此，《涉彩礼案件规定》第五条第一款明确，双方已办理结婚登记且共同生活，离婚时一方请求返还按照习俗给付的彩礼的，人民法院一般不予支持。但是，如果共同生活时间较短且彩礼数额过高的，人民法院可以根据彩礼实际使用及嫁妆情况，综合考虑彩礼数额、共同生活及孕育情况、双方过错等事实，结合当地习俗，确定是否返还以及返还的具体比例。该条明确了在已经结婚并共同生活的情况下，司法调整的是婚龄较短且彩礼数额过高的情况。关于如何认定彩礼数额过高，《涉彩礼案件规定》没有给出具体的数额标准，主要考虑是彩礼作为习俗，本就千差万别，中国地域辽阔，各地经济发展水平差异也较大，即使在同一地区，不同家庭经济条件也可能差别较大，因此，对“高额”确定一个统一的标准是不现实的，反而可能因机械司法损害当事人合法权益。对此，必须通过法官行使适当自由裁量权的方式解决，参考彩礼给付方所在地居民人均可支配收入、给付方家庭经济情况以及当地习俗等事实，由法官在个案中对是否属于高额彩礼作出具体认定。彩礼是一方以结婚为目的给付另一方的财物，因此，在已经结婚且共同生活的情况下，返还彩礼应当以离婚为条件，故本条表述为“离婚纠纷中”。

关于第二种情况。从近些年司法实践反映的情况看，部分地区存在因一方未达法定婚龄等原因，双方未办理结婚登记手续，只是按照当地习俗举办了婚礼即开始共同生活，此种情况下虽无婚姻之法定要件，但已有婚姻之实，如果按照原有司法解释规定一律判决返还彩礼，对接受彩礼一方是不公平的。《涉彩礼案件规定》在《全国民事审判工作会议纪要》基础上进一步完善，对此种情况进行了规范。基本逻辑思路是：该种情况与已经办理结婚登记手续的毕竟有所不同，结婚登记是婚姻有效成立的法定要件，法律目前已经不承认事实婚姻，因此，在双方未办理结婚登记的情况下，彩礼原则上应当返还。但亦不应当忽略共同生活的“夫妻之实”。该共同生活的事实不仅承载着给付彩礼一方的重要目的，也会对接受彩礼一方的女性身心健康产生一定程度的影响，尤其是女性如果有过妊娠经历或生育子女等情况。如果仅因未办理结婚登记而要求接受彩礼一方全部返还，有违公平原则，也不利于保护妇女合法权益，应当根据彩礼实际使用及嫁妆情况，综合考虑共同生活及孕育情况、双方过错等事实，予以酌减。共同生活时间较长，且已经共同孕育子女的，甚至可以不予返还。可见，虽然两种情况考量的因素大体一致，但与已经办理结婚登记原则上不应返还，特定情况下部分返还的思路是不一样的，故分两条规定。同时，这样规定也能与《民法典婚姻家庭编的解释（一）》第五条逻辑上一致。

此外，需要说明以下两点：

1. 有意见提出，能否规定明确具体的返还标准，比如共同生活几年返还多少比例，几年以上即可以不用返还。我们经研究认为，现实生活的丰富性和复杂性决定了相关纠纷不能采用“一刀切”的规则处理，尤其是在婚姻家庭领域，所谓“不幸的家庭各有各的不幸”。《涉彩礼案件规定》通过总结审判实践经验，归纳了几个需要考量的因素，包括共同生活情况、孕育情况、双方过错等，考虑各种因素的不同组合可能产生不同的结果，故难以规定统一的返还比例。实践中，由法官根据个案事实综合判断，更符合案件实际情况。

2.《涉彩礼案件规定》第五条和第六条在表述上均将“彩礼实际使用情况”提前单列，主要是考虑其他因素是酌情判断是否返还以及返还比例的考量因素，而“彩礼实际使用情况”是在查明事实基础上需要扣减的事项，比如，不管是已经办理结婚登记还是未办理结婚登记的情况，如果有证据证明彩礼已被用于举办婚礼、置办酒席或者已在双方共同生活中消费的，可以在返还时扣减相应数额。这符合不当得利规则的法律后果，即返还剩余部分以及扣除对方受益部分。

五、健全嫁妆处理规则

嫁妆与彩礼同为中国传统婚嫁习俗的重要组成部分，《诗经》中“以尔车来，以我贿迁”即是有关嫁妆的记载。民间习俗送嫁妆的目的一方面是展现女方家的经济实力，另一方面也是为女方争取在夫家的地位。嫁妆多少依据女方家的实力地位而定。明清以前，嫁妆一般属于女方私有财产，女方有相对独立的处分权。如果因为各种原因女方离开夫家，一般也允许其自行带走。如张家山汉简《二年律令·置后律》记载：“女子为户毋后而出嫁者，令夫以妻田宅盈其田宅。宅不比，弗得。其弃妻，及夫死，妻得复取以为户。弃妻，畀之其财。”可见，汉朝就规定了女方对嫁妆的私有权利。《睡虎地秦简》中，也有关于嫁妆归属权的记载，当时有犯人违法犯罪需要赔款，有人询问是否可以使用其妻子的嫁妆，官方回复不可以，这说明嫁妆并不会被算入夫家财产，这让嫁妆成为女性生活的依靠。当然，明清之后，女性对嫁妆的控制权逐步减弱。新中国成立后，同彩礼一样，现行法律没有明确规定嫁妆问题，嫁妆归属仍受习俗调整。作为与彩礼相伴相生的婚嫁习俗，嫁妆仍广泛存在，但表现形式也存在差别，有的是女方收到彩礼后，将其中一部分作为嫁妆返还用于新家庭，有的地方嫁妆数额甚至高于彩礼数额。

因此，在处理彩礼返还问题时，需要考虑嫁妆情况，如果有一部分彩礼已通过嫁妆的形式返回到新的家庭中，并已经转化为夫妻共同财产，则在离婚时可在分割夫妻共同财产时一并处理。如果是女方家在彩礼外额外陪送的嫁妆，则对于尚存的部分，应当予以返还。对于已经共同消费的部分或者已经添附到男方财产上的嫁妆数额，可以在返还彩礼时予以扣减。为此，《涉彩礼案件规定》第五条和第六条均明确在彩礼返还时要考虑嫁妆情况。此外，传统上一般认为，离婚时，尚存的嫁妆应归女方，现实生活中亦对此争议不大，从审判实践情况看，仅就嫁妆返还产生的纠纷极少，故《涉彩礼案件规定》未就嫁妆返还问题再作单独规定，逻辑上可以参照本规定处理。下一步，我们将继续总结审判实践经验，通过发布典型案例等方式加强监督指导。

六、确立共同生活认定规则

《涉彩礼案件规定》未就具体的生活时间进行规定，实践中应当依据个案具体情况综合认定。比如，2023 年 12 月最高人民法院、民政部、全国妇联联合发布的 4 起涉彩礼纠纷典型案例之案例一，双方共同生活 1 年多时间，彩礼数额较高，给付方不存在明显过错，女方存在终止妊娠情形，法院综合各种因素判决酌情返还 30% 的彩礼，较好地平衡了双方当事人的利益。

此外，有意见提出，将是否孕育作为彩礼返还的考量因素，对女性保护不利。最高人民法院一直高度重视对妇女权益的保护，在涉彩礼返还纠纷中亦不例外。正是考虑到了女性在妊娠、分娩、抚育子女等方面的付出，《涉彩礼案件规定》才明确应当将此作为酌情减少彩礼返还甚至不予返还的考量因素，如果不将其作为考量因素，是对女性付出的漠视，不利于保护妇女合法权益。比如上述典型案例之案例二中，双方虽未办理结婚登记，但已按照当地习俗举办婚礼后共同生活，并生育子女，法院判决不予返还彩礼。

此外，我们根据反馈意见，对相关条文进行了文字修改，比如，将征求意见稿中第五条和第六条中的“孕育子女”修改为“孕育情况”，以涵盖终止妊娠等情形。再比如，将征求意见稿中第五条和第六条中的“共同生活时间”修改为“共同生活情况”，以指引法官在考量共同生活事实时，不能简单计算时间长短，还需要综合考虑是否实际一起居住、未实际共同居住的原因等情形，这也恰恰说明简单规定共同生活时间并不符合实际情况。

七、厘清双方过错认定思路

《涉彩礼案件规定》第五条和第六条均要求在彩礼返还时要考虑双方过错情况。从比较法的视角考察，基于婚约的赠与物返还是否需要解约人就解约的原因无过失，各国家和地区做法不一。

我们经研究认为，这里需要考察两个层次的问题：

一是，婚约解除本身不需要考虑过错，任何一方均有权解除婚约，不能因为一方有过错而限制其解除婚约的权利，对于离婚亦是如此，我国《民法典》对离婚也是采取感情破裂原则，《民法典婚姻家庭编的解释（一）》第六十三条更是明确规定，人民法院审理离婚案件，符合《民法典》第一千零七十九条第三款规定“应当准予离婚”情形的，不应当因当事人有过错而判决不准离婚；

二是，如果有过错的一方解除婚约的，是否有权要求返还赠与物。对此，我们经研究认为，如果基于婚约的赠与物返还需要解约人就解约的原因无过失，可能会不当限制当事人的解约自由，因此，原则上不应因一方过错而丧失赠与物返还请求权，但是，也不能完全无视双方过错情况，这也是诚信原则的应有之义。如果给付彩礼一方存在家庭暴力、与他人另行订立婚约或者结婚等严重过错的，彩礼接受方可以酌情减少返还比例；如果接受彩礼一方存在上述严重过错的，应当加大返还比例。但是，如果只是双方感情不和等原因，不宜认定一方有过错。

此外，鉴于《涉彩礼案件规定》对于彩礼返还比例、高额彩礼认定标准以及彩礼范围等方面，均仅规定了参考因素，需要在个案中予以具体判断，因此，在适用《涉彩礼案件规定》过程中，还要注意参考人民法院案例库中已经发布的典型案例，实现法律适用标准的统一。

（撰稿人：最高人民法院　陈宜芳、吴景丽、王丹）

第二部分 司法观点

一、结婚登记、婚姻关系

1.区分借婚姻索取财物和正常的民间彩礼

人民法院在审理具体案件时，要注意合理区分借婚姻索取财物和正常的民间彩礼。借婚姻索取财物是《民法典》明确禁止的，而正常的民间彩礼给付并不为《民法典》所禁止。但是，如果某一方当事人索取高额彩礼的行为已严重影响了当事人婚后的生活，实际上是把婚姻作为谋取财物的手段或工具，则应当认定为借婚姻索取财物。实践中，缔结婚姻关系过程中给付彩礼有可能和包办、买卖婚姻以及借婚姻索取财物交织在一起，因此，彩礼的给付可能只是一个条件或者表现形式，人民法院在审理此类案件时应当查明当事人的真实意思，正确识别此种婚姻的实质，认定此种情形下彩礼的给付实为包办、买卖婚姻以及借婚姻索取财物，构成违法行为，依法应予禁止。

——最高人民法院民法典贯彻实施工作领导小组编著：《中华人民共和国民法典婚姻家庭编继承编理解与适用》，人民法院出版社2020年版，第57页。

2.结婚登记程序瑕疵的处理

结婚登记瑕疵并不是一个法律概念，从目前使用的特定语境看，主要是指在结婚登记中存在程序违法或欠缺必要形式要件等缺陷。比如，一方或双方当事人未亲自到场办理结婚登记、借用或冒用他人身份证明进行结婚登记、婚姻登记机关越权管辖、当事人提交的婚姻登记材料有瑕疵等。因而，它不属于原《婚姻法》第十条[1]规定的无效婚姻以及第十一条[2]规定的可撤销婚姻情形。

程序具有瑕疵的结婚登记存在着不合法性，其法律效力自然会受到质疑，如果同时欠缺了结婚的实质要件，在法律规定的情形内，可以被人民法院宣告为无效。但仅有程序瑕疵的结婚登记的法律效力，缺乏明确的法律规定，结婚登记程序瑕疵，并不必然导致婚姻关系无效。应当区别是重大瑕疵还是一般瑕疵，对于存在一般瑕疵能够通过补正等方式解决的，尽量不要轻易否定结婚登记的效力。

结婚登记瑕疵问题情形比较复杂，其法律后果也各不相同，下面根据审判实务中不同情况，对如何处理结婚登记瑕疵纠纷进行类型化梳理和分析。

第一，一方当事人在离婚诉讼中以结婚登记程序存在瑕疵为由，对民政部门颁发的结婚证效力提出异议，认为彼此之间不存在夫妻关系的，应如何处理?

我们认为，当事人提起离婚诉讼，其前提应是双方存在合法的婚姻关系，诉讼时应向法院提供证明婚姻关系的结婚证或《夫妻关系证明书》。如果一方对配偶身份提出异议，首先要解决的就是结婚登记的效力问题，这里还涉及民政部门。从民事审判角度来讲，应当裁定驳回当事人的起诉，同时进行释明，告知其可以找民政部门解决，或者直接提起行政诉讼。

第二，他人代理或冒名顶替进行结婚登记的认定和处理。

一方或双方没有亲自到场办理结婚登记手续，而是由他人代理甚至冒名顶替进行结婚登记，这里又可以分为两种不同的情况：

（1）当事人明知他人代理其进行结婚登记，且对此不持异议，虽未亲自到场办理结婚登记手续，但有公开举行婚礼、共同以配偶身份生活、凭结婚证办理准生证或申报子女户口等行为，表明双方缔结婚姻是其真实的意思表示。法律规定婚姻行为不得代理，而要求当事人双方亲自办理，其宗旨在于保障当事人系完全自愿地结为夫妻关系，这是婚姻成立的本质特征，但法律并没有规定当事人未亲自到场办理结婚登记，其缔结的婚姻一律无效。换句

① 对应《民法典》第一千零五十一条。
② 对应《民法典》第一千零五十二条。

话说，即便双方当事人亲自到场申请办理结婚登记，如果一方或双方不符合结婚的实质要件，婚姻登记部门也会拒绝为其办理结婚登记手续。因此，只要查明当事人双方自愿结婚，并完成了结婚的形式要件，其结婚登记中的瑕疵是不足以影响婚姻效力的。

（2）一方当事人不同意结婚，由他人冒名顶替与另一方当事人进行结婚登记。我们认为，由他人冒名顶替登记结婚，不仅严重违反结婚程序，也违背了当事人的结婚意志，如果被冒名的当事人请求撤销结婚证的，人民法院应予支持。

第三，借用他人身份证件进行结婚登记，结婚证上载明的主体与实际共同生活者不一致时，应如何处理？

如果结婚证上载明的主体对结婚证效力提出异议的，可以请求民政部门撤销结婚登记或直接提起行政诉讼；如果实际共同生活的当事人请求离婚的，法院应对当事人进行释明，告知其结婚登记存在瑕疵，请求离婚的双方与结婚证上载明的主体不符，无法判断双方是否存在婚姻关系。若当事人坚持自己的诉讼请求，则应当裁定驳回起诉；若经过法院释明后，当事人变更诉讼请求，主张解决同居期间的财产分割、子女抚养等问题时，法院可以依法继续进行审理。值得注意的是，如果当事人系在1994年2月1日之前以夫妻名义共同生活，可按照事实婚姻处理。

结婚证的效力是具体行政行为的结果，针对的对象是特定的，只对结婚证上载明的主体有约束力，而不应及于他人。我国对婚姻关系确立形式只有一种，即采取的是登记主义模式，记载于结婚证上的申请人才是行政机关许可缔结婚姻并承认婚姻关系的当事人。行政机关颁发的结婚证，实际确立的是被借用身份证件之人与持有真实身份证件之人夫妻关系的有效法律文件，具有公示公信的效力，是形式合法的婚姻关系，在未经法定机关通过法定程序撤销前，不能直接否认其效力。基于行政行为的相对性，该结婚证的效力不应及于实际共同生活的当事人，当事人之间不存在法律所承认的婚姻关系。

第四，一方使用虚假身份证件，以骗取钱财为目的与另一方登记结婚，婚后不久即下落不明，另一方起诉离婚被法院裁定驳回，理由是没有明确的被告，此种情况有什么救济途径？

我们认为，婚姻登记机关在受骗的情况下作出的婚姻登记发证行为，属于无效行政行为。根据有关规定，对无效行政行为的认定，主要有行政主体进行认定和法院在行政诉讼中进行认定两种方式。现鉴于婚姻登记机关一般不受理此类问题，根据《最高人民法院关于执行〈中华人民共和国行政诉讼法〉若干问题的解释》的规定，被诉具体行政行为依法不成立或无效的，人民法院应当作出确认被诉具体行政行为违法或者无效的判决。因此，受骗一方的救济途径是提起行政诉讼，请求撤销结婚登记。

第五，涉及结婚登记程序是否完成的纠纷。

领取结婚证是婚姻登记的关键环节，由此确立夫妻关系。如果当事人因种种因素最后未领取结婚证，其结婚登记程序没有完成，法院应认定当事人双方之间不存在婚姻关系。

第六，婚姻登记机关越权管辖发放结婚证的效力。

我们认为，我国法律并没有规定违反婚姻登记管辖规定的婚姻登记无效，婚姻登记管辖规定，重点是明确婚姻登记机关内部职权范围，也是为了方便申请结婚登记的当事人及便于监督管理。只要办理结婚登记时没有违反其他规定，双方当事人系完全自愿结婚，完成了结婚登记程序，并符合结婚的实质要件，法院应当认定婚姻登记机关发放的结婚证有效。

——最高人民法院民事审判第一庭编著：《最高人民法院婚姻法司法解释（三）理解与适用》，人民法院出版社 2011 年版，第 23、45~48 页。

3.父母为未成年子女订立“娃娃亲”的效力问题

违反当事人的自由意志干涉婚姻的，一种比较典型的情形为父母为未成年子女订立“娃娃亲”，在双方子女成年并达适婚年龄时，则要求双方子女结婚。此种“娃娃亲”实际上属于婚约的一种，《民法典》对婚约并没有进行规定。当事人双方自愿订立婚约的，不对双方产生法律上的拘束力，仅具备道德上的约束力，一方当事人要求履行婚约的，人民法院不应受理。父母为未成年子女订立“娃娃亲”的婚约效力亦同。根据《未成年人保护法》第十五条规定，父母或者其他监护人不得允许或者迫使未成年人结婚，不得为未成年人订立婚约。因此，尽管父母是未成年子女的法定监护人，但并不享有为其订立婚约的权利。这里需要注意的是，并非只要当事人基于订立的“娃娃亲”而结婚的，双方所缔结的婚姻关系即为法律禁止。虽然“娃娃亲”因违反法律规定而不具有法律效力，但是，只要双方成年后仍是基于自由意志缔结婚姻关系，则尽管先前存在订立“娃娃亲”的事实，但是，现存婚姻关系未违背双方当事人的意愿，则“娃娃亲”的存在并不影响婚姻的效力。

另一种需要注意的情形是，当事人以订立“娃娃亲”作为合同条件的合同条款是否有效的问题。如在黄某与熊某婚姻纠纷一案中，9岁的熊某与6岁的黄某在玩飞镖时，熊某不慎将黄某一只眼睛射瞎。双方父母遂为双方订立“娃娃亲”，待黄某与熊某长大后就结婚，否则熊某就应当每月负担一定的费用供养黄某。多年后，熊某不愿与黄某结婚并与他人结婚。在本案中，双方父母为其各自未成年子女所订立的婚约，因违背子女的真实意愿及违反《民法典》对于婚姻自由的规定，该“娃娃亲”条款自然无效，当事人无权要求履行该条款。但熊某侵犯黄某的人身权益，理应赔偿由此给黄某造成的损失，黄某有权请求熊某承担侵权损害赔偿责任。

——最高人民法院民法典贯彻实施工作领导小组编著：《中华人民共和国民法典婚姻家庭编继承编理解与适用》，人民法院出版社2020年版，第54~55页。

4.基于完成父母心愿或报恩等动机缔结的婚姻关系是否违背婚姻自由

人民法院在审理具体案件中，应当正确认定足以影响当事人结婚意思表示的因素。在当事人能够通过自己的行为排除这种因素对其婚姻决定的影响时，则该因素不属于干涉婚姻自由的情形。实践中，有的婚姻当事人以其结婚是为了完成已患重病的父母或者长辈的心愿或者是为了报答婚姻另一方当事人或其家人的恩情，并非出于其自由意志为由，主张该婚姻违背了婚姻自由，不应具有法律效力。婚姻自由原则所强调的是他人对拟缔结婚姻关系的当事人施加物质上或精神上的控制行为，致使当事人无法按照自己真实意图进行选择，则所缔结的婚姻关系无效。因此，他人的行为能否构成干涉婚姻自由，应当结合具体的行为进行分析。在婚姻的一方当事人为完成自己或者另一方当事人的父母抑或亲属的心愿或者遗愿而结婚的场合，婚姻一方当事人作出结婚的决定是其自愿的，他人的心愿或者遗愿或许对其决定是否结婚有一定的影响，但通常是一方当事人自己考虑和斟酌的因素，在他人并未以强制其身体或者控制其精神等方式强迫当事人结婚的情形下，该婚姻关系并未违背当事人的自由意志。同理，在基于报恩而结婚的情况下，是否结婚是当事人能够自由决定的事项，当事人可通过各种方式表达自己的感恩之情，若其决定以结婚等方式报恩，则是当事人的自由选择，不存在他人对其婚姻的干预，亦不成立干涉婚姻自由。

——最高人民法院民法典贯彻实施工作领导小组编著：《中华人民共和国民法典婚姻家庭编继承编理解与适用》，人民法院出版社2020年版，第56~57页。

5.公民实施变性手术后，是否可以与异性进行婚姻登记

《民法典》虽未对同性婚姻予以规定，但如果公民在实施变性手术后，再与异性结婚的，并不属于立法予以禁止的情形。由于当事人生理性别已经发生变化，在符合婚姻实质条件的情况下，可以与异性进行结婚登记。根据《公安部治安管理局关于公民实施变性手术后变更户口登记性别项目有关问题的批复》（公治〔2002〕131号）的规定，对于申请变更户口登记性别项目的公民，只要其出具国家指定医院为其成功实施变性手术的证明，经县市公安机关审核后，公安派出所应予办理性别项目变更手续。性别项目变更后，应重新编制居民身份证号码。我国进行婚姻登记时对性别的识别主要是根据户口簿以及身份证的记载，故公民实施变性手术后，若户口簿与身份证上的性别信息已经依法完成变更，其以变性后的性别与异性结婚的，可以办理婚姻登记。

——最高人民法院民法典贯彻实施工作领导小组编著：《中华人民共和国民法典婚姻家庭编继承编理解与适用》，人民法院出版社2020年版，第57页。

6.拟制旁系血亲之间的婚姻效力

拟制旁系血亲是否属于禁婚范围，立法并未明确规定。从优生学上来看，拟制旁系血亲没有血缘关系，不会增加疾病或者生理缺陷的遗传概率。从社

会伦理道德上来看，拟制旁系血亲关系建立在收养关系成立的基础上，在收养关系成立前并无任何关系；收养关系成立后，虽然成为拟制旁系血亲，但如与继父母带来的无血缘关系的兄弟姐妹结婚并不违背传统的家庭伦理关系，为普通大众所接受，亦可保障公民的婚姻自由。如熊某与任某婚姻无效纠纷一案，被告系其父母于1984年收养，被告之母与原告之父是同胞姐弟，原被告系表兄妹关系。原告以原、被告系三代以内的旁系血亲，属于法律禁止结婚的情形为由，主张确认原告与被告之间婚姻无效。法院经审理后认为，原被告之间不存在血缘关系，婚姻不属于原《婚姻法》规定的无效婚姻情形，理由是：（1）对于拟制旁系血亲之间能否结婚，我国原《婚姻法》没有明确规定，依照民法原理"法无禁止即许可"，拟制旁系血亲，不在禁止通婚之列。（2）立法之所以禁止三代以内旁系血亲结婚，一是基于近亲血缘的基因遗传，避免近亲血缘造成的遗传疾病，二是基于人类特殊的伦理道德。本案原被告不具有血缘关系，不存在基因遗传等问题，同时原被告系表兄妹关系，彼此通婚也不与社会公序良俗相悖。

——最高人民法院民法典贯彻实施工作领导小组编著：《中华人民共和国民法典婚姻家庭编继承编理解与适用》，人民法院出版社2020年版，第67~68页。

7.宣告死亡判决被撤销的，不影响宣告婚姻无效判决的效力

在夫妻一方或者双方死亡的情况下，生存一方或者利害关系人仍可在一年内申请宣告婚姻无效，人民法院在审理此类案件的过程中要注意区分当事人自然死亡与宣告死亡的情形。根据《民法典》规定，宣告死亡会产生婚姻关系终止、继承开始等法律效果，此时夫妻中存活的一方或者利害关系人仍可向人民法院申请宣告婚姻无效。但由于宣告死亡只是一种法律上的推定，被宣告死亡的人有可能还存活于世。若死亡宣告被撤销，其配偶无再婚或未向婚姻登记机关书面声明不愿意恢复的，婚姻关系自撤销死亡宣告之日起自行恢复。而无效婚姻因违反法律禁止性规定无效，不受法律的保护与认可，其效力并不会因为宣告死亡的判决被撤销而受影响，即使被宣告死亡的人重新出现，其与另一方当事人的婚姻，因存在法定无效事由而属于无效婚姻，

如果该婚姻已被人民法院宣告无效，则即使死亡宣告判决被撤销，宣告婚姻无效的判决也将继续有效。

——最高人民法院民法典贯彻实施工作领导小组编著：《中华人民共和国民法典婚姻家庭编继承编理解与适用》，人民法院出版社2020年版，第88页。

8.审慎认定符合《民法典》规定的“重大疾病”

人民法院在审理请求撤销婚姻的案件中，除一方患有“医学上认为不应当结婚的疾病”的情况外，非患病一方以患病一方所患疾病构成重大疾病且未告知为由请求撤销婚姻的，人民法院应当审慎认定符合《民法典》规定的“重大疾病”。《民法典》第一千零五十三条立法目的在于通过保障婚姻双方的知情权而最终维护婚姻自由自愿原则。因此，婚姻一方当事人办理结婚登记前已患有的疾病是否构成《民法典》规定的“重大疾病”范畴，人民法院在审查被隐瞒一方提请的撤销婚姻请求是否应予支持时，应按照该“重大疾病”是否足以影响另一方当事人决定结婚的自由意志或者是否对双方婚后生活造成重大影响的标准严格把握。审理相关案件时不仅要审查未如实告知该“重大疾病”是否会给未患病的婚姻当事人的家庭生活造成损害以致影响到未患病一方当事人结婚的真实意思表示，还要审查双方当事人缔结婚姻关系后的家庭生活实际情况、是否生育小孩、婚后生活紧密度等。在一些特殊案件中，比如老年人提请的撤销婚姻，更要慎重甄别“重大疾病”的范围。实践中，由于老年人身体健康情况无法预计，不少老年人或多或少都患有一些该年龄阶段常见的疾病，因此，对于一方当事人依据《民法典》第一千零五十三条请求撤销婚姻的，人民法院要结合案件的具体情况，重点审查一方患有的“重大疾病”是否足以影响另一方当事人缔结婚姻关系的真实意思表示。

——最高人民法院民法典贯彻实施工作领导小组编著：《中华人民共和国民法典婚姻家庭编继承编理解与适用》，人民法院出版社2020年版，第102页。

9.夫妻之间的忠诚协议纠纷是否受理

夫妻之间签订忠诚协议，应由当事人本着诚信原则自觉自愿履行，法律并不禁止夫妻之间签订此类协议，但也不赋予此类协议强制执行力。如果法院受理此类忠诚协议纠纷，主张按忠诚协议赔偿的一方当事人，既要证明协议内容是真实的，没有欺诈、胁迫的情形，又要证明对方具有违反忠诚协议的行为，可能导致为了举证而去捉奸，为获取证据窃听电话、私拆信件，甚至对个人隐私权更为恶劣的侵犯情形都可能发生，夫妻之间的感情纠葛可能演变为刑事犯罪案件，其负面效应不可低估。因此，从整体社会效果考虑，法院对夫妻之间的忠诚协议纠纷以不受理为宜。另外，赋予忠诚协议法律强制力的后果之一，就是鼓励当事人在婚前签订一个可以“拴住”对方的忠诚协议，这不仅会加大婚姻成本，也会使建立在双方情感和信任基础上的婚姻关系变质。从法律不保护婚约的情况看，当事人双方如果约定，一旦订婚必须结婚，否则违约方要支付若干违约金等，对如此这般主张，法院一般不会予以支持。同样道理，忠诚协议实质上属于情感、道德范畴，当事人自觉自愿履行当然极好，如违反忠诚协议一方心甘情愿净身出户或赔偿若干金钱，为自己的出轨行为付出经济上的代价。但是如果一方不愿履行，不应强迫其履行忠诚协议，就如同超过诉讼时效的债权债务，是否履行全凭债务人的自愿。

——最高人民法院民法典贯彻实施工作领导小组编著：《中华人民共和国民法典婚姻家庭编继承编理解与适用》，人民法院出版社2020年版，第39页。

10.事实婚姻的效力认定

事实婚姻作为一种婚姻关系的客观存在，是相对于经合法登记确立的婚姻而言的。广义的事实婚姻，是指男女双方未经结婚登记即以夫妻名义同居生活的事实；狭义的事实婚姻，是指没有配偶的男女双方未经依法登记，即以夫妻名义共同居住生活的事实。广义的事实婚姻涉及违反一夫一妻制的行为，婚姻家庭法所讨论的一般是狭义的事实婚姻，此种情形下，群众往往也认为男女双方存在夫妻关系。事实婚姻产生的原因比较复杂，主要是受传统仪式婚的影响，认为按照习俗举办婚礼就取得了结婚的效力；有的是因为当事人未达到法定结婚年龄逃避登记；也有当事人法律意识淡薄等原因。有关事实婚姻的效力认定，长期以来，司法实践始终本着既严格依法认定又兼顾客观现实的原则，从历次关于事实婚姻认定的司法解释的态度看，伴随我国法治建设的进程，对于事实婚姻认定的标准是趋严的，特别是鉴于1994年施行的原《婚姻登记管理条例》[①] 第二十四条曾规定："未到法定结婚年龄的公民以夫妻名义同居的，或者符合结婚条件的当事人未经结婚登记以夫妻名义同居的，其婚姻关系无效，不受法律保护。"《民法典婚姻家庭编的解释（一）》第七条规定，未依据《民法典》第一千零四十九条规定办理结婚登记而以夫妻名义共同生活的男女，提起诉讼要求离婚的，应当区别对待：（1）1994年2月1日民政部原《婚姻登记管理条例》公布实施以前，男女双方已经符合结婚实质要件的，按事实婚姻处理。（2）1994年2月1日民政部原《婚姻登记管理条例》公布实施以后，男女双方符合结婚实质要件的，人民法院应当告知其补办结婚登记。未补办结婚登记的，依据同居关系处理。即当事人提起诉讼仅请求解除同居关系的，人民法院不予受理，已经受理的，裁定驳回起诉；当事人因同居期间财产分割或者子女抚养纠纷提起诉讼的，人民法院应当受理。

——最高人民法院民法典贯彻实施工作领导小组编著：《中国民法典适用大全（婚姻家庭卷）》，人民法院出版社2022年版，第47页。

---

① 根据自2003年10月1日起施行的《婚姻登记条例》，1994年1月12日国务院批准、1994年2月1日民政部发布的原《婚姻登记管理条例》同时废止。

二、父母子女关系

11.离婚判决中未涉及探望权，当事人另行诉讼的，人民法院应予受理

父母与子女的关系不因离婚而解除。但由于离婚事实的存在，父母不能一起共同抚养子女，未成年子女或不能独立生活的成年子女只能由父母其中一方直接抚养。离婚后对子女的抚养，父母的权利是平等的。父母离婚后，子女随父方或母方共同生活，只是父母对子女抚养形式的变化，并不影响父母对子女的权利和义务。不与子女共同生活的父或母一方，仍享有对子女的亲权。不直接抚养子女一方享有探望子女的权利，直接抚养子女的一方有让非直接抚养子女的一方探望子女的义务；对不履行义务的，相对人有权向人民法院提起诉讼。

根据相关规定，人民法院作出的生效离婚判决中未涉及探望权，当事人就探望权问题单独提起诉讼的，人民法院应予受理。当事人在履行生效判决、裁定或者调解书的过程中，一方请求中止探望的，人民法院在征询双方当事人意见后，认为需要中止探望的，依法作出裁定；中止探望的情形消失后，人民法院应当根据当事人的请求书面通知其恢复探望。未成年子女、直接抚养子女的父或者母以及其他对未成年子女负担抚养、教育、保护义务的法定监护人，有权向人民法院提出中止探望的请求。对于拒不协助另一方行使探望权的有关个人或者组织，可以由人民法院依法采取拘留、罚款等强制措施，但是不能对子女的人身、探望行为进行强制执行。

审判实践中涉及侵害探望权以及请求中止探望权的纠纷，均可确定为“探望权纠纷”。

——杨万明主编、郭锋副主编、最高人民法院研究室编著：《最高人民法院新民事案件案由规定理解与适用》，人民法院出版社2021年版，第126~127页。

12.应尊重对未成年孙子女、外孙子女尽了抚养义务的祖父母、外祖父母的定期探望权

我国立法尚未确立完善的亲属身份权保护制度，但是近年来我国的司法实践却提出了亲属身份权保护的适用问题。如隔代探望权问题，在行使过程中面临两个方面的障碍：一是未成年子女的父母离婚后，其祖父母事实上难以单独进行探望，或者说这种探望因缺乏相应的权利基础而难以实现；二是如果不与子女生活的父母一方怠于行使其探望权，祖父母代位探望孙子女的情感需求能否存在现实的权利基础。《第八次全国法院民事商事审判工作会议（民事部分）纪要》（以下简称原《八民会纪要》）第三条规定，祖父母、外祖父母对父母已经死亡或者父母无力抚养的未成年孙子女、外孙子女尽了抚养义务，其定期探望孙子女、外孙子女的权利应当得到尊重，并有权通过诉讼方式获得司法保护。原《婚姻法》第二十八条[①]规定，有负担能力的祖父母、外祖父母，对于父母已经死亡或父母无力抚养的未成年的孙子女、外孙子女，有抚养的义务。有负担能力的孙子女、外孙子女，对于子女已经死亡或子女无力赡养的祖父母、外祖父母，有赡养的义务。根据本条规定，对尽抚养义务的祖父母、外祖父母，尽赡养义务的孙子女、外孙子女而言，因有共同生活基础，祖父母、外祖父母与孙子女、外孙子女之间有深厚亲情，赋予隔代探望权是对情感需求的支持，能够维系亲属关系和谐、稳定。《民法典》编纂之初也规定了隔代探望权，规定祖父母、外祖父母探望孙子女、外孙子女适用父母探望的规定。二次审议稿时就按照《八民会纪要》的内容对隔代探望权进行了限定。但由于这个问题涉及当事人的情感、隐私、风俗习惯等很多伦理因素，为避免法律刚性对婚姻家庭和未成年人生活的伤害，以及执行过程中存在种种问题，最终没能规定。

——最高人民法院民法典贯彻实施工作领导小组主编：《中华人民共和国民法典人格权编理解与适用》，人民法院出版社 2020 年版，第 128~129 页。

---

① 对应《民法典》第一千零七十四条。

13.自然人没有监护能力的判断标准

实践中，自然人没有监护能力多为以下三种情况：一是不具有完全民事行为能力；二是被剥夺人身自由；三是下落不明。具体到“父母没有监护能力”，一般表现为：不具备履行监护职责的身体健康要求或相应经济条件，无法履行监护职责等。具体到“父母之外的其他个人没有监护能力”，一般表现为：年龄较大、身体健康状况不佳、与未成年人相隔较远、自身工作生活负担繁重，无暇承担监护责任，或已负担较重监护任务，无法承担新的监护任务等。

——贺荣主编：《最高人民法院民法典总则编司法解释理解与适用》，人民法院出版社 2022 年版，第 141~143 页。

14.协议确认监护人，应尊重被监护人真实意愿

协议确定监护人对被监护人的利益影响重大，应当充分尊重被监护人的真实意愿。被监护人都是无民事行为能力人或者限制民事行为能力人，“尊重被监护人的真实意愿”不是简单地征求被监护人的意见，要结合多种情况进行综合考量判断，探求其内心真实的愿望。限制民事行为能力的未成年人和成年人已经具备了一定的认知判断能力及较强的表达能力，协议确定监护人应当直接听取其意见，并对其意见是否反映其真实意愿，结合其他一些因素，例如，对是否受到胁迫等进行判断。无民事行为能力的被监护人，不具有独立的认知判断能力，但这不意味着这些被监护人没有真实意愿。对于无民事行为能力的被监护人，也应当结合各种情况，例如，被监护人与哪一个具有监护资格的人生活联系最为密切等因素，去发现并充分尊重被监护人的真实意愿，这对于保护被监护人的身心健康，具有重要意义。此外，对于父母丧失监护能力的情形，虽然父母不能作为协议监护的主体，但对协议确定监护人也可以提出自己的意见，具有监护资格的人在协议确定未成年人的监护人时，从有利于保护被监护人的利益出发，应当尽量予以尊重。

——贺荣主编：《最高人民法院民法典总则编司法解释理解与适用》，人

民法院出版社 2022 年版，第 164~165 页。

15.监护人是否享有报酬请求权

我国监护制度应当采取何种立法例，有观点认为，监护制度具有明显的社会公益属性，监护人履行监护职责也大多基于法律的直接规定，是其承担社会责任的一种体现，因此获得报酬并非监护人的必然权利；然而从客观方面来看，对监护职责的履行是一件十分辛苦的事情，权利义务存在明显的不对等，在此种情况下，允许监护人在特定情况下获得经济上的合理补偿，或根据约定从监护活动中取酬，将有助于使监护人的权利和义务得到平衡，从而促使其更好地履行监护职责，使被监护人的合法权益得到有效保护，这与监护制度的公益属性并不存在冲突。对此我们认为，如果监护人对被监护人负有法定的抚养、赡养或者扶养义务，或基于所承担的公共职能而履行监护职责，则其无权要求被监护人支付报酬，对此无须过多解释。但是上述主体以外的其他依法具有监护资格的人履行监护义务，且双方对报酬问题有所约定的，从尊重当事人意思自治的角度出发，应当按照合同约定，监护人依约享有报酬请求权，对于未作约定的情况，监护人能否请求获得报酬还有探索的空间。另需注意的是，在当事人明确约定有偿监护的情况下，可能涉及违约责任问题。如当事人对于违约责任已经作出明确约定，在不违反法律、行政法规强制性规定的前提下，从尊重当事人意思自治的角度出发，肯定当事人依约追究违约方责任是较有道理的，但具体可否参照《民法典》第九百三十三条的规定确定赔偿数额，还有待实践中继续探索积累经验。

——贺荣主编：《最高人民法院民法典总则编司法解释理解与适用》，人民法院出版社 2022 年版，第 209~210 页。

16.区分申请变更监护人与其他监护制度

根据《民事案件案由规定》，监护权特别程序案件包括申请确定监护人、申请指定监护人、申请变更监护人、申请撤销监护人资格、申请恢复监护人资格 5 个第三级案由。这 5 个案白基本涵盖了监护制度的主要内容，实践中要注意把握各制度之间的衔接和关系，避免出现制度之间的混乱。

申请确定监护人指的是当事人对监护人的确定有争议，且对被监护人住所地的居民委员会、村民委员会或者民政部门指定监护人不服，向人民法院申请确定监护人。该案由只适用于当事人对被监护人住所地的居民委员会、村民委员会或者民政部门指定监护人不服的情形。申请指定监护人指的是对监护人的确定有争议，不经被监护人住所地的居民委员会、村民委员会或者民政部门指定监护人直接向人民法院申请指定监护人。申请撤销监护人资格是监护人有侵害被监护人合法权益的严重情形，人民法院根据有关个人或者组织的申请，撤销其监护人资格。申请恢复监护人资格是指被监护人的父母或者子女被人民法院撤销监护人资格后，除对被监护人实施故意犯罪的外，确有悔改表现的，经其申请，人民法院可以在尊重被监护人真实意愿的前提下，视情况恢复其监护人资格。从整个监护制度的设计和衔接的角度观察，全面理解和把握变更监护制度，特别需要理顺法定监护、协议监护、指定监护、变更监护、撤销监护人资格、监护关系终止等制度之间的关系。《民法典》规定了法定监护，父母是未成年子女的当然监护人，只有未成年人的父母已经死亡或者没有监护能力的，有其他具有监护资格和监护能力的人按顺序担任监护人；无民事行为能力或者限制民事行为能力的成年人，由具有监护资格和监护能力的人按顺序担任监护人。协议监护是指除父母对子女法定监护职责以外的情况，具有监护资格的人之间可以协议确定监护人，协议监护的效力优先于法定监护。如果有关当事人对法定监护确定的监护人等有争议，应当先按照《民法典》第三十条的规定进行协商，协商不成的，通过指定监护解决，由被监护人住所地的居民委员会、村民委员会或者民政部门指定监护人，有关当事人对指定不服的，可以向人民法院申请指定监护人；有关当事人也可以直接向人民法院申请指定监护人。变更监护以存在既有监护人为前提，变更监护的三类情形如前所述。撤销监护人资格只针对《民法典》第三十六条规定的严重侵害被监护人合法权益的行为，撤销监护人资格后需同时指定新的监护人，对于撤销监护人资格的被监护人的父母或者子女，符合法律规定的条件，还可以恢复其监护资格。监护关系终止是根据《民法典》第三十九条的规定，监护关系向后消灭的情形，其中当事人对该条第一款第二项、第四项规定的应当终止监护关系的情形发生争议还涉及监护人的变更。监护关系终止后，被监护人仍然需要监护的，应当依法另行确定监护人。

——贺荣主编:《最高人民法院民法典总则编司法解释理解与适用》，人民法院出版社 2022 年版，第 222~223 页。

17.监护人将未成年学生送至学校学习，是否构成委托监护

立法发展的趋势是以学校不是未成年人的委托监护人为原则。一般情况下监护人的监护职责并未转移至学校；学校也不因接受未成年学生到校学习，自然而然地承担起对该学生的监护职责。监护人如果想将监护职责部分或者全部委托给学校，必须与学校达成明确的委托约定。没有明确的委托约定，不能推定学校接受监护人的委托，对到校学习的未成年学生承担起部分或全部监护职责。学校如果是未成年人的委托监护人，其承担的是委托监护责任；如果学校不是未成年人的委托监护人，其应按照法定义务（教育、管理和保护义务）承担相应的过错责任。《学生伤害事故处理办法》第七条第二款规定："学校对未成年学生不承担监护职责，但法律有规定的或者学校依法接受委托承担相应监护职责的情形除外。"在学校接受委托，承担部分监护职责的情况下，被监护的未成年学生实施侵权行为需要承担民事责任的，也应当由监护人承担。如被监护学生把别人打伤或推倒，须支付医疗费，仍应当由其父母支付。除非事前约定，学校同意为被委托监护的学生承担民事责任，或者学校在履行被委托的监护职责时确有过错，否则，仍应当由法定监护人承担。根据《民法典》第一千一百九十九条、第一千二百条、第一千二百零一条规定，对在校学习的未成年学生，学校虽然没有监护职责，但有教育、管理的职责。学校履行教育、管理职责不当，以致未成年学生在校园内加害其他未成年学生的，除加害人的监护人应当承担责任外，学校也应当承担与其过错相应的赔偿责任。学校承担责任的基础，是其对学生的教育、管理职责。承担责任的条件，就是学校未尽这种职责，具有不注意的过失，没有这种过失，学校就不承担民事责任。如果涉及受到学校以外的第三人人身损害的，由第三人承担侵权责任，学校未尽到管理职责的，承担的是相应的补充责任。明确这一法律关系有利于学校和未成年学生法定监护人依法履行各自的职责，有利于共同做好未成年学生的安全保护工作，积极预防和妥善处理未成年学生伤害事故。

——贺荣主编：《最高人民法院民法典总则编司法解释理解与适用》，人民法院出版社 2022 年版，第 234~235 页。

18.男方不愿意生育而女方坚持生育的，男方也应当承担抚养义务

问：怀孕期间，女方起诉离婚并明确表示不要孩子，双方协议约定女方终止妊娠，男方给女方一笔补偿，女方已经拿到补偿款，但事后反悔，又生下孩子。此时，男方是否要承担抚养义务？

答：此种情况下，男方要承担抚养义务。

一方面，司法实践中，男女双方有时会因为生育问题签订协议，但生育权属于人身权，人身权与人身不可分离。因此，限制生育权的协议，应归于无效。

另一方面，抚养义务不受父母是否离异的影响，不能因为父母的过错而免除其对子女的应尽义务。我国《民法典》第二十六条第一款规定："父母对未成年子女负有抚养、教育和保护的义务。"第一千零八十四条第二款规定："离婚后，父母对于子女仍有抚养、教育、保护的权利和义务。"这主要是基于对未成年子女的利益的保护而设的规定。

因此，虽然双方已经签订终止妊娠的协议，但女方执意生育不能免除男方作为父亲的任何义务，男方在此种情况下仍要承担抚养义务。

——最高人民法院民事审判第一庭编：《民事审判实务问答》，法律出版社 2021 年版，第 132~133 页。

19.父母未履行抚养子女的义务，子女能否主张免除赡养义务

我们认为，如果父母确因经济能力或者其他客观原因（如因犯罪被监禁）未能履行抚养义务，子女成年后主张免除赡养义务的，法院不予支持，子女不能将父母是否尽了抚养教育的义务作为自己履行赡养父母义务的基础和前提。审判实践中，对此应予从严掌握。因为子女赡养父母的义务是法定的和无附加条件的，在目前社会保障机制尚不完善、家庭主要承担养老育幼职责的现状下，不能轻易免除子女对父母的赡养义务。鉴于子女与父母之间特殊的身份关系，也不能简单地用等价有偿、公平合理的一般民法理念加以衡量。

如果父母具有抚养能力而拒不履行抚养义务或者对子女实施虐待、遗弃、故意杀害等行为，情节严重的，可以免除子女的赡养义务。从《民法典》继承编的规定来看，故意杀害被继承人、遗弃被继承人或者虐待被继承人情节严重的，丧失继承权。同样道理，犯有杀害、遗弃、虐待子女罪的父母原则上不再享有子女赡养的权利。因为让身心受到严重摧残的受害者再去赡养加害人，无论于法、于情、于理均说不过去。如果子女不计前嫌自愿赡养伤害过自己的父母，法律则不予干涉。

——最高人民法院民法典贯彻实施工作领导小组编著：《中华人民共和国民法典婚姻家庭编继承编理解与适用》，人民法院出版社 2020 年版，第 23 页。

20.孙辈赡养祖辈后不能免除其对自己父母的赡养义务

根据《民法典》婚姻家庭编的相关规定，有负担能力的孙子女、外孙子女在两种情况发生时对祖父母、外祖父母有赡养义务：一种情况是子女已经死亡，另一种情况是子女没有赡养能力，即有前提条件的法定赡养义务。当孙辈赡养了祖辈后能否免除其对自己父母的赡养义务？答案是否定的。因为法律在规定孙辈对祖辈有前提条件承担法定赡养义务的同时，并没有规定孙辈对父辈的法定赡养义务可以免除。“子女已经死亡”的情况意味着孙辈对父辈的赡养义务不可能发生，但“子女无力赡养”的情况意味着父辈也需要自己的子女尽赡养义务，故此时孙辈应承担双重的赡养义务。

——最高人民法院民法典贯彻实施工作领导小组编著：《中华人民共和国民法典婚姻家庭编继承编理解与适用》，人民法院出版社 2020 年版，第 23~24 页。

21.离婚时双方约定一方抚养子女，另一方给付抚养费及违约金，如未支付抚养费的，应承担违约金

这个问题争议比较大，有两种完全不同的观点。第一种观点认为，双方离婚时签订抚养费给付协议，目的只是督促不直接抚养子女的一方履行抚养

义务，该协议属于有关身份关系的协议。原《合同法》第二条第二款[①]规定："婚姻、收养、监护等有关身份关系的协议，适用其他法律的规定。"也就是说，合同法领域中的个人自治空间可以得到极度的张扬，身份法领域个人的意思自治显然应当受到适当的抑制。因此双方达成的抚养费给付协议，不应适用合同法律规定。一方未按协议给付抚养费，实际上是没有履行法定的抚养义务，一方有能力抚养而拒绝给付抚养费，情节恶劣的，将被追究刑事责任。但并不存在违约问题，当然也不应承担违约责任。第二种观点认为，抚养未成年子女是父母的法定义务，父母双方在自觉自愿基础上签订的抚养费给付协议，约定的违约金条款旨在更好地保护未成年人的健康成长，法院支持违约金主张对未成年人一方并无不利。根据原《合同法》第二条第二款规定，婚姻、收养、监护等有关身份关系的协议不适用原《合同法》相关规定，主要是指单纯身份关系的有关婚姻、收养、监护的协议，对于涉及身份关系的财产协议，并不完全排斥合同法律的适用，其属于合同法律的调整范围，不过应当优先适用婚姻法律有关规定，这些法律没有规定时才可适用合同相关规定。尤其值得注意的是，《民法典》合同编中的第四百六十四条第二款规定："婚姻、收养、监护等有关身份关系的协议，适用有关该身份关系的法律规定；没有规定的，可以根据其性质参照适用本编规定。"进一步印证了该观点。

我们比较倾向于第二种观点。

——最高人民法院民法典贯彻实施工作领导小组编著：《中华人民共和国民法典婚姻家庭编继承编理解与适用》，人民法院出版社2020年版，第24~25页。

22.夫妻一方不履行扶养义务时，可通过强制执行实现财产处置

如果是夫妻一方自身患重大疾病需要医治，另一方不同意支付医疗费用的，患病一方可否请求财产分割？我们认为，依据《民法典》第一千零五十九条第一款规定，夫妻有相互扶养的义务。其中扶养义务既包括生活上的扶助，更包括一方患病时的扶持，因此在一方患病时，另一方应当以支付医疗

① 对应《民法典》第四百六十四条第二款。

费用等方式保障患病方受到医治。其不履行该义务的，患病方有权要求其支付医疗费、履行法定扶养义务，另一方不自动履行已生效判决书的，可通过强制执行程序实现对其个人财产和夫妻共同财产的处置，不需要通过《民法典》第一千零六十六条规定的方式来实现救济。

——最高人民法院民法典贯彻实施工作领导小组编著：《中华人民共和国民法典婚姻家庭编继承编理解与适用》，人民法院出版社2020年版，第183页。

23.父母双方或一方未尽抚养义务，子女成年后不能追索抚养费

《民法典》第一千零六十七条规定的抚养费权利主体为未成年子女和不能独立生活的成年子女。如果在子女未成年期间，父母双方或者一方未尽抚养义务，子女成年后可否再向父母追索抚养费？我们认为，从抚养费立法目的和功能来看，抚养费的主要功能是保障未成年子女的健康成长，当子女成年且能独立生活后，抚养费的功能已经丧失，不再具有保护利益，故不能对其未成年期间父母应承担的抚养费进行追偿。

——最高人民法院民法典贯彻实施工作领导小组编著：《中华人民共和国民法典婚姻家庭编继承编理解与适用》，人民法院出版社2020年版，第189页。

24.未成年子女有权向未对其承担过抚养义务的父母一方追索抚养费

父母对子女的抚养义务，自子女出生时开始，所以若父母一方未对子女承担过抚养义务，子女有权向未直接抚养其的父母一方追索自出生后的抚养费，并可就将来预计应当发生的抚养费用一并予以主张。如A与B同居生活，于期间生育了A1，但并未至民政部门登记结婚。后A与B因感情不和分手，A1出生至今跟随A居住生活，B从未支付过抚养费。后A1以B为被告提起诉讼，请求B按照每月800元标准支付A1从出生到18周岁的抚养费，共计××元。人民法院经审理后认为，依据原《婚姻法》第二十五条[①]规定，

① 对应《民法典》第一千零七十一条。

A1 是其母亲 A 与 B 同居期间生育的子女，享有与婚生子女同等的权利，任何人不能剥夺。被告 B 是 A1 的亲生父亲，对 A1 负有抚养教育的法定义务，但其在与 A 分开后，在 A1 从出生至今一直跟随 A 居住生活的情况下，从未支付过任何抚养费，未履行其应负的抚养教育义务，故 A1 要求 B 支付抚养费的请求，予以支持。关于抚养费的计算问题。鉴于 A1 从出生之日起即跟随母亲一起生活，B 从未支付过抚养费，A1 主张 B 应从 A1 出生之日起支付抚养费，有事实及法律依据，予以支持。结合 A1 及其父母双方的实际情况，作为亲生父亲的 B 应承担每月 500 元抚养费为宜。A1 起诉前共 111 个月的抚养费 55500 元（111 个月 ×500 元），B 应一次性付清，起诉后的抚养费可每月支付，直至 A1 年满 18 周岁。

——最高人民法院民法典贯彻实施工作领导小组编著：《中华人民共和国民法典婚姻家庭编继承编理解与适用》，人民法院出版社 2020 年版，第 212~213 页。

25.继父母和继子女之间关系能否解除

如果继子女的生父与继母或生母与继父的婚姻关系终止，继父母和继子女之间的关系是否解除，法律未作规定，实践中在认定时要区分情形。

如果继父母和继子女之间未成立拟制血亲，仅为姻亲关系，那么继母或继父与继子女之间的姻亲关系即解除。

如果继父母对未成年继子女进行抚养教育而成立拟制血亲，那么拟制血亲关系在原则上不能自然解除。继父母对未成年继子女仍有抚养教育的权利和义务，受继父母抚养长大的继子女，对缺乏劳动能力或生活困难的继父母有赡养的义务。但是继父母与继子女间权利义务产生的亲属基础毕竟是姻亲关系，因此在姻亲关系因为离婚或一方死亡而解除的情况下，对已经转化为拟制血亲的继父母与继子女间的关系，应该允许基于一定的特殊原因解除。比如，离婚时继子女尚未成年，继父母拒绝继续抚养且生父母至少有一方在世的，应认为继父母与继子女间拟制血亲关系解除，已经形成的权利义务关系终止。再如，离婚时，继子女已经成年，但继父母与成年继子女关系恶化，参照养父母和养子女的关系规定，应认为双方可协议或诉讼解除。解除后，继子女应否返还继父母的抚养教育费用，可结合解除的原因、继子女的过错等因素，从公平合理的角度予以判定。

——最高人民法院民法典贯彻实施工作领导小组编著：《中华人民共和国民法典婚姻家庭编继承编理解与适用》，人民法院出版社2020年版，第218~219页。

26.父母均在外打工，不属于“无力抚养”

扶老育幼是我们中华民族的优良传统，现实生活中也普遍存在祖父母、外祖父母帮着带孩子的情形。尤其在农村地区，有大量父母外出打工，孩子留给祖父母、外祖父母照顾，即媒体中通常说的“留守儿童”。应注意的是，祖父母、外祖父母照顾孙子女、外孙子女往往是出于亲情。如果不存在其他的特殊情况，仅“父母外出打工”不能构成父母无力抚养的条件，在这种情形下，祖父母、外祖父母对孙子女、外孙子女进行照顾，是出于道义和亲情，并没有抚养的法定义务。父母仍应依照法律规定，对子女履行抚养、教育和保护义务，不能以在外打工为由推卸自己的责任。

——最高人民法院民法典贯彻实施工作领导小组编著：《中华人民共和国民法典婚姻家庭编继承编理解与适用》，人民法院出版社2020年版，第230页。

27.查找不到生父母的未成年人的认定标准

关于查找不到生父母的未成年人，视未成年人被遗弃或被拐获救而有不同的认定标准。对于被生父母遗弃的未成年人，根据《中国公民收养子女登记办法》第七条第二款[①]的规定，收养前应登记公告查找其生父母，公告期满60日未被生父母或其他监护人认领的，可视为查找不到生父母的弃婴、儿童，符合被收养人的条件。而对于被拐获救儿童，根据《民政部、公安部关于开展查找不到生父母的打拐解救儿童收养工作的通知》（民发〔2015〕159号）的要求，公安机关应当全力查找打拐解救儿童的生父母，在全国打拐DNA信

① 对应《中国公民收养子女登记办法》（2023年修订）第八条。

息库录入、比对血样，1个月内未能查找到生父母或其他监护人的，社会福利机构或者救助保护机构在儿童寻亲公告平台上发布儿童寻亲公告，公告期30日。儿童被送交社会福利机构或者救助保护机构之日起满12个月，公安机关仍未能查找到儿童生父母或其他监护人的，可视为确实查找不到生父母，未成年人可被收养。

对被生父母遗弃的未成年人，因生父母主动放弃监护权，公安机关已出具捡拾报案证明，因此仅需以公告形式查找其生父母；对于被拐获救的未成年人，是因拐卖未成年人的犯罪行为导致脱离生父母的监护，除应发布30日寻亲公告之外，还应由公安机关全力查找其生父母，只有在较长时间（12个月）内无法查找到生父母时，才可以被收养。

——最高人民法院民法典贯彻实施工作领导小组编著：《中华人民共和国民法典婚姻家庭编继承编理解与适用》，人民法院出版社2020年版，第350页。

28.涉外收养中被收养人的国籍认定

《涉外民事关系法律适用法》和《民法典》中对涉外收养的被收养人的国籍问题都没有作出明确的规定，应按照《国籍法》的规定确定被收养人的国籍。《国籍法》第四条规定："父母双方或一方为中国公民，本人出生在中国，具有中国国籍。"第六条规定："父母无国籍或国籍不明，定居在中国，本人出生在中国，具有中国国籍。"结合上述两条规定，被收养人只要符合出生在中国，且父母双方或一方为中国公民，或者父母双方为定居在中国的无国籍或国籍不明人士，均具有中国国籍。收养所产生的法律效果并不包括对被收养人国籍的影响，因此被收养人并不因收养而丧失中国国籍。但因我国不承认双重国籍，如果被收养人符合养父母所在国的入籍条件而加入养父母所在国国籍，则被收养人自动丧失中国国籍。《国籍法》第九条规定："定居外国的中国公民，自愿加入或取得外国国籍的，即自动丧失中国国籍。"根据第十条规定，中国公民系外国人的近亲属或定居在外国，可以申请退出中国国籍。被外国人收养并随其定居国外，属于《国籍法》规定的退出中国国籍的法定情形。我国收养制度中规定的被收养人均为未成年人，收养关系成立后，其外国养父母成为被收养人的法定代理人，可以为被收养人选择国籍。如果被收养人的外国养父母愿意被收养人保留中国国籍，而不在养父母所在国办理入籍手续，则被收养人可以保留中国国籍；如果养父母已经在其所在国为被收养人申请办理了入籍手续，被收养人已经取得外国国籍，则不论被收养人是否在我国办理退籍手续，均丧失中国国籍。

——最高人民法院民法典贯彻实施工作领导小组编著：《中华人民共和国民法典婚姻家庭编继承编理解与适用》，人民法院出版社2020年版，第422~423页。

29.泄露收养秘密的精神损害赔偿认定

收养秘密属于个人隐私，隐私权是民事主体所享有的一项人格权，民事主体的人格权受法律保护，任何组织或者个人不得侵害。侵害他人人格权，侵权行为人应当承担损害赔偿责任。泄露收养信息，既侵害了收养各方当事人的隐私权，又妨碍了收养人监护权的行使，还可能影响收养人与被收养人之间的亲子关系，给收养人的亲权造成损害，不仅可能给收养各方造成财产损失，更为常见的是造成收养各方当事人精神痛苦。在符合其他侵权责任构成要件的条件下，收养各方当事人有权要求泄露收养秘密的人承担包括精神损害赔偿在内的侵权责任。

——最高人民法院民法典贯彻实施工作领导小组编著：《中华人民共和国民法典婚姻家庭编继承编理解与适用》，人民法院出版社2020年版，第427页。

30.收养无效应通过诉讼方式确认

收养为事关被收养人身份地位的重要法律行为，为维护收养关系的稳定和被收养人的利益，不宜轻易宣告收养的无效。当收养确实违反法律行为一般生效要件或收养的特别要件时，应当由主张收养无效的一方当事人提起确认收养关系无效之诉，由法院宣告收养关系无效，以示慎重。法院作出确认收养无效的判决后，由当事人持法院生效判决到收养登记机关请求撤销收养登记，收养登记机关应当撤销收养登记，并收缴收养登记证。

——最高人民法院民法典贯彻实施工作领导小组编著：《中华人民共和国民法典婚姻家庭编继承编理解与适用》，人民法院出版社 2020 年版，第 442~443 页。

31.人民法院审理一方起诉请求解除收养关系的案件应注重调解

养父母抚养养子女至成年，表明双方收养关系已存续较长时间，养父母为抚养养子女付出很多，双方已有一定亲情基础，如果随意解除收养关系，养子女无法回报养父母的养育之恩，与中华民族知恩图报的传统美德不符，且养父母未来的养老问题也将面临困难。人民法院在审理一方起诉请求解除收养关系的案件时，应注重调解。对于双方仅因生活琐事产生纠纷，一时激情起诉要求解除收养关系的，人民法院应以说服劝导为主，动之以情、晓之以理，尽可能维系收养关系；对于双方确实积怨已深，存在不可调和的矛盾，尤其是养父母在养育过程中曾有不履行抚养义务、遗弃或虐待养子女等严重伤害养子女感情的行为，或养子女成年后有不赡养、遗弃或虐待养父母行为，双方亲子感情确已无法修复的，应及时判决解除收养关系，并根据当事人提出的诉讼请求，依法对解除收养后的财产关系一并审理并判决。

——最高人民法院民法典贯彻实施工作领导小组编著：《中华人民共和国民法典婚姻家庭编继承编理解与适用》，人民法院出版社 2020 年版，第 454 页。

三、离婚及财产分割

32.一方不当地限制对方参加生产、工作、学习和社会活动的，可作为“导致夫妻感情破裂”的情形，准予离婚

《民法典》第一千零七十九条第三款规定：“有下列情形之一，调解无效的，应当准予离婚：（一）重婚或者与他人同居；（二）实施家庭暴力或者虐待、遗弃家庭成员；（三）有赌博、吸毒等恶习屡教不改；（四）因感情不和

分居满二年；（五）其他导致夫妻感情破裂的情形。”婚姻首先是情感的结合，它承载着男女双方，乃至于男女双方原生家庭的情感利益。家庭是养老育幼的最基本的社会单元。男女双方登记结婚、组建家庭后，均应承担家庭义务，应将个人的人身自由权利行使与家庭的责任、义务的承担和履行有机统一起来。在婚姻关系中，如果夫妻双方无法就家庭责任与个体人身自由权利的行使达成共同的一致意见，必然会对夫妻感情造成负面影响，如果这种负面情绪日积月累，无法消解，最终必然会导致双方夫妻感情破裂，无法继续共同生活下去。此时，夫妻一方有权以此为由提起离婚诉讼，经审查，如果夫妻感情确已破裂，那么应准许双方解除婚姻关系。

例如，在周某诉史某离婚纠纷案中，婚后史某在某外资公司上班，周某在家料理家务。时间一长，周某对在家当全职太太产生厌倦情绪，遂与史某商量出去工作，但是史某坚决反对，认为自己挣的钱足够花了，周某不用出去工作，双方为此多次发生争执。后来周某明白了史某不让其外出工作的真实原因，是担心自己在社会上认识其他男性，背叛史某。周某感到自尊心受到极大伤害，认为史某对自己缺乏起码的信任，夫妻感情因此恶化。2002 年 6 月，周某未征求史某的意见，独自在外找了一份工作，史某知道后，到周某的工作单位大闹并威胁单位辞退了周某。周某先后又找了两份工作，均被史某以同样方式破坏。2002 年 10 月，周某向法院起诉要求离婚，后经法院调解，史某表示悔改，周某撤诉。但事后史某依然如故，继续阻止周某出去工作，并让自己的亲属监视周某。周某感到彻底绝望，于 2003 年 5 月再次提起离婚诉讼。法院经审理认为，根据原《婚姻法》的规定，夫妻双方都有参加生产、工作、学习和社会活动的自由，一方不得对他方加以限制和干涉。史某的做法侵犯了法律赋予周某的工作自由权利，是违法行为。史某的出发点是自私地将妻子当成了自己的私有财产，情节是恶劣的，造成了不良的社会影响，严重破坏了夫妻感情。鉴于双方感情确已破裂，应当判决准予离婚。

本案的焦点是夫妻一方以对方侵犯自己的工作权为由提起离婚应否得到法院支持的问题。我们认为，夫妻之间的生产、工作权利是平等的，不存在谁优先于谁的问题。虽然受长期存在的“男主外女主内”传统文化思想影响，现实中，大多数女性在照顾家庭、养育子女等方面比男性倾注了更多的时间和精力，但此种家庭经营的分工应以互相尊重、平等协商为前提，而不能违背一方意愿进行限制、干涉。丈夫限制妻子外出工作的权利而导致夫妻感情破裂的情形，符合《民法典》第一千零七十九条第三款第五项“其他导致夫妻感情破裂的情形”，应当允许解除婚姻关系。

——最高人民法院民法典贯彻实施工作领导小组编著：《中国民法典适用大全（婚姻家庭卷）》，人民法院出版社2022年版，第109~110页。

33.离婚时未实际取得或明确的知识产权收益应如何处理

审判实践中，如果在婚姻关系存续期间，一方所取得的知识产权已经明确能够产生财产性收益，那无论收益的实际取得是在婚姻关系存续期间还是在离婚后，该收益均为夫妻共同财产。但是，对于离婚时一方尚未确定能够取得经济利益的知识产权，暂不宜作为夫妻共同财产分割。例如，写好的书稿在离婚时还没有联系到出版单位，已完成的绘画作品在离婚时还没有卖出。因知识产权是一种智力成果权，具有很强的人身依附性，与人身密不可分，作者的配偶无权在作者的著作中署名，也无权决定作品是否发表。享有知识产权的一方以后可能将自己的作品出售，也可能自己收藏，还可能赠送给朋友，无法确定是否必然产生财产性收益。如果作者的手稿、字画、设计稿等在离婚时还没有出版或未被采用，那它就仅仅属于夫妻一方的精神财富，离婚时应归一方所有。但是，考虑到创作的过程是在婚姻关系存续期间，而一方从事创作，另一方会承担更多家庭开支或家务劳动，其知识产权的获得离不开配偶一方的支持和帮助，对于一方享有的知识产权应当根据公平原则兼顾双方的利益作出认定与处理。

——最高人民法院民法典贯彻实施工作领导小组编著：《中国民法典适用大全（婚姻家庭卷）》，人民法院出版社2022年版，第157页。

34.夫妻一方将个人所有的不动产赠与另一方，但未办理过户登记的，仍应认定为其个人财产

对于夫妻一方所有的财产，个人享有完全的所有权，可以自行为处分行为，当然可以赠与另一方。但在夫妻之间赠与房产的情况下，存在原《婚姻法》《物权法》《合同法》之间的衔接问题。由于我国目前对不动产物权变动原

则上采登记生效主义，而在合同法语境下，除特定情况的赠与外，赠与人在赠与财产权利转移之前享有任意撤销权，实践中对一方在婚前或婚姻存续期间将自己个人房产赠与另一方但未办理过户登记，离婚时又主张撤销该赠与的，是按照原《物权法》和原《合同法》的规则处理，还是基于婚姻家庭关系的特殊性处理，实践中存在很大争议。我们认为，虽然原《合同法》规定婚姻、收养、监护等有关身份关系的协议适用其他法律的规定，但并未明确排除原《合同法》的适用；而且，婚姻家庭虽以身份关系为前提和基础，但其中亦涉及财产关系内容，也有原《合同法》的适用余地。《民法典》施行后，原《婚姻法》回归民法体系，更应注重婚姻家庭编与物权编、合同编的协调统一。因此，仅以身份关系为由，排除原《物权法》和原《合同法》对婚姻家庭领域财产关系的调整，需要特别慎重。并且，为贯彻不动产物权登记的公示公信原则，要求夫妻双方对于房产的权属明确地通过登记体现出来，也能够最大限度地保护不特定的第三人利益，维护交易安全。

近年来，全国房价不断攀升，年轻人结婚后短期内靠夫妻双方自身经济收入越来越难以负担较高的房价。且大多数年轻人是独生子女，父母基于对子女的爱护，将大部分积蓄用于资助子女购买房屋的情况日益增多。基于中国特有的传统家庭文化影响，父母在出资时，一般未明确或不愿意明确出资性质和出资对象，导致在子女离婚时出现纠纷。子女结婚后，父母为子女购房本是抱着美好的愿望，希望子女婚姻幸福稳定，不愿意设想子女将来离婚的可能，并使得另一方产生误会。因此，实践中，大多数情况下，父母通常无法提供明确表示赠与子女一方的证据。在目前“闪婚闪离”现象存在的情况下，直接认定父母为子女买房出资是对夫妻双方的赠与，缺乏社会认同。父母在子女婚后为其出资买房虽然表面上不排除为子女的配偶提供居住条件的考虑，但血亲与姻亲的差异决定了为己方子女提供婚后居住条件这一本意才是促使父母出资的根本原因。一旦子女离婚，其中关于房产的争议就会凸显。为此，《民法典婚姻家庭编的解释（一）》第二十九条第二款规定：“当事人结婚后，父母为双方购置房屋出资的，依照约定处理；没有约定或者约定不明确的，按照民法典第一千零六十二条第一款第四项规定的原则处理。”

——最高人民法院民法典贯彻实施工作领导小组编著：《中国民法典适用大全（婚姻家庭卷）》，人民法院出版社2022年版，第163~164页。

35.对于离婚时未分割的夫妻共同财产，任何一方都有权诉请分割，不受3年诉讼时效限制

问：《民法典》规定的诉讼时效是3年，离婚3年以后发现有离婚时尚未分割的夫妻共同财产，为什么仍然可以诉请分割？

答：如果一对夫妻没有实行约定财产制，那么按照我国《民法典》第一千零六十二条的规定，夫妻于婚姻关系存续期间所取得的工资、奖金，生产、经营的收益，知识产权的收益，继承或赠与所得的未被确定只归夫妻一方的财产等均为夫妻共同所有。离婚时，夫妻应当协商分割共同财产；协商不成时，可以通过民事诉讼由人民法院判决分割。

对于离婚时未分割的夫妻共同财产，任何一方都有权诉请进行分割，而不受3年诉讼时效的限制。《民法典婚姻家庭编的解释（一）》第八十三条规定："离婚后，一方以尚有夫妻共同财产未处理为由向人民法院起诉请求分割的，经审查该财产确属离婚时未涉及的夫妻共同财产，人民法院应当依法予以分割。"主要理由可从以下三个方面来看：

首先，夫妻共有财产制是典型的共同共有。我国《民法典》第三百零三条规定，共有人约定不得分割共有的不动产或者动产，以维持共有关系的，应当按照约定，但是共有人有重大理由需要分割的，可以请求分割；没有约定或者约定不明确的，按份共有人可以随时请求分割，共同共有人在共有的基础丧失或者有重大理由需要分割时可以请求分割。因分割造成其他共有人损害的，应当给予赔偿。可见，共有人分割请求权虽然名为请求权，但并非请求他人同意分割的权利，而实质是使他人负有与其协议分割的具体方法之义务。分割共有物，早已是法律赋予共有人的权利，其得以一人之意志行使该项权利。因此，分割共有物之请求权，实质是形成权，不应受诉讼时效的限制。

其次，我国《民法典》物权编中没有规定时效取得制度，因此，根据物权法定原则，所有权归属不会单纯因为时间的经过而发生改变。也就是说，夫妻共同财产，如果在离婚时没有进行分割，不会因为时间的经过而改变性质，双方身份关系的解除，也不能使原本属于两人共有的财产变更为一人所

有。双方共有关系仍是稳定的，满足再进行分割的条件。

最后，如果司法解释规定，离婚时未经分割的夫妻共同财产经过3年的诉讼时效就不能再进行分割，无疑会鼓励转移、隐藏夫妻共同财产的不诚信行为，实际占有或者控制夫妻共同财产的一方，只要能够藏过3年的诉讼时效期间，就可以取得该财产。这种结果与我国的主流价值观念是相悖的。

——最高人民法院民事审判第一庭编：《民事审判实务问答》，法律出版社2021年版，第131~132页。

36.《民法典》婚姻家庭编将家务劳动补偿扩大适用于夫妻共同财产制

对双职工家庭而言，家务贡献较大的一方，因家务劳动挤压了其自身发展的时间和精力，减少了职业收入和经济收入，导致离婚后谋生能力较低，生活水平下降。有学者指出：如果把家庭领域界定为女性的领域，把家务劳动界定为女性的义务，对于那些职业女性来说是一条沉重的链条，不断撕扯着职业女性，使她们走得比男性慢，走得没男性远。她们既要在职场上同男人一样地工作，又要回家做繁重的家务，使她们感觉疲惫不堪。对家庭主妇而言，它是一管褪色剂，使她们辛苦的劳动失去意义，丧失价值。她们从事着世界上最重要的工作却不计薪酬，任劳任怨地奉献，无私无偿地劳作，而当婚姻解体时，家务劳动方实际上成为婚姻关系存续期间另一方免费的家务劳动工具。在绝大多数婚姻中，男主外女主内是当事人双方生活的真实写照，已婚妇女在家中身兼清洁工、厨师、心理咨询师等数职，对于她们为家庭作出的巨大贡献，法律不能视而不见。现实中我国夫妻实行分别财产制的情况很少，离婚时能得到家务劳动补偿的更是微乎其微，家务劳动补偿制度形同虚设。

也有观点认为，共同财产制本身就是承认了家务劳动与社会劳动具有同等价值，否则，只从事家务劳动的一方无权分割夫妻共同财产，共同财产制本身就包含对家务劳动价值的承认功能。在这一背景下再讨论“家务劳动”的价值，则显然是在重复计算。

这次婚姻家庭编将家务劳动补偿扩大适用于夫妻共同财产制，无疑是立法的一大进步，也是多年来众多学者孜孜以求的结果。以后主张家务劳动补偿势必成为离婚案件中的一个重要诉求，具体应当如何补偿，条文只是一般性地规定“另一方应当给予补偿”，并无任何补偿标准和参考要素。夏吟兰教授认为，具体补偿的方法，可参考夫妻双方的收入差距、婚姻关系存续时间以及一方付出的相应贡献等因素。王歌雅教授认为，家务劳动的补偿方法应为：家务贡献补偿 =（夫妻双方的年收入差除以 2）乘以婚姻关系存续年限，这一建议系借鉴德国剩余所得共同制的规定，将婚姻存续期间收入差距的一半补偿给家务劳动贡献较多的一方。但是，这种补偿方法可能并不公平。比如，妻子和丈夫一样年收入 30 万元，如果妻子工作之余还要包揽一切家务，而丈夫下班后就知道躺在沙发上玩手机，离婚时按照上述补偿计算公式，妻子获得的家务补偿款为零！再如，妻子是家庭主妇，没有任何收入，丈夫年薪 30 万元，婚姻关系存续 10 年，离婚时丈夫需要补偿妻子 150 万元，而且是在依法分割夫妻共同财产之外！请问如此这般男人还敢结婚吗？

笔者认为，对于家务劳动补偿的具体数额，不宜以计算公式的方法直接规定，因为现实生活复杂多样，“一刀切”的计算公式也许并不科学。法官应当结合当地的经济生活水平、婚姻关系存续时间、一方对家庭所作出的贡献、另一方的经济能力等因素，尽量公平合理地进行裁决。

——吴晓芳：《对民法典婚姻家庭编新增和修改条文的解读》，载最高人民法院民事审判第一庭编：《民事审判指导与参考》2020 年第 1 辑（总第 81 辑），人民法院出版社 2021 年版，第 34~35 页。

37.《民法典》婚姻家庭编新增夫妻日常家事代理权制度

婚姻家庭编中专门规定夫妻之间的家事代理权很有必要。首先，婚姻家庭生活事务繁多，夫妻之间不必事必躬亲。其次，节约生活成本。现代生活，特别是全球化时代，夫妻活动范围大，若凡事需夫妻双方共同出面，生活成本太大，难免令人不胜其烦。最后，明确日常家事的当然代理权，有利于家庭和睦。

在日常家事范围内，夫妻互为代理人，而无须对方授权。家事代理权基于夫妻关系产生，不以夫妻一方明示为必要，性质上类似于法定代理权，但不同于一般的法定代理权。夫妻一方在日常家事范围内与第三人为法律行为时，可直接以另一方的名义、双方名义或以自己名义为之，而一般法定代理人必须以被代理人的名义从事活动。薛宁兰教授认为，婚姻为夫妻生活之共同体，在处理日常家庭事务范围内，夫妻相互为代理人、享有家事代理权，这是婚姻的当然效力，夫妻因配偶身份关系的确立而依法当然享有此代理权。王利明教授认为，家事代理权乃为“夫妻在日常家务的范围内互为代理人，毋须委托授权”，属法定代理。这种代理是基于法律的直接规定，而非当事人的约定，因而具有不同于一般委托代理的当然性和法律强制性。

——吴晓芳：《对民法典婚姻家庭编新增和修改条文的解读》，载最高人民法院民事审判第一庭编：《民事审判指导与参考》2020 年第 1 辑（总第 81 辑），人民法院出版社 2021 年版，第 38~39 页。

38.夫妻共同财产分割中确定少分或不分的数额时，不限于一方隐藏、转移、变卖、毁损的部分财产

原《婚姻法》第四十七条[①]规定，离婚时，一方隐藏、转移、变卖、毁损夫妻共同财产，或伪造债务企图侵占另一方财产的，分割夫妻共同财产时，对隐藏、转移、变卖、毁损夫妻共同财产或伪造债务的一方，可以少分或不分。实践中，在确定少分或不分的数额时，是针对夫妻财产总额，还是仅针对隐藏、转移、变卖、毁损的部分财产？

法律规定的在隐藏、转移、变卖、毁损夫妻共同财产或伪造债务情形下，对该方可以少分或不分，针对的是夫妻共同财产总额，不限于隐藏、转移、变卖、毁损的财产。少分或不分把握的标准根据损害的财产数额、总财产的数额、各方的过错等案件具体情况酌情处理。具体处理时，应把隐藏、转移、变卖、毁损的财产作为隐藏、转移、变卖、毁损财产的一方分得的财产份额，对另一方的应得份额应以其他夫妻共同财产折抵，不足折抵的，差额部分由隐藏、转移、变卖、毁损财产的一方折价补偿对方。要特别注意的是，《民法典》第一千零九十二条在承继原《婚姻法》第四十七条规定的基础上，删去了“离婚时”的表述，即上述行为不限于离婚时，也包括离婚之前的整个婚姻关系存续期间。同时，增加了“挥霍”夫妻共同财产的情形。

---

① 对应《民法典》第一千零九十二条。

——《在确定少分或不分的数额时，是针对夫妻财产总额，还是仅针对隐藏、转移、变卖、毁损的部分财产》，载最高人民法院民事审判第一庭编：《民事审判指导与参考》2020年第2辑（总第82辑），人民法院出版社2021年版，第230页。

39.婚内夫妻财产分割有着严格的适用条件

婚内夫妻财产分割纠纷是夫妻双方在不解除婚姻关系的情况下对夫妻共同财产进行分割，有着严格的适用条件，只在两种情形下可以适用：一是一方有隐藏、转移、变卖、毁损、挥霍夫妻共同财产或者伪造夫妻共同债务等严重损害夫妻共同财产利益的行为；二是一方负有法定扶养义务的人患重大疾病需要医治，另一方不同意支付相关医疗费用。除此两种情形，夫妻一方提出婚内财产分割请求的，人民法院不予支持。

——杨万明主编、郭锋副主编、最高人民法院研究室编著：《最高人民法院新民事案件案由规定理解与适用》，人民法院出版社2021年版，第103页。

40.父母以其未成年子女房产设定抵押行为的效力问题

《民法典》第三十五条第一款规定："监护人应当按照最有利于被监护人的原则履行监护职责。监护人除为维护被监护人利益外，不得处分被监护人的财产。"上述条款的规定旨在避免未成年人之父母，借由管理未成年子女财产之便，不当处分其财产，以致对未成年子女造成不利益。其方式则为限制父母作为法定监护人的法定代理权，监护人行使法定代理权必须在为被监护人利益这一边界范围内进行，逾越此边界，非为被监护人利益处分其财产，则构成无权代理。鉴于房产的重大价值和抵押行为的高风险性，父母抵押其未成年子女名下房产的行为，原则上应认定为非为其未成年子女利益，除非相对人有相反证据足以证明该抵押行为确系为子女利益而实施。比如父母以房产设定抵押办理银行贷款为子女就医筹措医疗费用或出国留学费用，此种抵押行为直接对子女有利。父母代替未成年子女签章让其承担抵押风险的行为不属于接受奖励、赠与、报酬等纯利益的行为，应属无权代理，该代理行为无效。也有观点认为，认定抵押无效不利于保护交易安全，但我们认为，在无法兼顾交易安全与未成年人利益的情形下，应优先保护未成年人的利益。

——最高人民法院民法典贯彻实施工作领导小组编著：《中华人民共和国民法典婚姻家庭编继承编理解与适用》，人民法院出版社2020年版，第26~27页。

41.夫妻一方非因日常生活需要实施的法律行为对另一方是否具有约束力

基于个人主义和意思自治原则，夫妻双方虽因婚姻存在共同利益，但不能完全否认各自人格的独立性，因此，夫妻一方非因日常生活需要实施的法律行为，不能当然对另一方具有法律约束力。对于家庭重大事项或者重大财产的处分等，夫妻双方应当取得一致意见。此时如果与之交易的第三人主张对夫妻双方均具有约束力，应当按照民法的一般原理，证明对方已经明确表示同意或者构成表见代理，即其有理由相信为夫妻双方的共同意思表示。

李某某与程某某系夫妻关系，程某某与冯某某于2004年11月开始婚外同居，当月程某某给冯某某20万元现金购买轿车，冯某某用该款购买轿车一辆，并登记在自己名下。2004年6月，程某某购买住房一套，向开发商支付购房款53万元。2005年4月，程某某以合同更名的方式将该套房屋赠与冯某某，房屋产权登记在冯某某名下。2005年10月至2006年，冯某某以办公司需要资金为由，共向程某某索要资金304万元。2006年7月，李某某诉至一审法院，请求判令：确认程某某赠与冯某某财产的行为无效，要求冯某某返还306万元以及案涉房屋和车辆。法院经审理认为，冯某某与程某某年龄相差悬殊，明知其有配偶而以情人身份与之同居生活，其向程某某索要汽车、房产和钱款的行为违反了社会公德，主观上并非出于善意。程某某未经李某某同意，将夫妻共有巨额财产赠与冯某某，侵害了李某某的合法财产权益，其擅自处分夫妻共同财产的赠与行为无效。法院判决：冯某某向李某某返还轿车、房屋以及304万元款项。

对于婚姻关系存续期间夫妻一方擅自将共同财产赠与他人的效力问题，存在两种不同的观点。第一种观点认为：（1）程某某和冯某某婚外同居有违公序良俗，但该行为无效不能等同于赠与无效，对程某某向冯某某的赠与行为应依照原《合同法》的规定单独判断。而依照原《合同法》的相关规定，因赠与的财产所有权已经转移，该赠与行为不应撤销。（2）程某某的赠与行为不必然侵害李某某的夫妻共有财产权。虽然婚姻关系存续期间所得的财产一般属于夫妻共同共有，但程某某作为夫妻一方应享有部分财产的独立处分权。程某某与李某某的夫妻共同财产总额较大，程某某在本案中单独处分的部分财产较之于夫妻共同财产比例较小，故该赠与行为并不必然损害李某某的夫妻共有财产权。而且，即使程某某侵犯了李某某的夫妻共有财产权，也应由程某某对李某某承担责任，而不应由冯某某承担责任。（3）程某某的社会地位和经济地位均高于冯某某，其与冯某某婚外同居，双方均有过错。如果判令冯某某将程某某赠与的财产完全返还，不能体现对于程某某作为主要过错方的惩罚。第二种观点认为：（1）程某某赠与冯某某的购车款和房产均系程某某与李某某的夫妻共同财产，程某某未经李某某的同意将上述财产赠与冯某某，侵犯了李某某的财产权。（2）程某某基于与冯某某之间存在的不正当婚外同居关系将诉争房屋和车辆赠与冯某某，该行为违反了公序良俗的法律原则，依法无效。（3）冯某某取得诉争房屋和车辆并非善意、有偿取得，而是程某某非因日常生活需要，在未与其妻李某某协商一致的情况下，擅自处分共有财产，应认定无效。（4）民事行为应遵循公序良俗原则，仅依照原《合同法》单独判断赠与行为的效力，显属不当。我们同意第二种观点。首先，原《婚姻法》规定，禁止有配偶者与他人同居。程某某与冯某某的婚外同居行为属于违法行为。其次，夫妻对共同所有的财产，有平等的处理权，并不意味着夫妻各自对共同财产享有一半的处分权。只有在共同共有关系终止时，才可对共同财产进行分割，确定各自份额。最后，程某某赠与冯某某大额财产，显然不是因家庭日常生活需要而处理夫妻共同财产的行为，其未经妻子李某某同意赠与冯某某车辆、房屋及钱款，侵犯了李某某的财产权益，该赠与行为应认定无效。

——最高人民法院民法典贯彻实施工作领导小组编著：《中华人民共和国民法典婚姻家庭编继承编理解与适用》，人民法院出版社2020年版，第141~143页。

42.男女没有办理结婚登记手续，在女方怀孕期间，法院可受理男方有关同居期间财产纠纷的起诉

我们认为，只有符合结婚的法定条件，才具有夫妻身份，才享有法定的权利和义务，这是婚姻的法律层面的要求。《民法典》婚姻家庭编中对妇女的特殊保护条款，“女方在怀孕期间、分娩后一年内或者终止妊娠后六个月内，男方不得提出离婚；但是，女方提出离婚或者人民法院认为确有必要受理男方离婚请求的除外”，针对的是合法婚姻而非同居关系。法律保护的是合法婚姻关系，保护的是妇女的合法权益。当双方选择同居而非登记结婚时，就意味着选择了一种不受法律保护、不享有夫妻间权利和义务的同居关系，同居的男女双方不具有配偶身份，同居关系的形成不需要履行特定手续，是一种既定的事实状态。有鉴于此，当事人仅起诉请求解除同居关系的纠纷，法院不予受理；当事人因同居期间财产分割或者子女抚养提起诉讼的，法院应当受理。因此，在女方怀孕期间，法院仍然可以受理男方有关同居期间财产纠纷的起诉。

——最高人民法院民法典贯彻实施工作领导小组编著：《中华人民共和国民法典婚姻家庭编继承编理解与适用》，人民法院出版社2020年版，第27页。

43.人民法院应根据实际情况对离婚经济帮助案件中的经济帮助时间附加期限或条件

离婚经济帮助是对离婚时生活困难一方基本生存权益的救济，经济帮助不能被当作无限期的生存手段，否则将违背民法的公平原则。人民法院在审理离婚经济帮助案件时，应当根据个案实际情况，对经济帮助的时间附加一定的期限或条件，当期限届满或条件达成时，提供经济帮助的一方即不再承担经济帮助义务。此外，即使经济帮助的附加期限未满或条件尚未达成，当发生离婚时生活困难一方再婚或经济能力足以维持当地基本生活水平的情况，经济帮助的存在意义也已经丧失，不论经济帮助的履行程度如何，提供经济

帮助一方均可停止给付。如归某诉田某、陈某1、陈某2腾退房屋纠纷案，田某与归某在法院调解离婚，因田某生活困难且无房居住，双方约定归某单位分配的公房由田某继续居住，归某住房自行解决。离婚后归某取得了房屋产权，田某与陈某1结婚并生育子女陈某2。归某起诉要求田某、陈某1、陈某2腾退涉案房屋，在诉讼期间田某与陈某1离婚。归某的主张应否得到法院支持？我们认为，离婚时一方对另一方婚前承租的公房无权承租而解决住房确有困难的，人民法院可调解或判决其暂时居住。根据原《最高人民法院关于审理离婚案件中公房使用、承租若干问题的解答》①的规定精神，暂住期限一般不超过两年。本案田某与归某离婚时调解协议未对田某的居住期限予以明确约定，但并不表明田某可以永久居住，经济帮助也不是无休无止的。田某在涉案房屋中居住多年且再婚生育子女，无论从居住的合理期限还是从田某家庭生活的变化、归某应享有的物权方面考虑，田某、陈某2均不宜继续在涉案房屋居住。田某虽在诉讼中与陈某1离婚，但并不能因此逃避腾退房屋的义务。归某对房屋享有占有、使用、收益和处分的权利，其起诉要求田某、陈某1、陈某2腾退房屋理由正当，应当予以支持。

——最高人民法院民法典贯彻实施工作领导小组编著：《中华人民共和国民法典婚姻家庭编继承编理解与适用》，人民法院出版社2020年版，第328页。

44.双方父母出资购买不动产中出资的认定

我们认为，根据《民法典》确立的夫妻财产制度，夫妻共同财产制采用的是婚后所得共同制，即认定当事人的财产是否为夫妻共同所有必须是以婚姻关系存在为前提，而且还要将个人的特有财产和夫妻约定为个人所有的财产除外后，夫妻双方或者一方所得的财产才属于夫妻共同所有。而在本条款所述的当事人结婚前的前提条件下，其通过继承、接受赠与及其他合法方式等所取得的财产则均应属于个人婚前财产。按照《民法典》第一千零六十三

① 原《最高人民法院印发〈关于审理离婚案件中公房使用、承租若干问题的解答〉的通知》（法发〔1996〕4号），根据《最高人民法院关于废止部分司法解释及相关规范性文件的决定》（法释〔2020〕16号）的规定已废止，自2021年1月1日起不再适用。

条第一项的规定，一方的婚前财产为夫妻一方的个人财产。从现实社会生活中反映的情况看，父母为子女购买房屋出资的目的往往是为子女结婚，出资的真实意思表示也应是对自己子女的赠与。因此，当事人双方结婚前，各方的父母即使是为当事人双方购置房屋出资的，该出资也应当认定为对自己子女的个人赠与。当然，也不能排除一方或者双方父母明确表示该出资是赠与当事人双方用于购置房屋款项的情况。如果父母作出将出资赠与当事人双方的意思表示，就应认定该出资是对当事人双方的赠与，属于当事人双方共同所有。

综上，人民法院在对当事人结婚前的财产所有权归属认定处理时，首先要适用夫妻特有财产制原则，即婚姻关系缔结之前当事人双方所得财产属于婚前个人财产；其次再依照除外情形来认定是否为当事人双方共同所有。这也是对当事人婚前财产的一般处理原则。

——最高人民法院民法典贯彻实施工作领导小组编著：《中华人民共和国民法典婚姻家庭编继承编理解与适用》，人民法院出版社2020年版，第284~285页。

45.父母为子女出资购房赠与一方还是赠与双方的认定

笔者认为，从目前实际情况看，在一方父母出全资并将不动产登记在自己一方子女名下的，该出资认定为对自己子女的赠与更为妥当。对于一方父母部分出资的，基于《民法典婚姻家庭编的解释（一）》第二十九条采纳了赠与标的物为出资的思路，则对于该不动产来讲，由于为婚姻关系存续期间购买，应当认定为夫妻共同财产。对于一方父母出资的部分，基于平衡保护双方利益的原则，同时也与父母出全资的情况保持规则一致性，笔者认为，在认定该出资部分属于赠与一方还是赠与双方的情况时，也可以与不动产登记挂钩，如果登记在自己一方子女名下的，可以认定为该出资是对自己子女的赠与。对于该出资对应的增值部分是认定为由出资方还是认定为由夫妻双方享有的问题，笔者认为，父母为子女购房的初衷并非投资，也即自然增值部分并非父母预期收益，同时，为维护婚姻家庭和谐稳定，仅保护父母出资部分即可，不宜再保护父母出资部分对应的自然增值部分。

——王丹：《〈关于父母为子女出资购房问题的再探讨——《最高人民法院关于适用〈中华人民共和国民法典〉婚姻家庭编的解释（一）》第二十九条的理解与适用〉》，载最高人民法院民事审判第一庭编：《民事审判指导与参考》2022年第1辑（总第89辑），人民法院出版社2022年版，第167页。

四、夫妻共同债务

46.原《婚姻法》第四十七条规定行为发生在《民法典》施行之前，但新规定对保护无过错方权益更有利的，可以适用《民法典》

原《婚姻法》第四十七条[①]规定，离婚时，一方隐藏、转移、变卖、毁损夫妻共同财产，或伪造债务企图侵占另一方财产的，分割夫妻共同财产时，对隐藏、转移、变卖、毁损夫妻共同财产或伪造债务的一方，可以少分或不分。《民法典》对上述规定进行了修改，删除了"离婚时"的时间限定条件。《民法典》施行后正在审理的一、二审离婚案件如何适用上述规定？

法不溯及既往虽为法律适用的基本原则，但也存在有利溯及的例外。根据《最高人民法院关于适用〈中华人民共和国民法典〉时间效力的若干规定》（以下简称原《时间效力规定》）第二条的规定，《民法典》施行前的法律事实引起的民事纠纷案件，当时的法律、司法解释有规定，适用当时的法律、司法解释的规定，但是适用《民法典》的规定更有利于保护民事主体合法权益，更有利于维护社会和经济秩序，更有利于弘扬社会主义核心价值观的除外。夫妻一方在婚姻关系存续期间隐藏、转移、变卖、毁损、挥霍夫妻共同财产，或者伪造夫妻共同债务企图侵占另一方财产的，虽然该行为发生在《民法典》施行之前，但是《民法典》新的规定对于树立优良家风、弘扬家庭美德，对于保护无过错方的合法权益，制裁违法方的非法行为更有利。因此，可以适用《民法典》的规定。

——《民法典施行后正在审理的一、二审离婚案件如何适用婚姻法第四

① 对应《民法典》第一千零九十二条。

十七条规定》，载最高人民法院民事审判第一庭编：《民事审判指导与参考》2020年第2辑（总第82辑），人民法院出版社2021年版，第231页。

47.离婚纠纷中，夫妻一方以个人名义举债用于夫妻共同生活，要求确认为夫妻共同债务的，如何处理

这种情况属于在夫妻内部对债务性质产生的争议。举债人的配偶往往以自己根本不知道债务的存在为由，否认对方举债用于夫妻共同生活。因为离婚案件不允许追加“债权人”为第三人参加诉讼，故证明责任属于主张债权债务关系存在且所举债务用于夫妻共同生活的一方当事人。“债权人”可能作为证人出庭作证，也可能根本找不到。由于离婚案件中人民法院要解决相关债务是否属于夫妻共同债务问题，这直接关系夫妻共同财产的分割，如果债务被认定为夫妻共同债务，则需要以夫妻共同财产清偿。因此，如果债权债务关系明确，在离婚诉讼中以认定处理为宜。但是如果债务明显缺乏证据或无法查清，也可以不在离婚案件中处理。待债权人起诉时再按照债务纠纷案件受理。即使举债人此时已经离婚，只要债权人将债务人的原配偶列为共同被告，人民法院在审理中仍然要对债务的性质属于夫妻共同债务还是举债人的个人债务作出判断。如果债务被定性为夫妻共同债务，则由债务人与其前配偶负连带清偿责任。

——最高人民法院民法典贯彻实施工作领导小组编著：《中华人民共和国民法典婚姻家庭编继承编理解与适用》，人民法院出版社2020年版，第170页。

48.婚前个人债务向婚后共同债务转化，必须以婚前所欠债务用于婚后家庭共同生活为条件，债权人对此事实应当承担证明责任

婚前个人债务向婚后共同债务的转化，必须以婚前所欠债务用于婚后家庭共同生活为条件，债权人对此事实应当承担证明责任。司法实践中，婚前个人债务向婚后共同债务的转化有多种类型：一方婚前举债购置大量结婚用品，婚后为夫妻双方共同生活所需要时，可以转化为婚后共同债务；一方婚前借款装修房屋，该房屋供夫妻双方婚后共同居住或共同使用的。总之，判

断一方婚前债务与婚后共同生活之间的因果联系，应当结合债务人举债的目的、用途以及婚后共同生活的需要等诸多因素综合判断。

在实施《民法典婚姻家庭编的解释（一）》第三十三条的过程中，除应当注意对一方婚前债务如何转化为婚后的共同债务的审查外，还要防止另外两种倾向：一是不能将一方婚前的全部债务转移给债务人的配偶，加重夫妻双方中另一方的责任。例如，一方婚前投资经营所负的债务、一方婚前因侵权行为所负的债务、一方婚前为自己亲属的婚丧嫁娶所负的债务、一方婚前因从事违法行为受到国家机关处罚时所负的债务等，只要一方婚前债务与夫妻婚后共同生活无关，就不能要求债务人的配偶对该债务承担清偿责任。二是不能对债权人的举证责任设定较为苛刻的要求，使债权人的权利无法获得司法的救济。应当承认，由于一方婚前债务向婚后共同债务的转换，必须以所欠债务用于婚后共同生活为要件，这就使得债权人完成证明责任十分困难。如果我们对债权人承担证明责任的要求过于严苛，实际上无法真正保护债权人的合法权利。如债权人主张债务人婚前所负债务主要用于婚后共同生活，并举证证明了借款的时间、结婚的时间以及结婚时购置的大量物品等，由此可以推定债务人所负债务用于婚后共同生活。此时，人民法院可以要求债务人及其配偶就否认的事实承担证明责任。如果夫妻双方能够举证证明结婚时购置的物品或其他夫妻共同财产的形成，与债务人婚前所举债务无关，债务人的配偶就不应承担该债务的清偿责任；如果双方所持证据均不能完全证明自己的主张时，作为主张事实成立的一方，债权人负有举证证明的责任，其所举证据应当需要达到高度可能性证明标准；而对于作为抗辩一方的配偶，虽然其就抗辩主张也应当提供证据予以证明，但因其在诉讼中是防御的一方，其所举证据只要达到让债权人主张的事实达到真伪不明的程度即可。

——最高人民法院民事审判第一庭编著：《最高人民法院民法典婚姻家庭编司法解释（一）理解与适用》，人民法院出版社2021年版，第323~324页。

五、继承权

49.继承纠纷中各方有主张法定继承、遗嘱继承、遗赠、遗赠扶养协议的，何者优先

与遗嘱不同，遗赠扶养协议是遗赠人和扶养人之间，经双方意思表示一致后成立的协议，该协议属于双务、有偿、诺成的法律行为。双方互负义务，但是义务的履行却有差别，扶养人的义务是按照遗赠扶养协议的约定扶养遗赠人，而遗赠人的义务则是在其死后须按照协议的约定将其遗产遗赠给扶养人。因此，扶养人的义务自遗赠扶养协议生效时起即生效，但是接受遗赠的权利则只能于遗赠人死亡后才能够实现。

如果在一个继承纠纷中，既有人主张法定继承，又有人主张遗嘱继承或者遗赠，还有人主张遗赠扶养协议，则何者优先？按照《民法典》第一千一百二十三条和《民法典继承编的解释（一）》第三条的规定，被继承人生前与他人订有遗赠扶养协议，又立有遗嘱的，继承开始后，如果遗赠扶养协议与遗嘱没有抵触，遗产分别按协议和遗嘱处理；如果有抵触，按协议处理，与协议抵触的遗嘱全部或者部分无效。按照遗嘱规定分配相关遗产后，如果还有遗产，则按照法定继承进行分配。这是因为相比于遗嘱，扶养人在履行遗赠扶养协议时已经承担了义务，故应该优先享有受到遗赠的权利；而相比于法定继承，遵循民法的意思自治的原则，约定大于法定，故按照遗嘱进行继承或者遗赠，应当优先于法定继承。当然，在按照这一顺序进行分配遗产时，按照《民法典》第一千一百五十五条和第一千一百五十九条的规定，应当保留胎儿的继承份额，同时为缺乏劳动能力又没有生活来源的继承人保留必要的遗产。

——杨万明主编、郭锋副主编、最高人民法院研究室编著：《最高人民法院新民事案件案由规定理解与适用》，人民法院出版社 2021 年版，第 140~141 页。

50.同时死亡事故中，自然人死亡后是否存在继承

实践中，自然人死亡，能否成为继承人继承财产，似乎并无异议，但在同时死亡事故的继承中，却存在不同理解，试举一案例对此问题予以说明。王先生与妻子、儿子及岳父母一同驾车出游，途中遭遇车祸，五人全部丧生，王先生岳父、岳母名下共有房屋两套，二人均有兄弟姐妹，而且感情均较好。事故发生后，因王先生岳父母房产的继承问题，王先生父母与王先生岳父母的兄弟姐妹发生争议，王先生父母认为，王先生岳父母、女儿及外孙（未成年），依法推定先后死亡，故其外孙应为王先生岳父母房产的继承人，而孙子死亡后，其依法属于法定继承人，故王先生岳父母的房产应归其所有。但这将导致本无继承关系的祖父母继承了外祖父母的财产。对此，王先生岳父母的兄弟姐妹均不可接受，认为祖父母对外祖父母的财产继承没有法律根据，违反常情常理。本案如何解决？部分意见倾向于由祖父母继承，其理由和逻辑是，按照死亡的先后顺序，既然女儿是外祖父母财产的继承人，儿子又是女儿的财产继承人，祖父母又是孙子的继承人，这种继承即是合法及合乎逻辑的。对该案的上述处理，我们认为，首先感觉不符合情理，那么具体法律依据上如何解决，试从以下几个方面说明：第一，岳父母、女儿属于有相互继承关系的人，女儿与儿子是有相互继承关系的人。但因为女儿及儿子均已死亡，非生存的自然人，故均不能成为王先生岳父母的继承人。第二，根据遗产继承顺序及继承人范围，王先生父母不是王先生岳父母的继承人范围。第三，王先生父母成为其孙子的合法继承人的前提是孙子取得继承权，但因为继承人需为生存自然人，其孙子已经死亡，且无子女代位继承，故孙子无法取得王先生岳父母的遗产，这导致王先生的父母也即无权取得王先生岳父母的遗产。本案祖父母继承外祖父母的财产的主要错误在孙子死亡已不能取得继承权，则其祖父母自然难以取得其外祖父母的遗产。本案虽比较极端，但现实生活中确有这样的案例，而且随着家庭成员一同出游的现象增多，类似事故越来越多。如何把握同一事故中当事人死亡的先后顺序，并结合继承人范围、继承顺序解决有关问题，成为继承纠纷中的难点。

——最高人民法院民法典贯彻实施工作领导小组编著：《中华人民共和

国民法典婚姻家庭编继承编理解与适用》，人民法院出版社2020年版，第492~493页。

51.非婚生子女要取得生父母遗产的继承权，必须证明其与生父母的关系

非婚生子女要取得生父母遗产的继承权，必须证明其与生父母之间的身份关系。一般说来，认定谁是生母较容易，根据出生的事实即可确定。但是认定谁是生父则比较难，司法实践中，一般具有下列条件之一，就可认定：（1）生父在户口簿上或自己档案中，已经清楚地载明非婚生子女是自己的子女，或者生前已承认是自己的子女；（2）经生母以确切的证据或其他人证、物证证明非婚生子女是她所生。此外，还可以采用先进的科学方法，如人类白细胞抗原（HLA）做亲子鉴定。不过采用这一方法的前提是当事人健在且同意。

——最高人民法院民法典贯彻实施工作领导小组编著：《中华人民共和国民法典婚姻家庭编继承编理解与适用》，人民法院出版社2020年版，第532页。

52.应以法院判决确定的死亡日期作为继承开始的时间

因继承取得物权的，自继承开始时发生效力，继承开始的时间即为继承人取得物权的时间。因此，实践中需要进一步明确继承开始的时间，依法保护继承人的利益。根据《民法典》第一千一百二十一条第一款的规定，继承从被继承人死亡时开始。据此，继承开始的时间应当以被继承人死亡的时间为准。被继承人的死亡既包括自然死亡（生理死亡），也包括宣告死亡。被继承人自然死亡的，死亡的时间如何判断，一直存在争论，主要有脑死亡说、心脏停搏说、脉搏停止说、脉搏停止且心脏停搏说、呼吸停止说等观点。在我国，一般是以呼吸、心脏、脉搏均告停止且瞳孔放大为自然死亡的标准。如果自然人在医院死亡的，应以死亡证上记载的时间为准。宣告死亡，是指公民下落不明满法定期限，人民法院根据利害关系人的申请，依法定程序和方式宣告其死亡的法律制度。《民法典》第四十八条规定："被宣告死亡的人，

人民法院宣告死亡的判决作出之日视为其死亡的日期……”因此，应当以法院判决中确定的死亡日期，作为继承开始的时间。还应注意的是，实践中可能存在相互有继承关系的几个人在同一事件中死亡而无法确定死亡先后时间的情形，对此，应当按照《民法典》第一千一百二十一条第二款的规定确定死亡时间，即推定没有其他继承人的人先死亡。死亡人各自都有其他继承人的，如几个死亡人辈分不同，推定长辈先死亡；几个死亡人辈分相同的，推定同时死亡，彼此不发生继承，由他们各自的继承人分别继承。《民法典》第一千一百二十四条规定：“继承开始后，继承人放弃继承的，应当在遗产处理前，以书面形式作出放弃继承的表示；没有表示的，视为接受继承。受遗赠人应当在知道受遗赠后六十日内，作出接受或者放弃受遗赠的表示；到期没有表示的，视为放弃受遗赠。”在继承人作出放弃继承表示之前，被继承人物权已变动至包括其在内的所有继承人共有；在存在多个继承人的情况下，部分继承人作出放弃继承表示的，从其作出放弃继承表示开始，物权主体再次发生变动，由未放弃继承的继承人共有。受遗赠人在知道受遗赠后60日内，作出接受遗赠的，遗赠的效力包括物权的变动溯及于继承开始之时，受遗赠人放弃遗赠的，遗赠溯及于继承开始时不生效，该遗赠财产的所有权归其他继承人。

——最高人民法院民法典贯彻实施工作领导小组编著：《中华人民共和国民法典物权编理解与适用》，人民法院出版社2020年版，第168~169页。

六、遗嘱继承和遗赠

53.审理涉及自书遗嘱的继承案件时审查自书遗嘱的要点

第一，审查遗嘱人是否具有遗嘱能力。

只有具有完全民事行为能力的人订立的遗嘱才可能是有效的遗嘱，无民事行为能力人或限制民事行为能力人订立的遗嘱是无效的遗嘱。在确定遗嘱能力时，应以遗嘱人订立遗嘱时的精神状态为准，如果遗嘱人在订立遗嘱时具有完全的民事行为能力，在遗嘱订立完毕后变为无民事行为能力人或限制民事行为能力人，这种情况的变化是不影响遗嘱的效力的。如果遗嘱人在订立遗嘱时是无民事行为能力人或限制民事行为能力人，此后恢复为完全民事行为能力人，在这种情况下，除非遗嘱人对遗嘱进行追认，否则该遗嘱即为无效的遗嘱。遗嘱人在追认时需要进行明示的追认，默示的不作为不能发生追认的法律效力。

第二，遗嘱是否为遗嘱人亲笔书写。

在审查是否为遗嘱人亲笔书写时，一方面要审查遗嘱的主干部分是否为遗嘱人亲笔所写，另一方面也要审查遗嘱中遗嘱人的签名以及加注的年、月、日是否为遗嘱人亲笔所写。在涉及自书遗嘱继承纠纷时，当事人往往会对遗嘱是否为遗嘱人亲笔书写产生争议，此时就涉及对自书遗嘱笔迹真实性的认定问题。司法实践中，一般由否认遗嘱真实性的一方承担对遗嘱真实性的举证证明责任。《民事诉讼证据规定》第九十二条规定："私文书证的真实性，由主张以私文书证证明案件事实的当事人承担举证责任。私文书证由制作者或者其代理人签名、盖章或捺印的，推定为真实。私文书证上有删除、涂改、增添或者其他形式瑕疵的，人民法院应当综合案件的具体情况判断其证明力。"该规定自 2020 年 5 月 1 日起施行。自书遗嘱从性质上说也属于私文书证。根据该规定，自书遗嘱上如果没有删除、涂改、增添或其他形式瑕疵，应该推定该自书遗嘱为真实，相对方如果否认其真实性，应就其主张承担举证证明责任。私文书证上有删除、涂改、增添或者其他形式瑕疵的，提供该私文书证，主张真实有效的一方当事人有进一步说明的义务；一方有理由对盖章或捺印的真实性怀疑的，对方当事人有进一步说明的义务，由人民法院综合案件的具体情况判断其证明力。

第三，遗嘱应注明年、月、日的问题。

1. 注明的日期是公历还是农历的问题。关于该问题，法律并没有强制性的规定，即无论加注的是公历日期还是农历日期，只要该日期中的年、月、日三要素齐全，都应该是有效的。一般而言，如果加注农历日期，应该对此特别标注加以说明。如果无法确定加注的是公历日期还是农历日期，考虑到现在通行的是公历日期，故推定遗嘱人使用的是公历日期。

2. 遗嘱主干部分实际完成的日期与遗嘱上加注的日期不符时，遗嘱是否有效的问题。对于这个问题，如果遗嘱主干部分实际完成的日期早于遗嘱上标明的日期，且遗嘱上标明的日期是遗嘱人亲自加注，那么即使遗嘱主干部分实际完成的日期与加注的日期不符，也应认为遗嘱是有效的，且遗嘱上标明的日期应视为遗嘱完成的日期，不能以遗嘱主干部分实际完成的日期为准。如果遗嘱主干部分实际完成的日期晚于遗嘱上标注的日期，那么此时应该具体分析形成这一情况的原因，根据具体的案情酌情判定遗嘱作出的日期。

3. 为维护遗嘱的严肃性，如果遗嘱上只标明了年，或只标明了年、月，签署日期不全的自书遗嘱应为无效。

4. 根据原《最高人民法院关于贯彻执行〈中华人民共和国继承法〉若干问题的意见》第四十条规定，在遗书中涉及死后个人财产处分的内容，确为死者真实意思的表示，有本人签名并注明了年、月、日，又无相反证据的，可按自书遗嘱对待。

——最高人民法院民法典贯彻实施工作领导小组编著：《中华人民共和国民法典婚姻家庭编继承编理解与适用》，人民法院出版社 2020 年版，第 563~565 页。

54.审理涉及口头遗嘱的继承案件时审查口头遗嘱的要点

法律对口头遗嘱有效要件的规定较为严格，首要的一点就是口头遗嘱的适用前提，即只有在危急情况下才能够订立口头遗嘱。此外，对于口头遗嘱是否存在、口头遗嘱的法律效力以及口头遗嘱内容的证明相对于其他遗嘱形式来说更为困难，故实践中虽然主张存在口头遗嘱的当事人很多，但能够被人民法院确认为有效的口头遗嘱却较少。司法实践中，在处理有关口头遗嘱的继承纠纷案件时，应严格按照《民法典》第一千一百三十八条的规定审查遗嘱的效力，对于有效的遗嘱，按照遗嘱处理相关遗产；对于不符合法律规定要件的遗嘱，则应按照法定继承的相关规定处理相应的遗产。

在处理口头遗嘱继承案件时，应先审查口头遗嘱是否存在。对于口头遗嘱是否存在的证明责任，应交由主张遗嘱存在的一方负担，如果主张的一方能够证明口头遗嘱存在，下一步才涉及审查口头遗嘱的效力问题。在处理这类继承纠纷案件时，如果一方主张存在口头遗嘱，另一方对此既不承认也不否认，在经人民法院释明后，其仍然不明确表示肯定或者否定的，视为其认可存在口头遗嘱。关于这一证据规则，《民事诉讼证据规定》第四条有明确的规定："一方当事人对于另一方当事人主张的于己不利的事实既不承认也不否认，经审判人员说明并询问后，其仍然不明确表示肯定或者否定的，视为对该事实的承认。"故在一方主张存在口头遗嘱，且该口头遗嘱对对方不利的情况下，对方是不能以默示的方式来否认该遗嘱存在的，如果其对口头遗嘱不认可，必须明确地表达出不认可的意思。

对口头遗嘱是否存在应该从严审查。遗嘱涉及的利益重大，而口头遗嘱内容往往不易确定，且容易被遗忘、曲解、误解，甚至被篡改，故对口头遗嘱存在与否的证明标准也应高于其他遗嘱形式。对于口头遗嘱是否存在以及口头遗嘱内容如何的证明，应该达到"排除合理怀疑"的程度。"排除合理怀疑"一般是刑事案件中对证据的审核标准，《刑事诉讼法》第五十五条规定："对一切案件的判处都要重证据，重调查研究，不轻信口供。只有被告人供述，没有其他证据的，不能认定被告人有罪和处以刑罚；没有被告人供述，证据确实、充分的，可以认定被告人有罪和处以刑罚。证据确实、充分，应当符合以下条件：（一）定罪量刑的事实都有证据证明；（二）据以定案的证据均经法定程序查证属实；（三）综合全案证据，对所认定事实已排除合理怀疑。"可以看出，对口头遗嘱事实的证明标准要高于一般民事案件审查证据时的证明标准。

在审查口头遗嘱的效力时，要注意查清遗嘱人是否存在危急情况，只有在危急情况下所立的口头遗嘱才可能是有效的遗嘱。如果没有危急情况的发生，口头遗嘱也就没有适用的余地，当事人不得以此遗嘱为依据来要求分得相应的遗产。

要区别口头遗嘱和一般的日常聊天、谈话。实务中，常常有当事人主张被继承人在生前多次向家人或者邻居说过要在其死亡后将某财产遗留给自己，并据此认为这是被继承人遗留的口头遗嘱，要求按照该口头遗嘱继承相应的财产，有些当事人甚至还找来诸多的亲戚、朋友、邻居对此加以证明。不可否认，被继承人生前确实可能在日常生活中提到过要将某项财产遗留给某人继承，其陈述的对象可能是该财产的受益人，也可能是家里的亲戚或相关的朋友、邻居，但需要注意的是，这种口头表述在日常生活中最多只能被看作被继承人的一种希望留下相应遗嘱的想法和愿望，它并不是法律规定的遗嘱，因为它不符合法律规定的任何一种遗嘱形式，如果要成为一份有效的遗嘱，必须经过一定的法定程序，否则不能将其作为遗嘱看待。况且，被继承人这种在日常生活中的相关表述，在很多情况下也并不是想订立相应的遗嘱，他作出这类意思表示可能是出于各种目的，比如可能是为了向有关子女示好，以期得到更好的生活居住条件便于养老，这种情形在被继承人是经济条件不富裕且体弱的老年人的情况下最为常见。考虑到现实中存在的这些情况，更加不能直接将被继承人在日常生活中的聊天、谈话乃至赌咒发誓直接作为口头遗嘱予以处理。即使当事人申请再多的证人出庭作证也不可以。只有在出现危急情况的时候，才可能成立口头遗嘱。

关于口头遗嘱的失效问题。《民法典》第一千一百三十八条规定，在危急情况消除后，遗嘱人能够以书面或者录音录像形式立遗嘱的，所立的口头遗嘱无效。在这里需要注意两点：第一，如上文所述，《民法典》第一千一百三十八条并非完全没有规定口头遗嘱的失效问题，而是留待于司法实践在具体个案中综合判断口头遗嘱是否继续有效，是否应按口头遗嘱执行。在作相应的判断时，应注重对遗嘱人是否具有重新订立其他形式遗嘱的客观条件的审查。在具备客观条件后，如果遗嘱人没有订立其他形式的遗嘱，则口头遗嘱归于无效。第二，如果遗嘱人在具备另立遗嘱的客观条件后重新订立了其他形式的遗嘱，此时，还有两种情形需要注意：（1）若口头遗嘱的内容与重新订立的遗嘱的内容相抵触，则应以重新订立的遗嘱内容为准；（2）若口头遗嘱的内容与重新订立的遗嘱的内容不相抵触，遗嘱人又未就口头遗嘱所涉及的事项另立遗嘱的，口头遗嘱也应归于无效。

最后一点，关于口头遗嘱的日期问题。虽然《民法典》第一千一百三十八条并未就口头遗嘱的订立日期问题进行规定，但实务中也不能放任此问题于不顾，还是应该查明口头遗嘱的订立日期，只不过无须将日期问题作为遗嘱有效要件之一进行考察。

——最高人民法院民法典贯彻实施工作领导小组编著：《中华人民共和国民法典婚姻家庭编继承编理解与适用》，人民法院出版社2020年版，第580~583页。

55.审查遗嘱见证人资格的要点

实践中，通过见证人见证订立的遗嘱越来越常见，因此而产生的纠纷也在逐渐增多。在审查见证人资格问题时，应该把握两个方面：一是审查见证人自身的民事行为能力以及事实见证能力，二是审查见证人与遗嘱之间是否存在直接或者间接的利害关系。只有具有完全民事行为能力并在事实上具备相应见证能力，且与遗嘱无利害关系的人员才能作为见证人。同时符合这两方面要求的人员才是合格的见证人，由其见证的遗嘱才可能是有效的遗嘱，不能同时满足这两方面要求的人员一律不得作为遗嘱的见证人。

在司法实践中，以下四个问题也值得我们注意：

第一，遗嘱人订立自书遗嘱时，为了慎重，有时也会让几名人员在场证明，继承人之间常会因此对遗嘱的效力产生争议，尤其是在场人员全部是遗嘱受益人时，这种争论更为激烈。因法律并未要求自书遗嘱需要见证人在场见证，即见证人在场见证并不是自书遗嘱的有效要件之一，故在这种情况下，在场证明的人员一般也无须满足《民法典》第一千一百四十条对见证人的资格限制要求。此时，在场证明的人员只是作为一般的证人存在，其可以证明该自书遗嘱是否为遗嘱人本人书写以及遗嘱人在书写遗嘱时的精神状况等情况。

第二，在遗嘱人订立需要由见证人见证的遗嘱时，遗嘱人请来了符合条件的见证人在场见证，但同时遗嘱受益人或者受益人的利害关系人也全程参与了遗嘱的订立过程。这种情形也常常会引起继承人与受益人之间关于遗嘱效力的争论。遗嘱受益人或其利害关系人全程参与遗嘱的订立过程有可能会对遗嘱人施加不当的影响，让遗嘱人无法表达出自己的真实意愿，故在继承发生后，其他继承人对遗嘱的效力产生怀疑也符合情理。法律对此没有明确规定，实务中，要分别对待，不能将遗嘱一律认定为有效或者无效。如果有证据证明在场的遗嘱受益人或其利害关系人实施了欺诈、胁迫行为，导致遗嘱人作出了不符合本意的遗嘱时，该遗嘱即应被确认为无效。反之，不应认定遗嘱无效。

第三，关于律师见证遗嘱的问题。随着人们法律意识的增强，寻找专业人士帮助自己订立遗嘱的现象越来越多，律师用其专门的法律知识为当事人提供服务也有助于当事人维护自己的合法权益。但是，应当看到，遗嘱是要式法律行为，《民法典》中并未规定律师见证遗嘱，故实践中，律师在帮助当事人订立遗嘱时，仍应该依托《民法典》继承编规定的各类遗嘱形式，严格按照法律规定的各类遗嘱要件来订立遗嘱，否则即会被认定无效。律师虽然具有专业的法律知识，但在订立遗嘱时不得自由创设遗嘱形式。

第四，关于遗嘱见证人见证的内容问题。《民法典》继承编第三章规定的遗嘱形式中，除自书遗嘱外，其他类型的遗嘱（代书遗嘱、打印遗嘱、录音录像遗嘱、口头遗嘱、特殊条件下的公证遗嘱）都涉及见证人在场见证的问题。根据立法精神，见证人见证的目的是保证遗嘱是遗嘱人真实意思的体现。同时也是为了在遗嘱人死亡后，有人能够证明订立遗嘱时的过程，能够尽力还原遗嘱订立的场景。故见证人在场见证遗嘱应该主要是证明遗嘱人口述了遗嘱的内容，或者是证明他人根据遗嘱人的口述书写了遗嘱，或者是证明遗嘱人打印了遗嘱等。即核心的一点是，必须要亲眼看见、亲耳听到遗嘱人形成了完整的遗嘱表现形式。在代书遗嘱、打印遗嘱、特殊情况下公证遗嘱的情况下，如果仅仅是见证了遗嘱人在已经书写完毕的遗嘱上签名或按手印，而没有全程参与遗嘱的书写过程，这种见证并不是《民法典》继承编第三章所规定的见证，这样的见证人只能是可以证明遗嘱人确实签署了自己姓名的证人，并不是第三章所规定的见证人。

——最高人民法院民法典贯彻实施工作领导小组编著：《中华人民共和国民法典婚姻家庭编继承编理解与适用》，人民法院出版社2020年版，第593~594页。

56.审查变更或撤回遗嘱的要点

司法实务中应注意，变更或撤回遗嘱是对原有遗嘱作出的重大改变，遗嘱人在变更或撤回遗嘱的时候也应满足一定的条件。一般来说，遗嘱人在变更或撤回遗嘱时也应遵循订立遗嘱时的法律要件：（1）在变更或撤回时，遗嘱人应该是完全的民事行为能力人；（2）变更或撤回是遗嘱人的真实意思表示；（3）变更或撤回需要满足《民法典》继承编中规定的遗嘱形式之一，至于遗嘱人选择何种遗嘱形式来进行变更或撤回则在所不问。此外，遗嘱人也可以销毁遗嘱的方式来撤回遗嘱，此种情况并不要求满足某一形式要件。

以上所说的是遗嘱人根据其自由意志变更或撤回遗嘱的问题。实务中还会遇到另一种情况，即在遗嘱人生前，客观情况发生了不以遗嘱人意志为转移的变化，这种变化导致遗嘱所处理的财产形态发生了变化（如遗嘱处理的房产被国家拆迁，遗嘱人得到了拆迁补偿；又如遗嘱所涉财产遭受他人损坏，他人赔偿给遗嘱人一笔款项；等等）。财产形态变化后，遗嘱人未就变化后的财产订立新的遗嘱，在遗嘱人死亡后，能否按照遗嘱人订立的遗嘱来处理变化后的财产？对于这一问题，实践中认识也不一致，有观点认为应该按照遗嘱的内容来处理变化后的财产，因为变化后的财产也只不过是变化前财产的转化形式，二者在本质上并没有区别。但有的观点认为，不能按照遗嘱处理，因为遗嘱人在明知原有财产灭失或者财产形态发生了明显变化的情况下，没有订立新的遗嘱，这就表明其不愿按照遗嘱的内容来处分变化后的财产，故若无新的遗嘱，即应按照法定继承办理。对此，实务中，在遗嘱人不具有再次订立新的遗嘱的客观条件时，应该按照遗嘱人之前订立的遗嘱来执行。如果遗嘱人具备再次订立新的遗嘱的客观条件，则应尊重遗嘱人的选择。如果遗嘱人订立了新的遗嘱，则按照新的遗嘱办理。如果遗嘱人没有订立新的遗嘱，放任这种财产转化情况的发生，则应视为遗嘱人以自己的行为撤回了原有的遗嘱，不能再按照原有遗嘱办理。

——最高人民法院民法典贯彻实施工作领导小组编著：《中华人民共和国民法典婚姻家庭编继承编理解与适用》，人民法院出版社 2020 年版，第 602~603 页。

57.自然人被法院判决宣告为无、限制民事行为能力人，未经法院撤销能力宣告判决的，订立遗嘱无效

如果一个自然人经特别程序被人民法院判决宣告为无民事行为能力人或者限制民事行为能力人，其在疾病痊愈后，在未经法院撤销前述行为能力宣告判决的情况下订立了遗嘱，这种遗嘱的效力应如何认定。实务中对此有两种不同的观点。一种观点认为遗嘱人的遗嘱能力应以实际情况为准，如果确

有证据证明遗嘱人在订立遗嘱时已经恢复为完全民事行为能力人，则可以认定遗嘱有效，而无须法院另行撤销行为能力判决。另一种观点则与此完全相反，该观点认为在法院判决撤销宣告之前，遗嘱人所订立的遗嘱应是无效遗嘱，其理由为：自然人的民事行为能力应以有资质的司法鉴定机构的鉴定结论为准，既然其行为能力的缺失是由法院判决宣告的，那么其行为能力的恢复也应以法院的撤销判决为准。应当说，第二种观点更为合理。因为我国法律对公民民事行为能力的宣告和撤销规定了严格的程序，法院的判决具有很强的公信力，如果认定这种遗嘱有效，会有损这种公信力。且遗嘱人是否痊愈也应经过一系列严格的程序来加以确定，确保其完全恢复了民事行为能力，而法院撤销判决的程序性规定能够满足这一要求。综上，在判决被撤销前订立的遗嘱应是无效的遗嘱。

——最高人民法院民法典贯彻实施工作领导小组编著：《中华人民共和国民法典婚姻家庭编继承编理解与适用》，人民法院出版社 2020 年版，第 607 页。

58.遗嘱继承人先于被继承人死亡，遗产如何分配

老刘有房屋 5 间，生前立遗嘱将其中 3 间给大儿子，2 间给二儿子。后大儿子意外身故，留有一儿一女。老刘去世前没有变更遗嘱。请问，老刘去世后，该 5 间房屋如何在老刘的孙子、孙女和小儿子之间分配？

《民法典》第一千一百二十三条规定，继承开始后，按照法定继承办理；有遗嘱的，按照遗嘱继承或者遗赠办理；有遗赠扶养协议的，按照协议办理。可见，遗嘱继承优先于法定继承。但是，此规则应当以遗嘱合法有效为前提。根据《民法典》第一千一百五十四条第三项规定，遗嘱继承人先于遗嘱人死亡的，遗产中的有关部分按照法定继承办理。由于大儿子先于老刘死亡，因此，遗嘱所涉及的给大儿子的 3 间房屋应当按照法定继承办理。代位继承不适用遗嘱继承情形。在法定继承情形下，根据《民法典》第一千一百二十八条第一款规定，被继承人的子女先于被继承人死亡的，由被继承人的子女的直系晚辈血亲代位继承。因此，大儿子的一儿一女即老刘的孙子和孙女可以代位继承，即老刘的孙子、孙女和二儿子共同继承其中的 3 间房屋。

——《遗嘱继承人先于被继承人死亡，遗产如何分配》，载最高人民法院民事审判第一庭编：《民事审判指导与参考》2020 年第 3 辑（总第 83 辑），人民法院出版社 2021 年版，第 263 页。

59.遗嘱解释应注重探寻被继承人的内心真意

最高人民法院民一庭意见认为：遗嘱是典型的要式行为、死因行为、无相对人的单方法律行为，与合同等双方法律行为存在本质区别，故遗嘱解释不同于一般的合同解释。被继承人立遗嘱的本意是希望其所立的遗嘱能够生效，并能够按照遗嘱人的真意来处理遗产。因此，遗嘱的解释应探寻被继承人的内心真意，力求符合遗嘱愿望，而非仅仅因遗嘱存在个别错误或部分歧义而轻易否定其效力。

附：案情简介

罗某英于 2003 年 9 月 12 日去世，其父母先于罗某英去世。简某权和简某广、简某芳、简某云、简某娟均为第一顺序法定继承人。被继承人罗某英户籍和身份资料显示，罗某英于 1931 年 12 月出生，文化程度：小学。

2002 年 8 月 9 日，罗某英写下《遗言》一份："我本人过身后，愿意将现住房屋产权留给四仔简某权，三女简某云有居住权，房屋不能出租或出卖，如有变动需经五儿女签名同意；本人余下现金首饰留给五儿女平分……"

被继承人罗某英生前一直与原告简某权一家共同居住在涉案房屋，现简某权仍在该房屋居住。简某权名下没有其他房屋。其他四被告婚后（简某广：1981 年；简某芳：1981 年；简某云：1987 年；简某娟：1995 年）陆续搬出涉案房屋。

原告简某权据《遗言》依法要求继承上述房产全部所有权，遭简某广、简某芳、简某云、简某娟拒绝，遂成诉。四被告辩称：罗某英没有将处分权给简某权，且从罗某英的文化水平及当时的生活环境看，其生活的年代对户籍非常看重，平时"担心简某权一家没有地方挂户口"，故罗某英所说的产权仅仅是给简某权一家挂户口的地方，而不是真正意义上的产权。

——最高人民法院民一庭：《探求遗嘱人的内心真意是遗嘱解释的首要原则》，载最高人民法院民事审判第一庭编：《民事审判指导与参考》2019 年第

1 辑（总第 77 辑），人民法院出版社 2019 年版，第 151 页。

60.遗产管理人能否提起或参与遗产管理期间的诉讼

为了处理被继承人的债权债务，遗产管理人能否提起或参与与遗产有关的诉讼？虽然《民法典》第一千一百四十七条对此未作规定，但是基于保护遗产完整和安全的目的，我们认为，遗产管理人应该有一定的权限在遗产管理期间提起或参与与遗产有关的诉讼，并实施一定的处分行为。至于遗产管理人可否以自己的名义提起诉讼，目前法律没有规定，有待进一步探索。实践中，如果其不具有独立诉讼主体资格，其也可以以继承人代理人的身份参加诉讼。

——最高人民法院民法典贯彻实施工作领导小组编著：《中华人民共和国民法典婚姻家庭编继承编理解与适用》，人民法院出版社 2020 年版，第 633 页。

61.遗产管理人不作为时，利害关系人有权请求其履行职责

实践中，有这样一个案例：曹某生前曾向 A 借款 20 万元，曾出借 10 万元给 B。曹某去世后，其子明确表示放弃继承，曹某无其他第一顺序继承人和第二顺序继承人。后曹某居住地的村委会负责接收曹某的厂房、设备等遗产并清偿了部分债务。A 获悉曹某死亡后，向村委会申报了上述债权，并告知村委会有关曹某曾出借款项给 B 一事。事后，A 未从村委会那里得到遗产清偿款，村委会也未向 B 主张此笔遗产债权，后 A 对 B 提起代位权诉讼，称村委会怠于清算，致使其对曹某的债权存在难以实现的可能，要求代位曹某或村委会向 B 主张曹某的债权人民币 10 万元。法院经审理认为，曹某死亡后，其生前财产包括债权债务均应纳入遗产范围进行清算。曹某生前是否怠于向 B 行使债权及村委会接管曹某遗产后是否怠于清算，均不成立代位权，故驳回了 A 的诉讼请求。这个案例发生在《民法典》颁布之前，当时尚无遗产管理人制度。

如果适用《民法典》，曹某的继承人放弃继承后，村委会作为遗产管理人，其职责包括处理曹某的债权债务。所以，如果其怠于向曹某的债务人 B

追偿，因此损害债权人A利益的，A或者曹某的其他债权人作为利害关系人有权提起诉讼，请求村委会履行遗产管理相应职责。如果村委会仍然怠于履行职责，因此给债权人造成损害的，应当承担损害赔偿等责任。

——最高人民法院民法典贯彻实施工作领导小组编著：《中华人民共和国民法典婚姻家庭编继承编理解与适用》，人民法院出版社2020年版，第638~639页。

62.公证遗嘱不具有优先于其他遗嘱形式的效力

在原《继承法》第十七条规定遗嘱的各种形式时，因公证遗嘱是经公证机构审核，保证遗嘱内容和形式合法性，且遗嘱内容不易被篡改和伪造，《民法典》公布施行以后，依据《民法典》第一千一百四十二条之规定，遗嘱人可以撤回、变更自己所立之遗嘱，立遗嘱后，遗嘱人实施与遗嘱内容相反的民事法律行为的，视为对遗嘱相关内容的撤回。立有数份遗嘱，内容相抵触的，以最后所立的遗嘱为准。遗嘱人所订立的公证遗嘱，时间上早于其最后立的遗嘱，在遗嘱人不方便或者无力再通过立公证遗嘱推翻前公证遗嘱的情况下，如果公证遗嘱具有优先效力，实际上是违背了遗嘱人处分自己遗产的真实意愿。由此，公证遗嘱不再具有优先于其他遗嘱形式的效力。

——最高人民法院民法典贯彻实施工作领导小组编著：《中国民法典适用大全（继承卷）》，人民法院出版社2022年版，第155页。

七、遗产的处理

63.土地承包经营权能否作为遗产

实践中，我国的土地承包依照承包主体的不同一般分为两种形式，有的以户为单位，有的以个人为单位。以户进行承包的，根据《农村土地承包法》第十六条规定，家庭承包是以农户为生产经营单位进行的承包，当农户家庭中部分成员死亡的，由于作为承包方的户仍然存在，因此，不发生继承问题，而家庭成员全部死亡，家庭消亡，户已不存在，更不发生承包经营权的继承问题。当然，这是从承包经营权对外形式上讲的，但从内部关系看也存在一个继承问题，如家庭成员部分死亡，其他人继续以户名义行使权利的时候，只不过这种继承因为内部消化而未显化。实践中，较有疑问的是个人承包，如果承包主体死亡，则其承包经营权是否可以继承。依照《农村土地承包法》和最高人民法院的司法解释规定，个人承包经营权在以下情形可以继承：（1）林地承包经营权。依据《农村土地承包法》第三十二条和《最高人民法院关于审理涉及农村土地承包纠纷案件适用法律问题的解释》第二十五条规定，林地承包的承包人死亡，其继承人可以在承包期内继续承包。这主要是考虑种植树木的收益周期长，承包期相对也较长，故在承包期内实际上允许继承承包经营权。（2）通过招标、拍卖、公开协商等方式取得的"四荒"（荒山、荒沟、荒丘、荒滩）土地的承包经营权，根据《农村土地承包法》第五十四条规定，"在承包期内，其继承人可以继续承包"，上述土地承包经营权的取得方式因属商业化，其财产属性更为浓厚，允许一定期限的继承符合经济发展要求。上述《农村土地承包法》中有关承包经营权的所谓的"继续承包"，有的理解为原合同主体的变更，有的理解为承包经营权的继承。学界和司法界大多数倾向于后一种理解，即将土地承包经营权理解为一种可继承的用益物权，而不是一种主体变更的债权。当然，土地承包经营权中取得的有关收益作为遗产，法律并无任何限制。

——最高人民法院民法典贯彻实施工作领导小组编著：《中华人民共和国民法典婚姻家庭编继承编理解与适用》，人民法院出版社2020年版，第502页。

土地承包经营权的家庭承包方式是指以农村集体经济组织的每一个农户家庭全体成员为一个生产经营单位，作为承包人承包农民集体的耕地、林地、草地等农业用地，对于承包地按照本集体经济组织成员是人人平等地享有一份的方式进行承包。即家庭承包方式以户为生产经营单位，承包方只能是承包地所属的集体经济组织的成员，凡是集体经济组织成员应当人人有份的耕地、林地和草地等农村土地，都应当实行家庭承包的方式。

（1）土地承包收益属于遗产

在各类土地承包中，被继承人死亡时已经取得或者应当取得的收益，依法属于其遗产，也是实践中的共识。《民法典继承编的解释（一）》第二条规定："承包人死亡时尚未取得承包收益的，可以将死者生前对承包所投入的资金和所付出的劳动及其增值和孳息，由发包单位或者接续承包合同的人合理折价、补偿。其价额作为遗产。"据此，承包人生前对土地所投入的资金、付出的劳动及其增值和孳息等，也应当属于承包人的财产，其价额作为遗产。

（2）土地承包经营权原则上不能继承

土地承包经营权本身能否作为遗产继承，对此问题的判断，应当基于农村土地承包经营权的社会保障性考量，并以相关法律规定为依据。

根据《农村土地承包法》第十六条第一款的规定，家庭承包的承包方是本集体经济组织的农户，即家庭承包是以农户为生产经营单位进行的承包，土地家庭承包经营权不属于某一个家庭成员，承包户家庭中部分成员死亡的，承包关系不变，其他成员以该户的名义继续承包经营，因此，不发生继承问题。非承包户成员不能基于继承权主张对土地承包经营的权利，否则会与农村集体土地制度保障"人人有份"的基本原则发生冲突。同时根据该条第二款规定，农户内家庭成员依法平等享有承包土地的各项权益，故农户家庭成员对土地承包经营权形成共同共有关系，部分成员死亡的，其内部权利义务关系适用共同共有的规则进行调整，彼此不发生继承关系。家庭成员全部死亡的，因农户已不存在，家庭承包经营权因权利主体消灭而丧失，承包地应由村集体收回重新发包，不存在承包经营权的继承问题。所以，土地承包经营权原则上不得继承。

（3）林地家庭承包经营权可以继承

土地承包经营权不可继承在我国法律上也存在例外。《农村土地承包法》第三十二条第二款规定："林地承包的承包人死亡，其继承人可以在承包期内继续承包"；《最高人民法院关于审理涉及农村土地承包纠纷案件适用法律问题的解释》第二十三条第一款规定："林地家庭承包中，承包方的继承人请求在承包期内继续承包的，应予支持。"据此，林地承包的承包人在承包期内死亡的，其继承人可以基于继承权主张在承包期内继续承包。这主要是考虑种植树木的收益周期长，承包期相对也较长，故在承包期内允许继承人继承承包经营权。

（4）土地经营权可以继承

《农村土地承包法》第五十四条除规定以其他方式承包取得土地经营权的承包人死亡，其应得的承包收益依照《继承法》的规定继承外，还规定“在承包期内，其继承人可以继续承包”。以其他方式承包取得的土地经营权，承包主体没有身份限制，承包标的不具有社会保障性，发包方式呈现市场化属性，土地经营权的财产属性更为明显，《民法典》将其从原有的土地承包经营权体系中剥离，也是对此种承包方式主体平等性、权利配置市场性、权益财产性的尊重，因此，在承包期内允许继承人继承土地经营权。

——最高人民法院民法典贯彻实施工作领导小组编著：《中国民法典适用大全（继承卷）》，人民法院出版社 2022 年版，第 28~29 页。

64.继承案件中析出配偶遗产时，不存在考虑配偶过错的适用空间

《民法典》第一千一百五十三条第一款规定：“夫妻共同所有的财产，除有约定的外，遗产分割时，应当先将共同所有的财产的一半分出为配偶所有，其余的为被继承人的遗产。”但在继承案件中析出配偶遗产时，是否可以不采取一人一半的方式，而是生存配偶基于去世配偶的过错行为（婚姻关系存续期间与他人同居等，假设事实无争议），请求多分财产？

目前存在两种不同的观点：一是认为生存配偶不能在继承案件中以被继承人有过错为由请求多分财产，因为过错是在离婚案件中主张的，以婚姻关系解除为前提，在继承案件中则不能主张；二是认为无论继承还是离婚，分割夫妻共同财产都是基于共同关系不存在时的清算，清算规则应当一样，不能机械地采取一人一半的方式，而应当考虑财产来源、婚姻过错等因素，在继承案件中综合认定生存配偶一方应当获得的夫妻共同财产份额。

我们认为，离婚和配偶死亡是完全不同的语境，离婚和继承是两个不同的法律关系，不能把处理离婚纠纷的规则适用于继承纠纷。遗产分割时对夫妻共同财产一人一半的原则是《继承法》的规定，《民法典》继承编沿用了这个规则，不可以从财产来源、一方存在过错等方面进行突破。配偶已经去世，不能再要求一个去世的人承担责任，过错问题只能在离婚诉讼中进行判断，

一方死亡则丧失了探究的基础。《民法典》婚姻家庭编中的第一千零八十七条规定了离婚时分割夫妻共同财产应按照照顾子女、女方和无过错方权益的原则判决，这是处理离婚案件的实体规定，即夫妻双方均生存情况下解除婚姻关系的处理规则；而继承编规定的是配偶一方死亡情形下遗产分割的处理规则，二者不能混淆。死亡和离婚是导致婚姻关系解除的两个不同原因，在遗产分割时不存在考虑配偶过错的适用空间。

——《在继承案件中析出配偶遗产时，是否可以不采取一人一半的方式，而是生存配偶基于去世配偶的过错行为请求多分财产》，载最高人民法院民事审判第一庭编：《民事审判指导与参考》2020 年第 2 辑（总第 82 辑），人民法院出版社 2021 年版，第 229 页。

65.家庭承包中部分成员死亡的，不发生继承，而是由其他成员继续承包经营

关于承包经营权的继承问题，根据《农村土地承包法》第十六条的规定，家庭承包的承包方是本集体经济组织的农户。农户内家庭成员依法平等享有承包土地的各项权益。由此，家庭承包是以户为生产经营单位进行承包经营的，而非以农户内的家庭成员。因此，家庭部分成员死亡的，作为承包法的户仍然存在，不发生继承的问题，而是由家庭中的其他成员继续承包经营。继承的发生，只能在因家庭成员全部死亡致使以承包单位的户不存在的情况下存在。而对此发生的继承，需区分不同情形加以处理。如果涉及承包人应得的承包收益的继承问题，如承包经营收获的农作物等，可作为承包人的个人财产，根据继承法律的有关规定予以继承。如果涉及承包经营权的问题，则不能继承，应当由农村集体经济组织收回。

——赵风暴：《〈最高人民法院关于审理涉及农村土地承包纠纷案件适用法律问题的解释〉新修改条文解读》，载最高人民法院民事审判第一庭编：《民事审判指导与参考》2021 年第 2 辑（总第 86 辑），人民法院出版社 2021 年版，第 34 页。

66.夫妻共同居住的公租房在一方死亡后不得作为遗产继承

公房承租是指公房所有人或管理人将国家所有或集体、企业、事业单位所有房屋交给承租人使用，承租人向出租人支付租金的法律行为。公房承租是在特定历史条件下出现的一种产物，是我国传统福利住房分配制度的体现。对于公有住房，承租人只有租赁权，不能作为遗产继承。例如，《北京市公有住宅租赁合同》中规定：租赁期限内，承租方外迁或死亡，承租方同一户籍共同居住两年以上又无其他住房的家庭成员愿意继续履行原合同，可以办理更名手续。因此，作为与其共同居住的配偶一方，符合条件的可以继续承租使用，但不能主张作为遗产继承。

——最高人民法院民法典贯彻实施工作领导小组编著：《中华人民共和国民法典婚姻家庭编继承编理解与适用》，人民法院出版社2020年版，第147页。

67.家庭承包方式的土地承包经营权是否可以继承

根据《农村土地承包法》的规定，农村土地承包分为家庭承包和其他方式的承包两类。家庭承包针对的是耕地、林地和草地，承包方是本集体经济组织的农户。其他方式承包针对的是不宜采取家庭承包方式的荒山、荒沟、荒丘、荒滩等“四荒”土地。家庭承包中，土地承包经营权的权利主体为“农户”，其他方式的承包中，土地承包经营权的权利主体，即承包方既可以是本集体经济组织成员，也可以是本集体经济组织以外的单位和个人。《民法典》总则编中的自然人一章明确“农村承包经营户”为一类民事主体。《民法典》第五十五条规定：“农村集体经济组织的成员，依法取得农村土地承包经营权，从事家庭承包经营的，为农村承包经营户。”可见，在家庭承包方式中，承包经营权的权利主体是农户，并不与农户内的家庭成员个人发生直接联系。而农户内的具体成员则因生、老、病、死存在变动。但按照“增人不增地、减人不减地”的政策，农户内的夫妻一方死亡的，不影响另一方和其他家庭成员享有的土地承包经营权，无发生继承的必要。当承包经营农户内的家庭成员全部死亡，该土地承包经营权因权利主体不存在而归于消灭。该块承包地应由农村集体经济组织收回后另行分配，不能由该农户家庭成员外的其他继承人继续承包经营。之所以作此理解，是由家庭承包方式“耕者有其田”的基本社会保障功能所决定的。因此，当夫或妻一方死亡时，配偶能够继续承包经营，是由家庭承包方式下土地承包经营权的性质决定的，并不是基于夫妻双方之间的遗产继承权所获得。《民法典》第一千零八十七条第二款规定，对夫或者妻在家庭土地承包经营中享有的权益等，应当依法予以保护。此种权益，应当包括一方继续承包经营的权利。当然，基于家庭承包经营已经获得的收益，属于夫妻共同财产范畴，可以作为遗产相互继承。

而对“四荒”土地采取的其他方式承包，则是以效率优先、兼顾公平为处理原则。《农村土地承包法》第五十四条规定：土地承包经营权通过招标、拍卖、公开协商等方式取得的，该承包人死亡，其应得的承包收益，依照《继承法》的规定继承；在承包期内，其继承人可以继续承包。对此，应作如下理解：首先，其他方式承包的，土地承包经营权的主体并非农户，而是本集体经济组织成员或本集体经济组织以外的单位或个人，权利主体是确定的；其次，由于“四荒”土地开发周期长，短期内很难获得收益，因此，在很多情况下，承包人死亡时可能并未产生具体的收益。但承包人在死亡之前所做的投入是有财产利益的，其对应的承包收益应属于遗产范畴，作为夫妻的另一方，有权继承。同时，考虑到此种长期继续性合同的特点甚至其中包含的情感利益，在承包期内，夫妻另一方也可以继续承包，以实现承包收益。

——最高人民法院民法典贯彻实施工作领导小组编著：《中华人民共和国民法典婚姻家庭编继承编理解与适用》，人民法院出版社2020年版，第147~148页。

第三部分　指导性案例与人民法院案例库参考案例

一、婚约财产纠纷

1. 姚某诉王某婚约财产纠纷案

——双方以缔结婚姻为目的共同出资购房并将房屋登记在一方名下，分手时应综合各项因素确定返还数额

关键词： 民事　婚约财产　以结婚为目的共同出资购房　购房资格　房屋产权登记　增值收益

基本案情

法院经审理查明：王某、姚某曾系恋爱关系。王某未取得北京市商品房购房资格。2012 年 6 月（恋爱期间），姚某与案外人卖方及某房产经纪公司签订了《北京市房屋买卖居间合同》，以姚某名义购买了涉案房屋，房屋总价款 380 万元、居间费 4.3 万元、各种税费共计 20.25 万元。合同约定买方于签约当日支付定金 30 万元。合同签订当日王某支付居间费 4.3 万元，并向卖方通过银行转账支付购房款定金 20 万元。2012 年 6 月 27 日，姚某的银行借记卡收到了两笔汇款，金额为 100 万元和 150 万元（此笔款项为王某之父王某某汇来的房款）。2012 年 6 月 28 日，姚某向卖方账户支付购房款 2297500 元，其余款项 20.25 万元用于支付各项税费。2012 年 6 月 30 日，王某向卖方转账支付购房款 197310 元。2012 年 7 月 2 日，姚某向银行贷款 100 万元，贷款期限为 360 个月。同日，涉案房屋登记在姚某名下。2016 年 11 月 1 日，王某起诉姚某所有权确认纠纷一案，要求确认王某为涉案房屋共有权人。北京市

东城区人民法院于2017年4月17日作出（2016）京0101民初20342号民事判决，驳回王某的诉讼请求。该判决认定："根据已经查明的事实，王某向卖方支付购房定金20万元，支付购房款197310元，并向居间方支付居间费4.3万元。姚某称上述三笔款项系王某代姚某所支付，对此，王某不予认可，姚某亦未提供证据予以证实，故对姚某的该项主张不予采信。王某之父王某某向姚某转账150万元，在转账时备注为'房款'，转账时间为2012年6月28日，与姚某向卖方支付房款时间相契合，故对王某所提该笔款项系购房款的主张，予以采信。现姚某称该笔款项系王某某对姚某的赠与，但未能提供充分的证据予以证明，故对姚某的该主张，不予认可。购买涉案房屋时，王某、姚某尚处于恋爱期间，并有结婚意向，二人共同出资购买涉案房屋。虽涉案房屋产权证登记在姚某一人名下，仍应认定涉案房屋由王某、姚某共同所有。但由于王某未取得北京市购房资格，无法成为涉案房屋所有权人，故王某要求确认其为涉案房屋共有权人的诉讼请求，不予支持。王某可就出资款及其他权益，另行主张。"上述判决作出后，王某、姚某均未上诉，已于2017年5月12日生效。

后王某向一审法院起诉，请求：（1）判令姚某按照王某购房的出资比例67.16%返还王某购房出资款及相应的增值收益；（2）案件受理费由姚某承担。

本案一审审理期间，王某申请对涉案房屋的市场价值进行评估，评估报告确认涉案房屋按照毛坯房标准评估价值为1016.13万元。王某支付评估费27800元。

北京市东城区人民法院于2018年5月16日作出（2017）京0101民初13910号民事判决：一、姚某于判决生效后30日内返还王某购房出资款及相应的增值收益共计506.93万元；二、驳回王某其他诉讼请求。宣判后，姚某不服一审判决，提出上诉。

北京市第二中级人民法院于2018年8月22日作出（2018）京02民终6413号民事判决：驳回上诉，维持原判。

最高人民法院提审本案，并于2023年2月15日作出（2022）最高法民再166号民事判决，认为一、二审法院认定案由不当，予以纠正，本案应为婚约财产纠纷；对姚某的返还数额予以改判。判令：一、撤销北京市第二中级人民法院（2018）京 02 民终 6413 号民事判决及北京市东城区人民法院（2017）京 0101 民初 13910 号民事判决；二、姚某于本判决生效后 30 日内返还王某 350 万元；三、驳回王某的其他诉讼请求。

裁判理由

法院生效判决认为：《民法典》第十条规定，处理民事纠纷，应当依照法律；法律没有规定的，可以适用习惯，但是不得违背公序良俗。订婚虽非法律规定的婚姻成立要件，但目前仍是婚姻缔结过程中一种重要的民间习俗。订婚后的各项财产安排均是以缔结婚姻为最终目的。在双方缔结婚姻的目的无法实现的情况下，一方因此给付的财物，接受方予以返还，符合习惯做法。本案中，房屋在购买后存在自然增值，双方对于该部分增值收益归属产生争议，当属婚约财产纠纷。基于该类纠纷的法律性质，本案要考量两个方面的因素：一方面，双方系自由恋爱，是以感情为基础，以缔结婚姻、共同生活为目的，而非借婚姻索取财物；另一方面，双方购买涉案房屋的目的是将此作为婚后共同居所，而非房地产投资。因此，双方以缔结婚姻为目的购房并将房屋登记在一方名下，且对房屋归属无明确约定的情况下，在缔结婚姻的目的无法实现时，不能简单地套用投资收益原则处理以感情为基础、以缔结婚姻为目的的婚约财产纠纷，不能将支付购房款比例或者登记权利人身份与房屋增值收益直接挂钩，应当基于婚约的性质、目的，统筹考虑房款支付情况，房屋增值情况，房屋登记、使用和维护情况以及房地产限购政策对当事人的实际影响等各种因素，确定返还数额。据此，本院综合本案上述全部案件事实及理由，酌定由姚某返还王某 350 万元。

裁判要旨

双方以缔结婚姻为目的购房并将房屋登记在一方名下，且对房屋归属无明确约定的情况下，在缔结婚姻的目的无法实现时，不能简单地套用投资收益原则处理以感情为基础、以缔结婚姻为目的的婚约财产纠纷，不能将支付购房款比例或者登记权利人身份与房屋增值收益直接挂钩，应当基于婚约的性质、目的，统筹考虑房款支付情况，房屋增值情况，房屋登记、使用和维护情况以及房地产限购政策对当事人的实际影响等各种因素，确定返还数额。

2. 李某某诉华某某等婚约财产纠纷案

——男女双方举行结婚仪式后共同生活较长时间且已育有子女，一般不支持返还彩礼

关键词：民事　婚约财产　共同生活　孕育子女

基本案情

李某某与华某某（女）于2018年11月经人介绍相识，自2019年2月起共同生活，于2020年6月生育一子。2021年1月双方举行结婚仪式，至今未办理结婚登记手续。华某某收到李某某彩礼款16万元。后双方感情破裂，于2022年8月终止同居关系。李某某起诉主张华某某返还80%彩礼，共计128000元。

河南省汝州市人民法院于2022年3月28日作出（2022）豫0482民初1417号民事判决：驳回李某某的诉讼请求。宣判后，李某某不服一审判决，提出上诉。河南省平顶山市中级人民法院于2022年6月28日作出（2022）豫04民终1631号民事判决：驳回上诉，维持原判。

裁判理由

法院生效判决认为：双方自2019年2月起共同生活并按民间习俗举办了婚礼，双方在共同生活期间生育一子，现已年满2周岁，且共同生活期间必然因日常消费及生育、抚养孩子产生相关费用，若在以夫妻名义共同生活数年且已共同养育子女2年后仍要求返还彩礼，对华某某明显不公平，故判决驳回李某某的诉讼请求。

裁判要旨

《民法典婚姻家庭编的解释（一）》第五条关于未办理结婚登记手续应返还彩礼的规定，应当限于未共同生活的情形。已经共同生活的双方因未办理结婚登记手续不具有法律上的夫妻权利义务关系，但在审理彩礼返还纠纷时，不应当忽略共同生活的"夫妻之实"。本案中，双方当事人虽未办理结婚登记，但按照当地习俗举办了婚礼，双方以夫妻名义共同生活3年有余，且已生育一子，驳回返还彩礼的诉讼请求有利于平衡各方当事人利益，特别是对

妇女合法权益的保护。

3. 董某诉朱某等婚约财产纠纷案

——已办理结婚登记，仅有短暂同居经历尚未形成稳定共同生活状态的，应扣除共同消费等费用后返还部分彩礼

关键词：民事　婚约财产　返还部分彩礼　同居　共同消费

基本案情

董某与朱某（女）2020年7月确立恋爱关系，2020年9月登记结婚。董某于结婚当月向朱某的银行账户转账一笔80万元并附言为“彩礼”，转账一笔26万元并附言为“五金”。双方分别在不同省份的城市工作生活。后因筹备举办婚礼等事宜发生纠纷，双方于2020年11月协议离婚，婚姻关系存续不到3个月。婚后未生育子女，无共同财产，无共同债权债务。双方曾短暂同居，并因筹备婚宴、拍婚纱照、共同旅游、亲友相互往来等发生部分费用。离婚后，因彩礼返还问题发生争议，董某起诉请求朱某返还彩礼106万元。

江苏省太仓市人民法院于2021年7月14日作出（2021）苏0585民初1686号民事判决：一、朱某于判决生效之日起10日内退还董某彩礼80万元；二、驳回董某的其他诉讼请求。宣判后，朱某、董某不服一审判决，提出上诉。江苏省苏州市中级人民法院于2021年11月30日作出（2021）苏05民终10300号民事判决：驳回上诉，维持原判。

裁判理由

法院生效判决认为：彩礼是男女双方在缔结婚姻时一方依据习俗向另一方给付的钱物。关于案涉款项的性质，除已明确注明为彩礼的80万元款项外，备注为“五金”的26万元亦符合婚礼习俗中对于彩礼的一般认知，也应当认定为彩礼。关于共同生活的认定，双方虽然已经办理结婚登记，但从后续拍摄婚纱照、筹备婚宴的情况看，双方仍在按照习俗举办婚礼仪式的过程中。双方当事人婚姻关系仅存续不到3个月，其间双方工作、生活在不同的城市，对于后续如何工作、居住、生活未形成一致的规划。双方虽有短暂同居经历，但尚未形成完整的家庭共同体和稳定的生活状态，不能认定为已经

有稳定的共同生活。鉴于双方已经登记结婚，且董某支付彩礼后双方有共同筹备婚礼仪式、共同旅游、亲友相互往来等共同开销的情况，对该部分费用予以扣减。据此，法院酌情认定返还彩礼80万元。

裁判要旨

涉彩礼返还纠纷中，不论是已办理结婚登记还是未办理结婚登记的情况，在确定是否返还以及返还的具体比例时，共同生活时间均是重要的考量因素。本案中，双方婚姻关系存续时间短，登记结婚后仍在筹备婚礼过程中，双方对于后续如何工作、居住、生活未形成一致的规划，未形成完整的家庭共同体和稳定的生活状态，不宜认定为已经共同生活。但是，考虑到办理结婚登记以及短暂同居经历对女方的影响、双方存在共同消费、彩礼数额过高等因素，判决酌情返还大部分彩礼，能够妥善平衡双方利益。

4. 祝某某诉戴某1、白某某、戴某2婚约财产纠纷案

——孕育子女可作为彩礼返还比例的考量因素之一

关键词：民事　婚约财产　孕育子女　返还彩礼

基本案情

祝某某与戴某2（女）系恋爱关系，2016年5月14日，祝某某的母亲给付了彩礼15万元，2016年6月12日祝某某与戴某2举办了婚礼，但未进行婚姻登记。祝某某与戴某2自2016年6月12日起共同生活至2017年11月，其间双方共同孕育一子（已夭折），后双方因感情产生裂痕无法缔结婚姻关系。祝某某起诉请求判令戴某2及其父母戴某1、白某某返还彩礼15万元。

吉林省辽源市西安区人民法院于2018年7月25日作出（2018）吉0403民初1158号民事判决：被告戴某1、白某某、戴某2于本判决书生效之日起5日内返还原告祝某某彩礼5万元。宣判后，双方当事人均未提起上诉，一审判决已发生效力。

裁判理由

法院生效判决认为：男女双方缔结婚姻应以感情为基础。鉴于双方按照习俗举办了婚礼，共同生活了一年多，且孕育一子，结合本地农村常情和本

案实际情况，对于祝某某返还彩礼的请求，酌定戴某1、白某某、戴某2返还彩礼5万元。

裁判要旨

根据原《婚姻法解释（二）》第十条[①]之规定，虽然本案双方未办理结婚登记，且共同生活时间不长，但已生育一子。孕育子女对女性生理、心理均会产生较大影响，基于这一因素，应对彩礼的返还数额予以酌减。同时，戴某1、白某某、戴某2是共同家庭成员，共同接受、支配该彩礼款。戴某1接受彩礼款15万元的行为可视为三人的共同行为，故应共同承担返还责任。

5. 郑某诉施某婚约财产纠纷案

——关于彩礼与恋爱赠与的区分认定

关键词：民事　婚约财产　恋爱赠与　共同生活

基本案情

郑某与施某（女）在2022年5月确立恋爱关系。为缔结婚姻，郑某在2022年6月现金支付施某10万元，同年7月3日通过转账支付施某10万元。后双方未能办理结婚登记手续。同年10月，施某提出分手。郑某起诉要求施某返还彩礼。施某辩称，该20万元是郑某为增进感情自愿赠与她的款项，并非彩礼。

福建省平潭县人民法院于2022年12月29日作出（2022）闽0128民初5080号民事判决：施某应于本判决生效之日起10日内返还郑某彩礼20万元。宣判后，双方当事人均未提起上诉，一审判决已发生效力。

裁判理由

法院生效判决认为：从查明的事实看，双方有缔结婚姻的目的。郑某在双方确立恋爱关系后不久，即于2022年6月、7月分批支付各10万元的整笔款项，与双方其他零散资金往来相比，支付方式有明显区别。因此，郑某主张该笔款项系为缔结婚姻支付的彩礼，与施某主张系承诺赠与其花销的费用

---

① 对应《民法典婚姻家庭编的解释（一）》第五条。

相比，明显更具有合理性。双方并未办理婚姻登记手续，郑某要求施某返还，于法有据，予以支持。

裁判要旨

判断某笔款项是彩礼还是恋爱期间的一般赠与，主观上要看双方是否以结婚为目的，客观上要考察支付款项的类型、支付方式是否具有习俗性、给付财物的数额、给付方经济状况等因素。

二、离婚纠纷

指导性案例66号：雷某某诉宋某某离婚纠纷案

关键词：民事　离婚　离婚时　擅自处分共同财产

裁判要点

一方在离婚诉讼期间或离婚诉讼前，隐藏、转移、变卖、毁损夫妻共同财产，或伪造债务企图侵占另一方财产的，离婚分割夫妻共同财产时，依照《婚姻法》第四十七条[①]的规定可以少分或不分财产。

基本案情

原告雷某某（女）和被告宋某某于2003年5月19日登记结婚，双方均系再婚，婚后未生育子女。双方婚后因琐事感情失和，于2013年上半年产生矛盾，并于2014年2月分居。雷某某曾于2014年3月起诉要求与宋某某离婚，经法院驳回后，双方感情未见好转。2015年1月，雷某某再次诉至法院要求离婚，并依法分割夫妻共同财产。宋某某认为夫妻感情并未破裂，不同意离婚。

雷某某称宋某某名下在中国邮政储蓄银行的账户内有共同存款37万元，

① 对应《民法典》第一千零九十二条。

并提交存取款凭单、转账凭单作为证据。宋某某称该37万元来源于婚前房屋拆迁补偿款及养老金，现尚剩余20万元左右（含养老金14322.48元），并提交了账户记录、判决书、案款收据等证据。

宋某某称雷某某名下有共同存款25万元，要求依法分割。雷某某对此不予认可，一审庭审中其提交在中国工商银行尾号为4179账户自2014年1月26日起的交易明细，显示至2014年12月21日该账户余额为262.37元。二审审理期间，应宋某某的申请，法院调取了雷某某的上述中国工商银行账号自2012年11月26日开户后的银行流水明细，显示雷某某于2013年4月30日通过ATM转账及银行卡取款的方式将该账户内的195000元转至案外人雷某齐名下。宋某某认为该存款是其婚前房屋出租所得，应归双方共同所有，雷某某在离婚之前即将夫妻共同存款转移。雷某某提出该笔存款是其经营饭店所得收益，开始称该笔款已用于夫妻共同开销，后又称用于偿还其外甥女的借款，但雷某某对其主张均未提供相应证据证明。另，雷某某在庭审中曾同意各自名下存款归各自所有，其另行支付宋某某10万元存款，后雷某某反悔，不同意支付。

裁判结果

北京市朝阳区人民法院于2015年4月16日作出（2015）朝民初字第04854号民事判决：准予雷某某与宋某某离婚；雷某某名下中国工商银行尾号为4179账户内的存款归雷某某所有，宋某某名下中国邮政储蓄银行账号尾号为7101、9389及1156账户内的存款归宋某某所有，并对其他财产和债务问题进行了处理。宣判后，宋某某提出上诉，提出对夫妻共同财产雷某某名下存款分割等请求。北京市第三中级人民法院于2015年10月19日作出（2015）三中民终字第08205号民事判决：维持一审判决其他判项，撤销一审判决第三项，改判雷某某名下中国工商银行尾号为4179账户内的存款归雷某某所有，宋某某名下中国邮政储蓄银行尾号为7101账户、9389账户及1156账户内的存款归宋某某所有，雷某某于本判决生效之日起7日内支付宋某某12万元。

裁判理由

法院生效裁判认为：婚姻关系以夫妻感情为基础。宋某某、雷某某共同生活过程中因琐事产生矛盾，在法院判决不准离婚后，双方感情仍未好转，经法院调解不能和好，双方夫妻感情确已破裂，应当判决准予双方离婚。

本案二审期间双方争议的焦点在于雷某某是否转移夫妻共同财产和夫妻双方名下的存款应如何分割。《婚姻法》第十七条[①]第二款规定："夫妻对共同所有的财产，有平等的处理权。"第四十七条第一款规定："离婚时，一方隐藏、转移、变卖、毁损夫妻共同财产，或伪造债务企图侵占另一方财产的，分割夫妻共同财产时，对隐藏、转移、变卖、毁损夫妻共同财产或伪造债务的一方，可以少分或不分。离婚后，另一方发现有上述行为的，可以向人民法院提起诉讼，请求再次分割夫妻共同财产。"这就是说，一方在离婚诉讼期间或离婚诉讼前，隐藏、转移、变卖、毁损夫妻共同财产，或伪造债务企图侵占另一方财产的，侵害了夫妻对共同财产的平等处理权，离婚分割夫妻共同财产时，应当依照《婚姻法》第四十七条的规定少分或不分财产。

本案中，关于双方名下存款的分割，结合相关证据，宋某某婚前房屋拆迁款转化的存款应归宋某某个人所有，宋某某婚后所得养老保险金应属于夫妻共同财产。雷某某名下中国工商银行尾号为4179账户内的存款为夫妻关系存续期间的收入，应作为夫妻共同财产予以分割。雷某某于2013年4月30日通过ATM转账及银行卡取款的方式，将尾号为4179账户内的195000元转至案外人名下。雷某某始称该款用于家庭开销，后又称用于偿还外债，前后陈述明显矛盾，对其主张亦未提供证据证明，对钱款的去向不能作出合理的解释和说明。结合案件事实及相关证据，认定雷某某存在转移、隐藏夫妻共同财产的情节。根据上述法律规定，对雷某某名下中国工商银行尾号4179账户内的存款，雷某某可以少分。宋某某主张对雷某某名下存款进行分割，符合法律规定，予以支持。故判决宋某某婚后养老保险金14322.48元归宋某某所有，对于雷某某转移的19.5万元存款，由雷某某补偿宋某某12万元。

① 对应《民法典》第一千零六十二条。

三、离婚后财产纠纷

1. 方某诉颜某离婚后财产纠纷案

——离婚后双方均定居国外，仅就国内财产分割提起诉讼的，应由主要财产所在地人民法院管辖

关键词：民事　离婚后财产纠纷　主要财产所在地　地域管辖

基本案情

原告方某诉称：2003 年 8 月 12 日方某与颜某在美国登记结婚。2009 年 2 月，双方以颜某名义购买了位于浙江省嘉兴市涉诉房屋，此后该房屋登记在颜某一人名下。2016 年 5 月 26 日，方某与颜某离婚，但未对本案诉争房屋进行分割。鉴于诉争房屋为夫妻共同财产，故提起本案诉讼，请求判令涉诉房屋产权的二分之一归方某所有。江苏省南京市秦淮区人民法院于 2020 年 12 月 14 日作出（2020）苏 0104 民初 10629 号民事裁定，将本案移送浙江省嘉兴市南湖区人民法院审理。浙江省嘉兴市南湖区人民法院认为移送不当，遂层报浙江省高级人民法院，报请最高人民法院指定管辖。最高人民法院于 2022 年 3 月 31 日作出（2022）最高法民辖 74 号民事裁定：本案由浙江省嘉兴市南湖区人民法院审理。

裁判理由

法院生效裁判认为：本案系离婚后财产分割纠纷。《最高人民法院关于适用〈中华人民共和国民事诉讼法〉的解释》第十七条规定："已经离婚的中国公民，双方均定居国外，仅就国内财产分割提起诉讼的，由主要财产所在地人民法院管辖。"本案中，方某、颜某已经离婚，双方均居住在国外，方某起诉请求判令浙江省嘉兴市涉诉房屋产权的二分之一归方某所有，尽管在诉讼过程中，因案涉房屋已经出售，方某将诉请变更为判令支付所涉房屋市场价值的二分之一，但是本案的审理，涉及浙江省嘉兴市涉诉房屋的原所有权取

得、交易变更等情况，由案涉房屋所在地人民法院审理更有利于查明事实，故本案应由浙江省嘉兴市南湖区人民法院管辖。

裁判要旨

已经离婚的中国公民，双方均定居国外，仅就国内财产分割提起诉讼的，诉讼过程中，案涉主要财产已经出售，案件的审理涉及主要财产的原所有权取得、交易变更等情况，由主要财产所在地人民法院审理更有利于查明事实，故应由主要财产所在地人民法院管辖。

2. 杨某乙诉杨某甲离婚后财产纠纷案

——婚后以个人财产购置的房屋应认定为夫妻共同财产还是个人财产

关键词：民事　离婚后财产　夫妻共同财产　个人财产　不动产

基本案情

杨某乙与杨某甲于2001年9月相识，2003年10月15日登记结婚，双方均系再婚。婚后未生育子女。在婚后的共同生活中，双方由于性格脾气方面的差异和处理夫妻日常矛盾的方式方法不当，使得夫妻关系紧张。2014年4月9日，杨某乙以夫妻感情破裂为由向一审法院提起离婚诉讼。

法院经审理查明：双方在婚姻关系存续期间购置松下等离子电视机1台、松下洗衣机1台、松下冰箱1台、百惠洗衣机1台以及坐落于云南省昆明市××小区××幢××层××室房屋1套。双方婚姻关系存续期间的夫妻共同债务为34万元。云南省高级人民法院再审本案，除确认原审查明的事实外，根据杨某甲和杨某乙在再审审理中补充提交的一系列新证据，并结合一审中收录的证据查明：2006年9月18日，杨某甲出售其婚前位于××街××号的房屋，售房所得价款20万元于当天存入其在建设银行的定期账户，2007年3月20日到期后又转存入该行另一个活期账户，并在同一天用于支付购买××小区××幢××层××室房屋的首期款。

云南省昆明市五华区人民法院于2014年11月14日作出（2014）五法西民初字第175号民事判决：一、准许杨某乙与杨某甲解除婚姻关系；二、夫妻共有财产：除松下等离子电视机 1 台、松下洗衣机 1 台归杨某乙所有，其余的松下冰箱 1 台、百惠洗衣机 1 台归杨某甲所有；坐落于昆明市 ×× 小区 ×× 幢 ×× 层 ×× 室房屋 1 套归杨某甲所有，杨某甲在本判决生效后 30 日内一次性给付杨某乙房屋折价款 2047500 元；三、夫妻共同的债务 34 万元，由杨某乙、杨某甲各负责清偿 17 万元；四、驳回双方其他诉讼请求。本案受理费 20525 元，由杨某乙、杨某甲各负担 10262.50 元。杨某乙不服，提起上诉。云南省昆明市中级人民法院于 2015 年 4 月 17 日作出（2015）昆民二终字第 3 号民事判决：一、维持云南省昆明市五华区人民法院（2014）五法西民初字第 175 号民事判决第一项，即"一、准许原告杨某乙与被告杨某甲解除婚姻关系"；二、撤销云南省昆明市五华区人民法院（2014）五法西民初字第 175 号民事判决第二、三、四项，即"二、夫妻共有财产：除松下等离子电视机 1 台、松下洗衣机 1 台归杨某乙所有，其余的松下冰箱 1 台、百惠洗衣机 1 台归杨某甲所有；坐落于昆明市 ×× 小区 ×× 幢 ×× 层 ×× 室房屋 1 套归被告杨某甲所有，杨某甲在本判决生效后 30 日内一次性给付杨某乙房屋折价款 2047500 元；三、夫妻共同债务 34 万元，由杨某乙、杨某甲各负责清偿 17 万元；四、驳回原、被告双方的其他请求"；三、夫妻共同财产：松下等离子电视机 1 台、松下洗衣机 1 台归杨某乙所有。松下冰箱 1 台、百惠洗衣机 1 台归杨某甲所有；坐落于昆明市 ×× 小区 ×× 幢 ×× 层 ×× 室的房屋 1 套归杨某甲所有，由杨某甲在本判决生效后 30 日内支付杨某乙房屋补偿款 325 万元；四、夫妻共同债务 34 万元，由杨某甲负责偿还；五、驳回杨某乙的其他诉讼请求。一、二审案件受理费共计 41050 元，由杨某乙、杨某甲各负担 20525 元。

云南省人民检察院抗诉认为：云南省昆明市中级人民法院（2015）昆民二终字第 3 号民事判决认定事实及适用法律错误。理由如下：根据《最高人民法院关于适用〈中华人民共和国婚姻法〉若干问题的解释（一）》第十九条关于"婚姻法第十八条规定为夫妻一方所有的财产，不因婚姻关系的延续而转化为夫妻共同财产。但当事人另有约定的除外"的规定和《最高人民法院关于适用〈中华人民共和国婚姻法〉若干问题的解释（三）》第五条关于"夫妻一方个人财产在婚后产生的收益，除孳息和自然增值外，应认定为夫妻共同财产"的规定，杨某甲出售婚前个人所有坐落于昆明市 ×× 街 ×× 号

××幢××单元××号房屋的价款交纳了××小区××幢××层××室房屋的首付款20万元，之后杨某甲又借款34万元将该房屋的按揭一次性付清，该首付款20万元及在购买涉案房屋的过程中自然增值，属于杨某甲的个人财产。二审法院仅以该涉案房屋系婚后购买，便认定属于夫妻共同财产，确认诉争房屋归杨某甲所有，然后由杨某甲支付杨某乙诉争房屋现价值650万元的50%即325万元作为补偿款属于适用法律错误。云南省高级人民法院于2018年6月19日作出（2017）云民再99号民事判决：一、维持云南省昆明市中级人民法院（2015）昆民二终字第3号民事判决第一项，即"一、维持云南省昆明市五华区人民法院（2014）五法西民初字第175号民事判决第一项，即'一、准许原告杨某乙与被告杨某甲解除婚姻关系'"；二、撤销云南省昆明市中级人民法院（2015）昆民二终字第3号民事判决第二、三、四、五项和云南省昆明市五华区人民法院（2014）五法西民初字第175号民事判决第二、三、四项；三、夫妻共同财产：松下等离子电视机1台、松下洗衣机1台归杨某乙所有，松下冰箱1台、百惠洗衣机1台归杨某甲所有；坐落于云南省昆明市××小区××幢××层××室房屋1套归杨某甲所有，杨某甲在本判决生效之日起30日内一次性给付杨某乙房屋折价款2047500元；四、夫妻共同债务34万元，由杨某甲负责偿还；五、驳回杨某乙的其他诉讼请求。本案一、二审案件受理费共计41050元，由杨某乙负担20525元，由杨某甲负担20525元。

裁判理由

法院生效裁判认为：《民事诉讼法》第二百零二条[①]规定，当事人对已经发生法律效力的解除婚姻关系的判决、调解书，不得申请再审。故本案仅针对双方财产分割部分进行再审。根据《最高人民法院关于适用〈中华人民共和国婚姻法〉若干问题的解释（一）》第十九条关于"婚姻法第十八条规定为夫妻一方所有的财产，不因婚姻关系的延续而转化为夫妻共同财产。但当事人另有约定的除外"的规定，双方在婚姻关系存续期间共同购置的财产，应当认定为夫妻共同财产；如系一方在婚前购置或婚后以个人财产购置，则仍应归个人所有，不属于夫妻共同财产。杨某甲在再审审理中补充提交的一系

① 对应《民事诉讼法》（2023年修正）第二百一十五条。

列证据与一审中收录的证据相互印证，形成证据锁链，证实杨某甲是在出售了婚前其位于 ×× 街 ×× 号的房屋，将售房所得价款用于支付购买 ×× 小区 ×× 幢 ×× 层 ×× 室房屋首期的事实。杨某乙虽不认可，但未提交充分有效证据予以反驳，也未举证证明首付款是以夫妻共同财产支付的事实，并且对购买 ×× 小区 ×× 幢 ×× 层 ×× 室房屋的资金来源和支付情况亦不能作明确说明。根据本案收录的证据，可以认定购买 ×× 小区 ×× 幢 ×× 层 ×× 室房屋的购房款中有 20 万元系杨某甲处分个人婚前财产支付的事实。一方婚后用个人财产购买房屋部分，离婚时该部分财产应认定为个人财产，其自然增值也属于个人。一审判决考虑本案的实际情况，将该房屋判归杨某甲所有，由杨某甲在扣除其个人财产 20 万元占购房款的比例以及对应的增值部分后补偿杨某乙一半价款的判决结果正确。二审判决在未对杨某甲以个人财产支付购房款的事实进行查明的情况下，即径行改判属事实认定不清，适用法律不当，检察机关的抗诉意见成立。

此外，鉴于双方当事人在一审庭审中明确认可 ×× 小区 ×× 幢 ×× 层 ×× 室房屋的价值为 650 万元，且杨某甲对此事实认定未上诉，二审中也没有提出任何异议，杨某甲在再审中单方所作评估不能改变其在原审程序中已确认过的事实，故对杨某甲提交的《房地产评估报告》不予采信。就杨某乙应否承担 34 万元债务的问题，一审庭审结束后宣判前，杨某甲以书面的形式明确表示放弃要求杨某乙承担该笔夫妻共同债务的请求，该意思表示系杨某甲自愿作出且不损害他人利益，再审中杨某甲也表示在一审判决结果的基础上同意放弃由杨某乙承担夫妻共同债务的请求，故二审法院确认夫妻共同债务 34 万元由杨某甲个人承担的判决结果并无不当。

裁判要旨

夫妻共同财产，是指夫妻双方或一方在婚姻存续期间所得，除法律另有规定或夫妻双方另有约定之外，归属夫妻共同所有的财产。离婚案件中对财产的分割，仅指夫妻共同财产，夫妻的个人财产及其他财产均不在分割之列。夫妻一方个人所有的财产，不因婚姻关系的延续而转化为夫妻共同财产。在婚姻关系存续期间，夫妻一方以个人财产购置的房屋等不动产仍应归个人所有，不属于夫妻共同财产。

四、离婚后损害责任纠纷

刘某某诉王某某离婚后损害赔偿纠纷案
——离婚后发现子女非亲生的，可以请求返还抚养费、支付精神损害赔偿

关键词：民事　离婚后损害赔偿　非亲生子女　抚养费　精神损害赔偿

基本案情

刘某某向人民法院起诉，请求撤销其与王某某的离婚调解书，由王某某支付非亲生子女抚养费 48000 元，支付过错赔偿及精神损害赔偿 10 万元。

人民法院经审理查明：2007 年，刘某某与王某某相识相恋并开始同居生活，2008 年 4 月 13 日生育男孩刘某甲。2011 年 7 月 11 日，双方在景泰县民政局补办结婚登记手续。婚后于 2014 年 2 月 19 日生育女孩刘某乙。2018 年 4 月 16 日，因夫妻感情破裂，王某某向法院起诉要求与刘某某离婚并分割婚后共同财产，同日，经法院主持调解，双方达成协议，协议约定：长子刘某甲、长女刘某乙均随刘某某共同生活，抚养费刘某某自理；婚后共同财产房屋 1 套、小型普通客车 1 辆、杨某某的借款债权归王某某享有，王某某给付刘某某夫妻共同财产差价款 10 万元。离婚后，双方为了孩子能够健康成长继续共同生活在一起，刘某某依旧外出打工，王某某及刘某某母亲在家照顾两个孩子并经营早餐店，其间刘某某将赚来的钱转给王某某，用于家庭共同生活及抚养孩子。2020 年下半年，王某某与刘某某及其母亲发生矛盾，无法继续共同生活下去，刘某某母亲便回老家居住生活，王某某一人照看两个孩子。2021 年 3 月 1 日，王某某向法院起诉要求变更两个孩子由其抚养，由刘某某承担两个孩子的抚养费共计 1600 元；同年 4 月 8 日经法院主持调解，双方达成协议，协议约定：儿子刘某甲由刘某某抚养，女儿刘某乙由王某某抚养，抚养费均自理；同时约定，2021 年两个孩子继续由王某某抚养照顾，刘某某

承担两个孩子抚养费15000元，于年底付清（其间刘某某给付王某某孩子抚养费4000元）。2021年5月14日，经亲子鉴定，排除刘某某是刘某乙的生物学父亲。

甘肃省白银市景泰县人民法院作出判决：一、王某某返还刘某某对王某某孩子（刘某乙）的抚养费3万元；二、王某某赔偿刘某某精神损害抚慰金2万元；三、驳回刘某某其他诉讼请求。宣判后，双方均不服一审判决，提起上诉。甘肃省白银市中级人民法院驳回上诉，维持原判。

裁判理由

法院生效裁判认为：

1. 对于精神损害赔偿问题。王某某在与刘某某婚姻关系存续期间，与他人生育女儿，违反了夫妻之间的忠诚义务，王某某的行为存在明显过错，给刘某某造成了精神上的损害，故刘某某主张精神损害赔偿金，有事实和法律依据。一审法院结合过错程度、当地经济水平、王某某的经济能力等综合认定，王某某向刘某某支付精神损害抚慰金2万元，并无不当，王某某上诉称金额过高，缺乏事实和法律依据，不予支持。

2. 关于返还抚养费问题。夫妻之间应当相互忠实、相互尊重。刘某某与刘某乙无血缘关系，对刘某乙并无法定抚养义务，故对刘某某为刘某乙所付出的抚养费应当由王某某返还给刘某某。关于返还抚养费的数额，一审法院参照本地区生活消费支出水平，酌定为3万元并无不当，予以维持。

裁判要旨

一方在离婚后发现婚生子女非亲生的，有权向另一方请求返还为抚养非亲生子女支出的抚养费，并请求另一方向其支付精神损害赔偿。

五、亲子关系纠纷

刘某甲诉张某否认亲子关系纠纷案

——父或母请求否认亲子关系但未提供必要证据的，不适用《民法典婚姻家庭编的解释（一）》第三十九条第一款之规定

关键词：民事　否认亲子关系　母亲否认　离婚　必要证据

基本案情

原告刘某甲诉称：其与张某于2015年结婚，婚后一直没有生育小孩。婚姻存续期间，刘某甲与他人发生一夜情怀孕并生育一子。因其丈夫张某将小孩接走藏起来，不让其见小孩，对小孩漠不关心，导致小孩日渐消瘦，对小孩的心理健康及安全造成极大影响，特诉请确认小孩与张某不具有血缘关系并将小孩的监护权判给刘某甲所有。刘某甲为支持其诉请提交了一份司法鉴定意见书，证明该小孩经过司法鉴定与案外人刘某乙具有血缘关系，与张某没有血缘关系。

张某辩称：孩子的出生证和户口簿均表明其系小孩的父亲。若小孩与其无血缘关系，刘某甲早就该明示，双方婚后一直共同生活，并未分开。监护权与抚养权是建立在离婚基础上，刘某甲在未离婚前就请求确定监护权归属有违法律规定，而且就算离婚，父母仍是子女的监护人，何况现在双方还是夫妻，刘某甲无权请求法院指定或确认监护权。依照《最高人民法院关于适用〈中华人民共和国民法典〉婚姻家庭编的解释（一）》（以下简称原《民法典婚姻家庭编的解释（一）》）第三十九条第一款的规定，刘某甲主张确认张某与婚生子不具有血缘关系，应提供必要的证据来证明，但刘某甲未能提供必要证据。亲子鉴定法律无强制规定要求其必须配合，其无法定义务配合刘某甲共同来做有损子女成长之事。综上，请求法院从有利于子女健康成长角度驳回刘某甲的诉请。

法院经审理查明：原告刘某甲、被告张某于2015年办理婚姻登记手续，刘某甲于2018年生育一男孩。2021年1月，刘某甲向法院起诉离婚，法院驳回其诉讼请求。婚生小孩的出生医学证明和户籍证明均登记张某系小孩的父亲，该小孩曾在张某家中生活，由张某父母照顾抚养，并就读幼儿园。自2021年11月22日起该小孩在刘某甲处抚养。

江西省遂川县人民法院于2021年10月26日作出（2021）赣0827民初2417号民事判决：驳回原告刘某甲的全部诉讼请求。刘某甲不服，提起上诉。江西省吉安市中级人民法院于2021年12月31日作出（2021）赣08民终2727号民事判决：驳回上诉，维持原判。

裁判理由

法院生效裁判认为：亲子关系的确认和否认，对于子女而言，不仅涉及一系列权利义务的产生、消灭，更涉及亲子身份关系的安定、婚姻家庭的和谐稳定，对未成年人的健康成长有重大影响。本案纠纷发生在刘某甲与张某婚姻关系存续期间，刘某甲以双方感情破裂，张某照顾不好小孩，为了小孩的健康成长为由提起本案诉讼，但其未提供证据证明张某存在虐待小孩及不利于小孩健康成长的行为，且小孩现在在刘某甲处抚养，也不存在剥夺刘某甲抚养小孩权利的情形。《民法典婚姻家庭编的解释（一）》第三十九条第一款规定，父或者母向人民法院起诉请求否认亲子关系，并已提供必要证据予以证明，另一方没有相反证据又拒绝做亲子鉴定的，人民法院可以认定否认亲子关系一方的主张成立。刘某甲虽然提供了亲子鉴定意见书，但该鉴定书真实性无法确认，且无其他证据予以佐证，其不具备提供了必要证据这一推定前提。本案不能以张某不同意做亲子鉴定就当然适用《民法典婚姻家庭编的解释（一）》第三十九条第一款之规定。

裁判要旨

婚姻关系存续期间孕育的子女，推定丈夫为该子女的父亲，是亲子关系认定中的基本原则。父或母虽有权提起否认之诉，但应当有正当理由。一方为争取孩子的抚养权，以无法证明真实性的单方亲子鉴定报告请求否认子女与对方的亲子关系，对方不认可该证据，又拒绝做亲子鉴定的，不能适用《民法典婚姻家庭编的解释（一）》第三十九条第一款规定。

六、抚养纠纷

李某某诉李某抚养费纠纷案

——对已就读大学的成年子女支付抚养费的诉讼请求，一般不予支持

关键词：民事　抚养费　独立生活　大学　成年子女

基本案情

李某某向法院起诉请求：（1）判令李某支付李某某高中三年抚养费36000元（每月1000元），高三下学期学费830元，大学四年学费4万元（每年1万元），大学四年生活费72000元（每月生活费1500元，48个月），以上合计148830元，直到李某某具有独立的经济能力为止；（2）诉讼费由李某承担。

法院经审理查明：李某、李某1系李某某的父亲、母亲，二人于2003年生育女儿李某某。2012年12月31日，因夫妻感情破裂，二人协议离婚，并约定：李某某（女）9岁，归李某1抚养，李某2（男）7岁，归李某抚养，两个小孩的所有费用由男方承担。离婚后，李某按照离婚协议约定负担了李某某大部分生活学习费用至李某某高中毕业且年满18周岁，之后未再支付李某某生活学习费用。李某某的母亲李某1支付了李某某高中期间部分生活学习费用，并在李某某考上大学后支付了李某某大一学杂费及其他生活费用。李某离婚后又另行重组家庭并生育了一幼子，李某2现就读高二，随李某一起居住生活。目前李某经营一家门锁店生意。二审期间另查明，李某某已经办理了国家无息助学贷款。

江西省广昌县人民法院于2021年12月20日作出（2021）赣1030民初1159号民事判决：一、李某给付李某某就读大学期间的生活费每月750元，限于每月10日前付清，从2021年9月开始支付至李某某大学毕业时止；二、李某给付李某某大学四年期间学费每年6000元，分别于每年9月10日前付

清，从 2021 年支付至 2024 年；三、驳回李某某的其他诉讼请求。宣判后，李某不服一审判决，提出上诉。江西省抚州市中级人民法院于 2022 年 4 月 26 日作出（2022）赣 10 民终 251 号民事判决：一、撤销江西省广昌县人民法院（2021）赣 1030 民初 1159 号民事判决；二、驳回李某某的诉讼请求。

裁判理由

法院生效裁判认为：根据《最高人民法院关于适用〈中华人民共和国民法典〉婚姻家庭编的解释（一）》第四十一条规定，已满 18 周岁且在接受高等教育期间的子女，不属于《民法典》第一千零六十七条规定的"不能独立生活的成年子女"。一审判决认定李某不再有给付李某某抚养费的法定义务正确。就我国人情伦理及社会传统习惯而言，大多数具有经济能力的父母是愿意培养子女进入高等学府，供养子女接受高等教育的；从道德层面来讲，作为有负担能力的父母也应对尚在就读高等教育而一时还无法独立承担自己生活、教育开销的成年子女承担抚养责任，让孩子完成学业。但正如前款法律规定，父母为成年子女支付大学期间的学费和生活费只是基于亲情和道义，而不是法定义务。本案中，李某将李某某抚养至接受高等教育，还有二子需要抚养，其中幼子不足 1 周岁，李某提出其已不具有负担能力，本案也没有证据证明李某具有负担能力，且李某某目前已办理了国家助学贷款，能够弥补在校期间各项费用不足，该贷款系无息贷款，可以在毕业后分期偿还。一审法院忽视李某的负担能力和李某某的实际情况，判决李某给付李某某大学期间的学费和生活费错误，应予以纠正。

裁判要旨

已就读大学的成年子女，不宜认定为《民法典》第一千零六十七条规定的"不能独立生活的成年子女"。对其要求支付抚养费的诉讼请求，人民法院一般不予支持。

七、收养关系纠纷

王某诉彭某等、第三人某县民政局收养关系纠纷案

——收养弃婴并办理收养手续后，不宜因公告瑕疵而否定收养行为的效力

关键词：民事　收养关系　收养行为效力　收养登记效力　公告瑕疵

基本案情

王某与彭某2006年登记结婚，双方婚后一直未生育子女。2017年8月月初，彭某的父亲彭某甲来电称在自家门口捡拾一名出生不久的女婴，询问二人收养意愿。王某、彭某经考虑后表示愿意收养，遂于8月13日先行将女婴接至上海的住处共同照顾抚养，并为其取名王某乙。彭某甲因此前往某县民政局处咨询如何办理收养登记手续。9月6日，彭某甲向某县民政局提交捡拾弃婴报案证明，载明了彭某甲捡拾弃婴的过程，由证明人签名，并由彭某甲所在社区居委会和某公安派出所签章属实。收到该报案证明后，某县民政局于9月10日向彭某甲出具了一份收养公告内容模板，让彭某甲去某县报社公告。后该局工作人员于12月18日前往彭某甲所住厂区进行实地调查，对彭某甲进行调查询问并制作了笔录。12月25日，王某、彭某共同向某县民政局书面申请收养王某乙，并提交各自身份证件、生育情况证明、体检报告等办理收养登记所需证明材料；该局当场对王某、彭某进行收养意愿调查，并制作了询问笔录，王某、彭某表示愿意共同收养王某乙并在笔录上签名确认。12月29日，某县民政局为收养人王某、彭某与被收养人王某乙办理了（2017）某收字第×号收养登记证。

2020年4月，彭某以与王某夫妻感情破裂为由向上海市某区人民法院起诉离婚，被判决驳回诉请后，又于2021年1月再次起诉离婚。在此情形下，王某认为其已不适合继续收养王某乙，遂开始寻找王某乙生父母。经走访调

查，王某获知王某乙的生父母可能为被告詹某、宁某，且经查阅王某乙收养登记档案材料，发现公告时间为收养登记证签发之后，故认为民政局在办理收养登记前未依法公告，遂起诉，请求：（1）确认王某、彭某与王某乙间于2017年所形成的收养关系无效；（2）判令詹某、宁某对王某乙履行抚养义务和监护职责。

诉讼中，彭某与某县民政局提交了某县新闻中心收取彭某甲公告费的收据和某县融媒体中心出具的证明，显示公告费支付日期为2018年1月17日，发生于办理收养登记之后。被告詹某、宁某经法院传票传唤，未到庭参加诉讼。

江西省景德镇市珠山区人民法院于2021年7月5日作出民事判决：驳回王某的诉讼请求。一审宣判后，王某提出上诉。江西省景德镇市中级人民法院于2021年11月25日作出民事判决：驳回上诉，维持原判。

裁判理由

法院生效裁判认为：收养登记程序包括当事人申请、登记机关审查和办理收养登记三个阶段。在当事人申请阶段，主要是指收养人要提交相关申请和证明材料。在登记机关审查阶段，审查的主要内容：申请收养人是否符合收养人的条件、申请人真实的收养目的、申请人是否具有完全民事行为能力以及被收养人的情况等。法律规定在收养登记之前进行公告，其目的是最大可能寻找被收养人的生父母或其他监护人，维护未成年人及其生父母的利益。本案王某陈述詹某、宁某是王某乙的生父母，因公告程序倒置而影响生父母的权益，且王某陈述詹某、宁某希望孩子回归身边，但在本案审理过程中，詹某与宁某并未到庭参与这个在王某看来本应对其二人有利的诉讼程序。另据王某陈述，詹某与宁某已经生育两个子女。

王某并无证据证明王某乙并非弃婴，亦不能证明案涉派出所盖章的“报案证明”和某县民政局所作“调查询问笔录”内容虚假。相对于被遗弃或在儿童福利机构生活，王某乙能够被王某和彭某收养，得到养父母的关爱，对其成长更为有利，也更有利于社会和谐稳定。《民法典》在对生父母的亲权与未成年人利益的衡量之下，变更了原《收养法》关于“弃婴”的要求，取消了对生父母遗弃未成年人的主观意愿的限定，允许对确实查找不到生父母的未成年人进行收养，这也是未成年人利益最大化原则的要求。本案中，王某作为完全民事行为能力人，自愿与彭某一起收养王某乙并办理收养登记，体现了其对于尚处于襁褓之中的王某乙的疼惜。王某乙现已与养父母生活多年，建立起了深厚的难以割舍的感情。如果贸然解除收养关系，王某乙该何去何从，这必然对孩子的身心健康带来不利影响。故为维护未成年人合法权益，应维持王某乙的生活现状为宜。

裁判要旨

收养查找不到生父母的未成年人之前进行公告，目的是最大可能寻找被收养人的生父母或者其他监护人，维护其亲权。民政机关在办理收养登记公告时存在公告倒置等瑕疵，并不影响被收养人事实上处于无人认领的状态，收养人符合实质收养要件，并与被收养人在取得收养登记后事实上已形成收养关系，建立起了深厚的、难以割舍的感情，从未成年人利益最大化原则考虑，不宜因公告瑕疵而否定收养行为的效力。

八、遗嘱继承纠纷

1. 简某甲诉简某乙等四人遗嘱继承纠纷案

——探求遗嘱人的内心真意是遗嘱解释的首要原则

关键词：民事　遗嘱继承纠纷　真实意思表示　解释　首要原则

基本案情

原告简某甲诉称：被继承人罗某于2002年8月9日以亲笔自书遗嘱形式出具《遗言》，明确“我本人过身后愿意将现住房屋产权留给四子简某甲”等。简某甲据《遗言》依法要求继承上述房产全部所有权时，却遭简某乙等四人拒绝，致使简某甲至今未能取得房产所有权及办理房产的继承、过户等。现请求：（1）判令坐落于广州市荔湾区某路101房的全部所有权份额由简某甲继承；（2）判令简某乙等四人于本案判决发生法律效力后10日内协助简某甲办理上述涉案房产的变更登记手续；（3）本案诉讼费由简某乙等四人承担。

被告简某乙等四人辩称：从遗嘱内容看，遗嘱分为两部分，一部分是产权给简某甲，条件为不能出租、不能出卖，而真正意义上的产权有占有、收益、处分等内容。罗某没有将收益及处分权给予简某甲，在所有权中处分权最为重要，占有、收益权可以让渡，而处分权不能让渡，罗某没有将处分权给简某甲，故遗嘱本意不是真正意义上地把产权给予简某甲。从罗某的文化水平及当时的生活环境看，其生活的年代对户籍非常看重，平时“担心简某甲一家没有地方挂户口”，故罗某所说的产权仅仅是给简某甲一家挂户口的地方，而不是真正意义上的产权。请求法院驳回简某甲的诉讼请求，诉争房产由五子女平均继承。

法院经审理查明：罗某于 2003 年 9 月 12 日去世，其父母先于罗某去世。简某甲和简某乙等四人均为第一顺序法定继承人。

2002 年 8 月 9 日，罗某写下《遗言》一份：“我本人过身后，愿意将现住房屋产权留给四子简某甲，三女简某乙有居住权，房屋不能出租或出卖，如有变动需经五个儿女签名同意。本人余下现金首饰留给五儿女平分，部分金饰、港币存折系三女简某乙所买应归还。我房屋的冷气、电视机、衣车系五女所买应归还。”

被继承人罗某生前一直与上诉人简某甲一家共同居住在涉案房屋，现简某甲仍在该房屋居住。简某甲名下没有其他房屋。四被告婚后陆续搬出涉案房屋。

广东省广州市荔湾区人民法院于 2015 年 3 月 13 日作出（2014）穗荔法民一初字第 1235 号民事判决：一、被继承人罗某遗下的位于广州市荔湾区某路 101 房的产权，由简某甲和简某乙等四人各继承五分之一的产权；二、简某乙等四人自本判决发生法律效力之日起 10 日内，协助简某甲办理上述房产的变更登记手续；三、简某乙自本判决生效之日起 10 日内，向简某甲支付案件公告费 950 元；四、驳回简某甲的其余诉讼请求。宣判后，简某甲不服而提出上诉。广东省广州市中级人民法院于 2015 年 10 月 20 日作出（2015）穗中法民一终字第 2958 号民事判决：一、维持原审判决第二、三项。二、撤销原审判决第四项。三、变更原审判决第一项为：坐落于广州市荔湾区某路 101 房的全部所有权份额由简某甲继承。

裁判理由

法院生效裁判认为：遗嘱是典型的要式行为、死因行为、无相对人的单方法律行为，与合同等双方法律行为存在本质区别，故遗嘱解释不同于一般的合同解释。被继承人立遗嘱的本意是希望其所立的遗嘱能够生效，并能够按照遗嘱人的真意来处理遗产。因此，遗嘱的解释应探寻被继承人的内心真意，力求符合遗嘱愿望，而非仅仅因遗嘱存在个别错误或部分歧义而轻易否定其效力。

第一，关于《遗言》中"原意"的认定。《遗言》中关于涉案房屋的表述，全文并无转折或但书，具有逻辑上的一体性，结合罗某的年龄及文化程度，原审法院认定《遗言》中"原意"为笔误，实际应系"愿意"之义，并无不当，本院予以确认。

第二，关于《遗言》中对于涉案房屋的处分。罗某将涉案房屋产权遗留给四儿子简某甲的意思表示是清晰明确的，其关于三女简某乙有居住权、未经同意不能出租或出售等只是遗嘱附有的义务，系对继承人所有权的限制，而不是对所有权的否定，不足以推断出被上诉人所抗辩的只是给简某甲一家挂靠户籍的意思。原审法院仅根据《遗言》中有对继承人所有权附有限制条件而否认被继承人罗某通过遗嘱方式将涉案房屋的产权给予简某甲的意愿，从而不确认《遗言》的效力，并据此对本案适用法定继承处理，显然与罗某立遗嘱的内心真意不符，本院予以纠正。上诉人简某甲上诉主张其应享有涉案房屋的全部所有权份额有理，本院予以支持。

需要指出的是，简某甲继承涉案房屋的所有权时，需尊重被继承人罗某生前遗愿，履行《遗言》所确定的简某乙有居住权及未经简某乙等四人同意不得对涉案房屋出租或出售之义务。

裁判要旨

遗嘱是典型的要式行为、死因行为、无相对人的单方法律行为，与合同等双方法律行为存在本质区别，故遗嘱解释不同于一般的合同解释。被继承人立遗嘱的本意是希望其所立的遗嘱能够生效，并能够按照遗嘱人的真意来处理遗产。因此，遗嘱的解释应探寻被继承人的内心真意，力求符合遗嘱愿望，而非仅仅因遗嘱存在个别错误或部分歧义而轻易否定其效力。

2. 顾甲 A、顾甲 B、顾甲 C 诉顾乙 B、顾甲 D 等遗嘱继承纠纷案

——遗嘱义务与法定义务的位阶比较

关键词：民事　遗嘱继承　附义务遗嘱　遗嘱义务　法定义务　赡养义务　位阶比较

基本案情

被继承人顾某某与沈某 1 系配偶，两人生育顾甲 A、顾甲 B、顾甲 C、顾甲 E、顾乙 B、顾甲 D、顾甲 F 等七个子女。沈某 1 于 1996 年 5 月 14 日死亡；顾某某于 2017 年 12 月 15 日死亡。上述二人死亡时，其父母均已分别先于该二人死亡。顾甲 F 于 2013 年 10 月 4 日死亡，其配偶为沈某 2，二人未生育子女。案外人顾甲 G 系顾甲 D 之女。

2018 年 6 月 1 日，被申诉人顾甲 A、顾甲 B、顾甲 C 共同向上海市徐汇区人民法院提出诉讼，请求：本市冠生园路 ××× 弄 ××× 号 ××× 室房屋（以下简称 ××× 室房屋）中属于被继承人顾某某的三分之二份额由三原告及被告顾甲 D 均等继承；继承方式上要求按份共有，不要求实际分割房屋。

一审法院查明：××× 室房屋产权于 2000 年登记于顾甲 F、顾丙名下（共同共有），后于 2009 年 5 月 25 日变更登记于顾甲 F、顾丙、顾某某名下（共同共有）。顾甲 F 死亡后，其配偶沈某 2 作为原告至一审法院提起分家析产、遗嘱继承纠纷诉讼，一审法院于 2016 年 7 月 22 日作出（2015）徐民一（民）初字第 9796 号民事判决，认定并判决：一、××× 室房屋产权由顾甲 F、顾丙、顾某某各享有三分之一；二、顾甲 F 在 ××× 室房屋中的三分之一产权份额归顾某某所有。顾某某等人提起上诉。上海市第一中级人民法院于 2016 年 10 月 27 日作出（2016）沪 01 民终 9259 号民事判决：驳回上诉，维持原判。目前 ××× 室房屋产权未作变更。顾甲 D 为顾某某丧事事宜共支出人民币 59559.20 元（以下币种相同）。

一审法院审理中，顾甲 A、顾甲 B、顾甲 C 提供顾某某于 2009 年 8 月 8 日所立代书遗嘱及 2009 年 8 月 11 日律师见证书各一份，主要内容为，顾某

某在 ××× 室房屋中拥有的产权由顾甲 A、顾甲 B、顾甲 C、顾甲 D 四人继承；顾某某拥有的银行存款自己保管，用于今后生老病死、日常生活之用。若不够由六子（孙）女按房产份额分摊承担。律师许某、潘某受顾某某委托，对 2009 年 8 月 8 日代书遗嘱的真实性进行见证。

一审法院审理中，证人蔡某某出庭作证，证人蔡某某与顾某某系邻居关系。2009 年的一天，其前往顾某某 ××× 室房屋，应顾某某要求，代书本案系争遗嘱，遗嘱主要内容为 ××× 室房屋由四个子女继承，具体哪四个子女证人记不清楚了。代书遗嘱经顾某某签字确认，并有证人蔡某某及在场的顾某某保姆签字见证。后因顾某某担心代书遗嘱效力问题，证人蔡某某于代书遗嘱制作第二天邀请两位律师见证。两位律师在当面询问顾某某相关事宜后，出具了相关文书对系争代书遗嘱效力进行了确认。两位律师中的一位许某亦出庭作证。证明见证系争遗嘱当日在场人有顾某某、蔡某某、顾某某保姆、证人及其律师助理潘某某。其余证明内容与蔡某某证明内容可相互印证。一审法院审理中，顾甲 A、顾甲 B、顾甲 C 表示，无法联系遗嘱见证人李某（系顾某某保姆）及潘某某（系许某律师助理）出庭作证。

一审法院审理中，顾甲 D 表示，顾某某曾向其借款，均有借条（内容系由顾甲 D 书写），具体内容如下：第一，2013 年 1 月 5 日借款 36000 元；第二，2014 年 10 月 3 日借款 52000 元；第三，2015 年 11 月 20 日借款 63000 元；第四，2016 年 7 月 10 日借款 55000 元。该些费用均系由顾甲 D 现金给付顾某某，用于支付保姆费及医药费。另，顾甲 D 为顾某某支付诉讼费用等共计 84387 元及购买白蛋白 948 元，该些钱款系借给顾某某的，亦是现金给付，但未写借条。

上海市徐汇区人民法院于 2018 年 11 月 14 日作出（2018）沪 0104 民初 12469 号民事判决：一、××× 室房屋中属于被继承人顾某某的三分之二产权份额由原告顾甲 A、顾甲 B、顾甲 C、被告顾甲 E、顾乙 B、顾甲 D 均等继承；二、原告顾甲 A、顾甲 B、顾甲 C、被告顾甲 E、顾乙 B 应于判决生效之日起 10 日内分别给付被告顾甲 D 支出的丧事费用 9926.53 元。案件受理费减半收取，计 9600 元，由原告顾甲 A、顾甲 B、顾甲 C 各负担 1600 元，由被告顾甲 E、顾乙 B、顾甲 D 各负担 1600 元。

顾甲 A、顾甲 B、顾甲 C 不服一审判决，上诉请求：撤销原审判决，改判支持上诉人一审诉讼请求。顾甲 D 亦不服一审判决，上诉请求：（1）撤销原审判决第一项，改判 ××× 室房屋中属于被继承人顾某某的三分之二份额由顾甲 A、顾甲 B、顾甲 C、顾甲 D 均等继承；（2）应从顾某某遗产中扣除顾甲 D 对顾某某享有的债权共计 13 笔 267000 元。

上海市第一中级人民法院经审理认为：系争代书遗嘱文本、代书人、见证人证言等证据相互印证，可以证明设立 2009 年 8 月 8 日代书遗嘱时，有两名见证人即蔡某某、李某在场，该代书遗嘱是顾某某真实意思的表示，符合法律规定的代书遗嘱形式要件，故认定顾某某于 2009 年 8 月 8 日所立代书遗嘱合法有效。一审法院对此认定有误，予以更正。另，关于顾甲 D 主张的借款及其他费用，由于借款数额较大但顾甲 D 未提供钱款给付的证据以及其他费用的借条，故对顾甲 D 的该项上诉主张不予支持。一审法院认定正确，予以支持。上海市第一中级人民法院于 2019 年 2 月 28 日作出（2019）沪 01 民终 395 号民事判决：一、维持上海市徐汇区人民法院（2018）沪 0104 民初 12469 号民事判决第二项；二、撤销上海市徐汇区人民法院（2018）沪 0104 民初 12469 号民事判决第一项；三、××× 室房屋中属于被继承人顾某某的三分之二产权份额由顾甲 A、顾甲 B、顾甲 C、顾甲 D 均等继承。一审案件受理费计 9600 元，由顾甲 A、顾甲 B、顾甲 C、顾甲 E、顾乙 B、顾甲 D 各负担 1600 元。二审案件受理费共计 12800 元，由上诉人顾甲 A、顾甲 B、顾甲 C、顾甲 D 各负担 2133 元，被上诉人顾甲 E、顾乙 B 各负担 2134 元。

顾甲 E、顾乙 B 不服二审判决，向上海市第一中级人民法院申请再审。该院于 2019 年 8 月 27 日作出（2019）沪 01 民申 344 号民事裁定：驳回顾甲 E、顾乙 B 的再审申请。

顾乙 B 不服，向检察机关申请抗诉。上海市人民检察院以丧葬费承担主体有误为由向上海市高级人民法院提出抗诉。上海市高级人民法院依法予以支持，并裁定提审。上海市高级人民法院经审理认为本案系争遗嘱有效，应充分尊重立遗嘱人的意愿，由四位遗嘱继承人继承房产，同时分担丧葬费用。原一、二审判决适用法律不当，应予以纠正。上海市高级人民法院于 2020 年 9 月 18 日作出（2020）沪民再 11 号民事判决：一、维持上海市第一中级人民法院（2019）沪 01 民终 395 号民事判决第二、三项；二、撤销上海市第一中级人民法院（2019）沪 01 民终 395 号民事判决第一项；三、顾甲 A、顾甲 B、顾甲C应于本判决生效之日起10日内分别给付顾甲D支出的丧事费用人民币14889.8元。一审案件受理费人民币9600元，由顾甲A、顾甲B、顾甲C、顾甲D各负担人民币2400元。二审案件受理费人民币12800元，由顾甲A、顾甲B、顾甲C、顾甲D各负担3200元。

裁判理由

法院生效裁判认为：关于本案遗嘱效力问题，本案遗嘱在订立时有蔡某某、李某两人到场见证并署名，翌日又有许某、潘某某两位律师对遗嘱进行了审查确认。该案事实除系争代书遗嘱本身和律师见证书等书证外，在原一审程序中蔡某某、许某亦出庭作证，上述证据之间可以相互印证，系争遗嘱的订立系立遗嘱人的真实意思表示，且符合法律规定的代书遗嘱的形式要件，故本案遗嘱合法有效。关于丧葬费的分担问题，法律并不禁止遗嘱人通过遗嘱为继承人设定义务。但是根据权利义务一致以及公平原则，继承人的义务应小于遗嘱继承所取得的遗产利益，且继承人同意负担遗嘱义务。本案争议的遗嘱第二条明确，被继承人的“生老病死费用”由其自有财产先行支付，不足部分由遗嘱所列的六位晚辈“按房产份额分摊”。现尚无证据证明被继承人的自有财产已足以支付丧葬费. 故按照上述遗嘱意愿，丧葬费应由遗嘱所列六位继承人分担，但是鉴于顾甲F、顾丙两人未获得任何遗嘱利益，且顾甲F早于遗嘱人顾某某死亡，故遗嘱该项内容对顾甲F与顾丙不生效力。

综上，本案系争遗嘱有效，应充分尊重立遗嘱人的意愿，由四位遗嘱继承人继承房产，同时分摊丧葬费用。

裁判要旨

1. 我国《继承法》将附义务的遗嘱作为公民处分其遗产的一种重要方式列入遗产继承制度中，从法律上肯定了附义务遗嘱的地位和作用。案涉代书遗嘱为附义务遗嘱，亦属于附义务的民事法律行为。该义务施加是单方意思表示，无须与对方协商，也无须征得对方同意，相对人只存在接受与不接受的选择权，义务具有强制性，如果相对人不履行义务，其享有的权利可能被撤销。

2. 我国《继承法》等都规定了成年子女有赡养扶助父母的义务。子女赡养父母是法定义务，但父母在遗嘱中明确由哪个儿女赡养是父母的自由，指定赡养人并不免除其他子女的赡养义务。对于立遗嘱人的赡养义务，出现了法定义务和遗嘱义务并存的情况。从义务性质来看，遗嘱义务应当具有优先性，而法定义务则具有兜底补充性。根据《继承法》的相关规定，遗嘱对于遗产的处置要优先于法律的默示处置规则。因此，只有在遗嘱继承人无力承担赡养义务的前提下，其余法定继承人方才承担赡养义务。从遗嘱制度的设立初衷来看，遗嘱制度旨在体现立遗嘱人的意愿，保护其对自有财产的支配权。从案涉遗嘱内容来看，立遗嘱人之意愿并非由全部法定继承人对其承担赡养义务。从权利义务一致原则来看，其余两位非遗嘱继承人未获得继承收益，如仍让其负担丧葬费不符合权利义务一致原则。而四位遗嘱继承人所负担的遗嘱义务亦明显小于其所享有的继承利益。

九、被继承人债务清偿纠纷

陈某甲诉刘某甲、王某、武某、刘某乙、刘某丙被继承人债务清偿纠纷案

——诉讼主体竞合下未成年人的诉讼参与和继承地位认定

关键词：民事　被继承人债务清偿　诉讼主体竞合　未成年人　法定代理人　非婚生子女　亲子关系

基本案情

原告陈某甲诉称：原告与被继承人刘某丁系同居关系，双方曾于 2016 年 1 月 12 日育有非婚生女儿刘某丙。同居期间，刘某丁陆续向原告借款 76.54 万元。2018 年 9 月 21 日，刘某丁突然死亡。被告刘某甲、王某作为刘某丁的父母，被告武某作为刘某丁的配偶，被告刘某乙、刘某丙作为刘某丁的子女，均系刘某丁的第一顺序法定继承人，应承担刘某丁债务的清偿责任，故诉至法院，主张债权。

陈某乙被临时指定为未成年人刘某丙的法定代理人。陈某乙代刘某丙书面辩称：对原告所述无异议，如刘某丁有可继承的遗产，则在刘某丙应继承

的份额内，同意偿还刘某丁对原告的欠款。

被告刘某甲、武某、刘某乙、王某未作答辩。

法院经审理查明：原告陈某甲与刘某丁于2015年相识，于2016年1月生育刘某丙，生育刘某丙后至2018年期间双方处于同居状态，同居期间，刘某丁向原告借款共计76.54万元。刘某丁于2018年9月21日死亡。

陈某甲生育刘某丙时，刘某丁曾以夫妻关系签署手术知情同意书，以家属身份确认剖宫产。刘某丙的出生医学证明载明：父亲刘某丁、母亲陈某甲。刘某丙出生后长期跟随陈某乙（陈某甲之父）夫妻生活。

刘某丁生前在平安养老保险股份有限公司上海分公司投保有团体人身保险，理赔申请资格中载明，刘某丁与刘某丙系父女关系，陈某甲作为刘某丙的法定代理人，代为参与刘某丁的保险金分配，代为与武某确认保险金分配比例并代为领取保险金。

另查明，刘某丁与被告武某系夫妻关系，于2013年10月11日登记结婚，双方育有一子即本案被告刘某乙。被告刘某甲与王某分别系刘某丁的父母。

上海市闵行区人民法院于2019年8月29日作出民事判决：一、被告刘某甲、王某、武某、刘某乙、刘某丙于本判决生效之日起10日内在继承刘某丁遗产实际价值范围内归还原告陈某甲借款本金76.54万元；二、被告刘某甲、王某、武某、刘某乙、刘某丙于本判决生效之日起10日内在继承刘某丁遗产实际价值范围内归还原告陈某甲逾期还款利息52863元。宣判后，双方未提出上诉，判决已发生法律效力。

裁判理由

法院生效裁判认为：关于诉讼主体竞合下未成年人的诉讼参与，本案中，陈某甲身兼原告及被告刘某丙法定代理人的双重身份，诉讼主体出现竞合，在原告表示不愿意放弃对该未成年人主张权利的情况下，若机械地适用《民事诉讼法》的相关规定，认定母亲陈某甲为该未成年人的法定代理人参与诉讼，将使母亲身兼原告、被告双重身份，诉讼地位冲突，违背了当事人对抗的基本诉讼原理，也可能损害该未成年人的合法权益。对于如何及时、有效维护该未成年人的利益，审判实践中有撤销或变更监护、委托监护、指定代理等做法。鉴于本案不涉及监护人明显不履行监护职责或实施严重侵害被监护人合法权益的行为，故本案不适用撤销或变更监护、委托监护做法，故而采用在诉讼中临时指定法定代理人的方案解决诉讼主体竞合问题更为合理。同时，因刘某丙的祖父母刘某甲、王某同为本案被告，经公告送达传票未到庭应诉，无法有效保护未成年人的利益，反观陈某乙夫妇（刘某丙外祖父母），长期与刘某丙共同居住生活，陈某乙亦愿意在本案中作为刘某丙的指定法定代理人参加诉讼，且为完全民事行为能力人，故法院临时指定陈某乙作为刘某丙在本案中的法定代理人参与诉讼，维护其合法权益。案件审理过程中，陈某乙通过书面形式，表达愿意临时作为刘某丙的法定代理人参与案件诉讼，并对本案发表了相关意见。

关于非婚生子女继承地位的认定，根据法律规定，身份关系不适用于自认。当被继承人死亡难以进行亲子鉴定且亲缘关系鉴定意见无法得出明确、排他的指向性意见时，如何确认刘某丙的继承人地位，法院应当对此主动审查。结合本案证据，刘某丙的出生医学证明上明确载明，其母亲为陈某甲、父亲为刘某丁。出生医学证明是由医院出具的具有一定证明力的书面材料，一般而言，出生医学证明能够较为全面真实地反映父母信息，但审判实践中，也曾发现因医院管理不规范、审查不严谨等原因导致出生医学证明所记载的内容难以反映真实信息的情况。本案法院经过进一步调查发现，医院留档的剖宫术前告知书等书面材料中均有刘某丁作为家属或配偶签署的多份材料，并附有刘某丁提供的身份证复印件，能够对出生医学证明进行充分佐证。此外，陈某甲作为刘某丙的法定代理人，曾参与确认刘某丁的保险金分配方案，并代为领取了刘某丁的相应保险金。法院通过上述相互印证的材料，结合原告与刘某丁的同居事实进行综合判断，认定原告的举证已达到使法院认定亲子关系成立的合理确信，故认定刘某丙作为刘某丁的非婚生女儿，与刘某丁的婚生子女享有同等的继承地位，作为刘某丁的第一顺位继承人，对刘某丁的遗产享有法定继承权。

裁判要旨

1. 在未成年人的法定代理人出现诉讼主体竞合，诉讼地位冲突，直接代理可能损害未成年人合法权益的情形下，宜采用在诉讼中指定临时法定代理人的方式解决诉讼主体竞合问题，并实际参与诉讼。

2. 在亲子关系或亲缘关系难以直接确认的情况下，对非婚生子女与被继承人之间的亲子关系或亲缘关系可通过其提供的证据材料来推定，实现对非婚生子女继承权的同等保护。司法实践中常见的证据材料包括公权力机关出具的证明（户籍证明）、社会团体依职权制作的书证（出生证）、原始存档书证（自书信息）等。

十、其　他

指导性案例 50 号：李某、郭某阳诉郭某和、童某某继承纠纷案

关键词：民事　继承　人工授精　婚生子女

裁判要点

1. 夫妻关系存续期间，双方一致同意利用他人的精子进行人工授精并使女方受孕后，男方反悔，而女方坚持生出该子女的，不论该子女是否在夫妻关系存续期间出生，都应视为夫妻双方的婚生子女。

2. 如果夫妻一方所订立的遗嘱中没有为胎儿保留遗产份额，因违反《继承法》第十九条①规定，该部分遗嘱内容无效。分割遗产时，应当依照《继承法》第二十八条②规定，为胎儿保留继承份额。

基本案情

原告李某诉称：位于江苏省南京市某住宅小区的 306 室房屋（以下简称 306 室房屋），是其与被继承人郭某顺的夫妻共同财产。郭某顺因病死亡后，其儿子郭某阳出生。郭某顺的遗产，应当由妻子李某、儿子郭某阳与郭某顺的父母即被告郭某和、童某某等法定继承人共同继承。请求法院在析产继承

① 对应《民法典》第一千一百四十一条。
② 对应《民法典》第一千一百五十五条。

时，考虑郭某和、童某某有自己房产和退休工资，而李某无固定收入还要抚养幼子的情况，对李某和郭某阳给予照顾。

被告郭某和、童某某辩称：儿子郭某顺生前留下遗嘱，明确将306室房屋赠与二被告，故对该房产不适用法定继承。李某所生的孩子与郭某顺不存在血缘关系，郭某顺在遗嘱中声明他不要这个人工授精生下的孩子，他在得知自己患癌症后，已向李某表示过不要这个孩子，是李某自己坚持要生下孩子。因此，应该由李某对孩子负责，不能将孩子列为郭某顺的继承人。

法院经审理查明：1998年3月3日，原告李某与郭某顺登记结婚。2002年，郭某顺以自己的名义购买了涉案建筑面积为45.08平方米的306室房屋，并办理了房屋产权登记。2004年1月30日，李某和郭某顺共同与某医院生殖遗传中心签订了人工授精协议书，对李某实施了人工授精，后李某怀孕。2004年4月，郭某顺因病住院，其在得知自己患了癌症后，向李某表示不要这个孩子，但李某不同意人工流产，坚持要生下孩子。5月20日，郭某顺在医院立下自书遗嘱，在遗嘱中声明他不要这个人工授精生下的孩子，并将306室房屋赠与其父母郭某和、童某某。郭某顺于5月23日病故。李某于当年10月22日产下一子，取名郭某阳。原告李某无业，每月领取最低生活保障金，另有不固定的打工收入，并持有夫妻关系存续期间的共同存款18705.4元。被告郭某和、童某某系郭某顺的父母，居住在同一个住宅小区的305室，均有退休工资。2001年3月，郭某顺为开店，曾向童某某借款8500元。

南京大陆房地产估价师事务所有限责任公司受法院委托，于2006年3月对涉案306室房屋进行了评估，经评估房产价值为19.3万元。

裁判结果

江苏省南京市秦淮区人民法院于2006年4月20日作出一审判决：涉案的306室房屋归原告李某所有；李某于本判决生效之日起30日内，给付原告郭某阳33442.4元，该款由郭某阳的法定代理人李某保管；李某于本判决生效之日起30日内，给付被告郭某和33442.4元、给付被告童某某41942.4元。一审宣判后，双方当事人均未提出上诉，判决已发生法律效力。

裁判理由

法院生效裁判认为：本案争议焦点主要有两方面：一是郭某阳是否为郭某顺和李某的婚生子女？二是在郭某顺留有遗嘱的情况下，对306室房屋应如何析产继承？

关于争议焦点一。《最高人民法院关于夫妻离婚后人工授精所生子女的法律地位如何确定的复函》中指出："在夫妻关系存续期间，双方一致同意进行人工授精，所生子女应视为夫妻双方的婚生子女，父母子女之间权利义务关系适用《婚姻法》的有关规定。"郭某顺因无生育能力，签字同意医院为其妻子即原告李某施行人工授精手术，该行为表明郭某顺具有通过人工授精方法获得其与李某共同子女的意思表示。只要在夫妻关系存续期间，夫妻双方同意通过人工授精生育子女，所生子女均应视为夫妻双方的婚生子女。《民法通则》第五十七条[①]规定："民事法律行为从成立时起具有法律约束力。行为人非依法律规定或者取得对方同意，不得擅自变更或者解除。"因此，郭某顺在遗嘱中否认其与李某所怀胎儿的亲子关系，是无效民事行为，应当认定郭某阳是郭某顺和李某的婚生子女。

关于争议焦点二。《继承法》第五条[②]规定："继承开始后，按照法定继承办理；有遗嘱的，按照遗嘱继承或者遗赠办理；有遗赠扶养协议的，按照协议办理。"被继承人郭某顺死亡后，继承开始。鉴于郭某顺留有遗嘱，本案应当按照遗嘱继承办理。《继承法》第二十六条[③]第一款规定："夫妻在婚姻关系存续期间所得的共同所有的财产，除有约定的以外，如果分割遗产，应当先将共同所有的财产的一半分出为配偶所有，其余的为被继承人的遗产。"《最高人民法院关于贯彻执行〈中华人民共和国继承法〉若干问题的意见》［法（民）发〔1985〕22号］第三十八条规定："遗嘱人以遗嘱处分了属于国家、集体或他人所有的财产，遗嘱的这部分，应认定无效。"登记在被继承人郭某顺名下的306室房屋，已查明是郭某顺与原告李某夫妻关系存续期间取得的夫妻共同财产。郭某顺死亡后，该房屋的一半应归李某所有，另一半才能作为郭某顺的遗产。郭某顺在遗嘱中，将306室房屋全部房产处分归其父母，侵害了李某的房产权，遗嘱的这部分应属无效。此外，《继承法》第十九条规定："遗嘱应当对缺乏劳动能力又没有生活来源的继承人保留必要的遗产份额。"郭某顺在立遗嘱时，明知其妻子腹中的胎儿而没有在遗嘱中为胎儿保

① 对应《民法典》第一百三十六条。

② 对应《民法典》第一千一百二十三条。

③ 对应《民法典》第一千一百五十三条。

留必要的遗产份额，该部分遗嘱内容无效。《继承法》第二十八条规定：“遗产分割时，应当保留胎儿的继承份额。”因此，在分割遗产时，应当为该胎儿保留继承份额。综上，在扣除应当归李某所有的财产和应当为胎儿保留的继承份额之后，郭某顺遗产的剩余部分才可以按遗嘱确定的分配原则处理。

第四部分 法答网精选答问

1. 离婚案件中，孩子选择跟随生活的一方条件比另一方差很多，应如何处理?

答疑意见：《民法典》第一千零八十四条第三款规定："离婚后，不满两周岁的子女，以由母亲直接抚养为原则。已满两周岁的子女，父母双方对抚养问题协议不成的，由人民法院根据双方的具体情况，按照最有利于未成年子女的原则判决。子女已满八周岁的，应当尊重其真实意愿。"可见，最有利于未成年子女原则是解决未成年子女抚养问题的基本原则，应以此作为处理相关问题的基本出发点和落脚点。

具体到离婚纠纷中确定未成年子女由哪一方直接抚养更合适，要根据其年龄情况作区分处理：（1）对于不满2周岁的子女，应以母亲直接抚养为原则，除非存在《最高人民法院关于适用〈中华人民共和国民法典〉婚姻家庭编的解释（一）》(以下简称《民法典婚姻家庭编的解释（一）》) 第四十四条规定的确实不宜随母亲共同生活的特殊情况。（2）对于已满8周岁的子女，应当尊重其真实意愿。首先，应当尽量保证未成年子女在不受干扰的情况下发表意见，确保其意愿客观、真实。在征求未成年子女意见时，要根据未成年人的年龄和智力发育情况，选择其能够理解的方式。比如，可以采取入户调查、走访亲友、征求未成年子女住所地村（居）民委员会意见等家事调查方式，探寻其真实意愿。其次，在确定系未成年子女真实意愿的前提下，原则上应当尊重其真实意愿。这不仅是法律的明确规定，也是最有利于未成年子女原则的应有之义，是尊重未成年子女人格尊严的必然要求。需要注意的是，对于未成年子女来讲，物质条件只是确定一方抚养条件优劣的因素之一，而不是全部。未成年子女受哪一方生活上照顾较多，哪一方更能够提供情感需求、陪伴需求，更尊重其人格尊严，更有利于其身心健康发展等，均应当作为“条件”的考量要素。而物质需求还可以通过另一方支付抚养费等方式予以解决。（3）对于已满2周岁不满8周岁子女的直接抚养问题，应按照《民法典婚姻家庭编的解释（一）》第四十六条、第四十七条规定的具体考虑因素来判断，同时也要尽量尊重其真实意愿，根据最有利于未成年子女原则作出判决。

2. 遗产管理人是否有独立的诉权？

答疑意见：《民法典》规定了遗产管理人制度，但未对遗产管理人是否具有独立诉权进行明确，因此对于遗产诉讼中遗产管理人能否以自己的名义起诉或应诉问题，目前尚存争议。从立法目的来看，遗产管理人制度是为了保障遗产的完整性和安全性，公平、有序地分配遗产，使遗产上各项权利得以实现的一项综合性制度。为保障遗产管理人基于遗产管理目的而实施相应民事行为的实体权利，包括对债权债务的处分权等，应当认可遗产管理人在遗产管理期间享有相应的诉权。从起诉条件来看，根据《民事诉讼法》第一百二十二条规定，起诉必须符合下列条件：（1）原告是与本案有直接利害关系的公民、法人和其他组织；（2）有明确的被告；（3）有具体的诉讼请求和事实、理由；（4）属于人民法院受理民事诉讼的范围和受诉人民法院管辖。遗产管理人在履行遗产管理职责时提起民事诉讼的，可视为满足“与本案有直接利害关系”的条件。

司法实践在一定程度上也肯定了遗产管理人的独立诉讼地位。如根据《最高人民法院关于民事执行中变更、追加当事人若干问题的规定》第二条第一款、第十条第一款规定，遗产管理人在执行程序中可以作为执行人、被执行人。最高人民法院在（2020）最高法民再111号翁某、吕某第三人撤销之诉再审案中认为，一般情况下，遗产管理人及受托人进行遗产收集，为遗产管理、分配创造条件，有利于遗嘱受益人权利的实现，也有利于及时按照遗嘱分配遗产。因此，遗产管理人及受托人在收集遗产过程中遇到障碍，无法及时收集并有效管理遗产时，有权以自己名义对相关民事主体提起民事诉讼以保证遗产安全。

需要明确的是，即使承认遗产管理人享有相对独立的诉权，这种诉权的行使也应当被限定于遗产管理人的职责履行范围之内；与履行遗产管理职责无关的诉讼主张，不应得到支持。在法律、司法解释未明确遗产管理人的独立诉权之前，有必要对“遗产管理人在民事诉讼中的独立主体地位”持审慎态度，避免给大量的继承诉讼带来实操层面的困难。司法实践中，不同的案件还需结合案件事实情况后再分析适用。

3. 代位继承人成年后从未履行赡养义务，应否均分遗产?

答疑意见：从现行法律规定来看，法定继承以均等继承为原则，对于尽到较多赡养义务的也只是规定“可以”多分而非“应当”多分。但是就代位继承而言，代位继承人仅仅是承继了其父或母作为被继承人的第一顺位继承人的继承权，并不涉及赡养义务问题。这样的制度安排体现了对赡养的正向鼓励，但仍然强调维护以身份为基础的继承权利义务关系。因此，对于代位继承人而言，决定其能否均等继承的根本在于其身份是否符合代位继承的构成要件。当然，此种情况下，如果其他继承人尽到较多赡养义务，也应当是让有关继承人多分，而不是让该代位继承人少分。

第五部分　相关规定

一、法律、法规、部门规章

中华人民共和国民法典（节选）

（2020年5月28日第十三届全国人民代表大会第三次会议通过
2020年5月28日中华人民共和国主席令第四十五号公布
自2021年1月1日起施行）

第五编　婚姻家庭

第一章　一般规定

第一千零四十条　本编调整因婚姻家庭产生的民事关系。

第一千零四十一条　婚姻家庭受国家保护。

实行婚姻自由、一夫一妻、男女平等的婚姻制度。

保护妇女、未成年人、老年人、残疾人的合法权益。

第一千零四十二条　禁止包办、买卖婚姻和其他干涉婚姻自由的行为。禁止借婚姻索取财物。

禁止重婚。禁止有配偶者与他人同居。

禁止家庭暴力。禁止家庭成员间的虐待和遗弃。

第一千零四十三条 家庭应当树立优良家风，弘扬家庭美德，重视家庭文明建设。

夫妻应当互相忠实，互相尊重，互相关爱；家庭成员应当敬老爱幼，互相帮助，维护平等、和睦、文明的婚姻家庭关系。

第一千零四十四条 收养应当遵循最有利于被收养人的原则，保障被收养人和收养人的合法权益。

禁止借收养名义买卖未成年人。

第一千零四十五条 亲属包括配偶、血亲和姻亲。

配偶、父母、子女、兄弟姐妹、祖父母、外祖父母、孙子女、外孙子女为近亲属。

配偶、父母、子女和其他共同生活的近亲属为家庭成员。

第二章　结　婚

第一千零四十六条 结婚应当男女双方完全自愿，禁止任何一方对另一方加以强迫，禁止任何组织或者个人加以干涉。

第一千零四十七条 结婚年龄，男不得早于二十二周岁，女不得早于二十周岁。

第一千零四十八条 直系血亲或者三代以内的旁系血亲禁止结婚。

第一千零四十九条 要求结婚的男女双方应当亲自到婚姻登记机关申请结婚登记。符合本法规定的，予以登记，发给结婚证。完成结婚登记，即确立婚姻关系。未办理结婚登记的，应当补办登记。

第一千零五十条 登记结婚后，按照男女双方约定，女方可以成为男方家庭的成员，男方可以成为女方家庭的成员。

第一千零五十一条 有下列情形之一的，婚姻无效：

（一）重婚；

（二）有禁止结婚的亲属关系；

（三）未到法定婚龄。

第一千零五十二条 因胁迫结婚的，受胁迫的一方可以向人民法院请求撤销婚姻。

请求撤销婚姻的，应当自胁迫行为终止之日起一年内提出。

被非法限制人身自由的当事人请求撤销婚姻的，应当自恢复人身自由之日起一年内提出。

第一千零五十三条　一方患有重大疾病的，应当在结婚登记前如实告知另一方；不如实告知的，另一方可以向人民法院请求撤销婚姻。

请求撤销婚姻的，应当自知道或者应当知道撤销事由之日起一年内提出。

第一千零五十四条　无效的或者被撤销的婚姻自始没有法律约束力，当事人不具有夫妻的权利和义务。同居期间所得的财产，由当事人协议处理；协议不成的，由人民法院根据照顾无过错方的原则判决。对重婚导致的无效婚姻的财产处理，不得侵害合法婚姻当事人的财产权益。当事人所生的子女，适用本法关于父母子女的规定。

婚姻无效或者被撤销的，无过错方有权请求损害赔偿。

第三章　家庭关系

第一节　夫妻关系

第一千零五十五条　夫妻在婚姻家庭中地位平等。

第一千零五十六条　夫妻双方都有各自使用自己姓名的权利。

第一千零五十七条　夫妻双方都有参加生产、工作、学习和社会活动的自由，一方不得对另一方加以限制或者干涉。

第一千零五十八条　夫妻双方平等享有对未成年子女抚养、教育和保护的权利，共同承担对未成年子女抚养、教育和保护的义务。

第一千零五十九条　夫妻有相互扶养的义务。

需要扶养的一方，在另一方不履行扶养义务时，有要求其给付扶养费的权利。

第一千零六十条　夫妻一方因家庭日常生活需要而实施的民事法律行为，对夫妻双方发生效力，但是夫妻一方与相对人另有约定的除外。

夫妻之间对一方可以实施的民事法律行为范围的限制，不得对抗善意相对人。

第一千零六十一条　夫妻有相互继承遗产的权利。

第一千零六十二条　夫妻在婚姻关系存续期间所得的下列财产，为夫妻的共同财产，归夫妻共同所有：

（一）工资、奖金、劳务报酬；

（二）生产、经营、投资的收益；

（三）知识产权的收益；

（四）继承或者受赠的财产，但是本法第一千零六十三条第三项规定的除外；

（五）其他应当归共同所有的财产。

夫妻对共同财产，有平等的处理权。

第一千零六十三条 下列财产为夫妻一方的个人财产：

（一）一方的婚前财产；

（二）一方因受到人身损害获得的赔偿或者补偿；

（三）遗嘱或者赠与合同中确定只归一方的财产；

（四）一方专用的生活用品；

（五）其他应当归一方的财产。

第一千零六十四条 夫妻双方共同签名或者夫妻一方事后追认等共同意思表示所负的债务，以及夫妻一方在婚姻关系存续期间以个人名义为家庭日常生活需要所负的债务，属于夫妻共同债务。

夫妻一方在婚姻关系存续期间以个人名义超出家庭日常生活需要所负的债务，不属于夫妻共同债务；但是，债权人能够证明该债务用于夫妻共同生活、共同生产经营或者基于夫妻双方共同意思表示的除外。

第一千零六十五条 男女双方可以约定婚姻关系存续期间所得的财产以及婚前财产归各自所有、共同所有或者部分各自所有、部分共同所有。约定应当采用书面形式。没有约定或者约定不明确的，适用本法第一千零六十二条、第一千零六十三条的规定。

夫妻对婚姻关系存续期间所得的财产以及婚前财产的约定，对双方具有法律约束力。

夫妻对婚姻关系存续期间所得的财产约定归各自所有，夫或者妻一方对外所负的债务，相对人知道该约定的，以夫或者妻一方的个人财产清偿。

第一千零六十六条 婚姻关系存续期间，有下列情形之一的，夫妻一方可以向人民法院请求分割共同财产：

（一）一方有隐藏、转移、变卖、毁损、挥霍夫妻共同财产或者伪造夫妻共同债务等严重损害夫妻共同财产利益的行为；

（二）一方负有法定扶养义务的人患重大疾病需要医治，另一方不同意支付相关医疗费用。

第二节　父母子女关系和其他近亲属关系

第一千零六十七条　父母不履行抚养义务的，未成年子女或者不能独立生活的成年子女，有要求父母给付抚养费的权利。

成年子女不履行赡养义务的，缺乏劳动能力或者生活困难的父母，有要求成年子女给付赡养费的权利。

第一千零六十八条　父母有教育、保护未成年子女的权利和义务。未成年子女造成他人损害的，父母应当依法承担民事责任。

第一千零六十九条　子女应当尊重父母的婚姻权利，不得干涉父母离婚、再婚以及婚后的生活。子女对父母的赡养义务，不因父母的婚姻关系变化而终止。

第一千零七十条　父母和子女有相互继承遗产的权利。

第一千零七十一条　非婚生子女享有与婚生子女同等的权利，任何组织或者个人不得加以危害和歧视。

不直接抚养非婚生子女的生父或者生母，应当负担未成年子女或者不能独立生活的成年子女的抚养费。

第一千零七十二条　继父母与继子女间，不得虐待或者歧视。

继父或者继母和受其抚养教育的继子女间的权利义务关系，适用本法关于父母子女关系的规定。

第一千零七十三条　对亲子关系有异议且有正当理由的，父或者母可以向人民法院提起诉讼，请求确认或者否认亲子关系。

对亲子关系有异议且有正当理由的，成年子女可以向人民法院提起诉讼，请求确认亲子关系。

第一千零七十四条　有负担能力的祖父母、外祖父母，对于父母已经死亡或者父母无力抚养的未成年孙子女、外孙子女，有抚养的义务。

有负担能力的孙子女、外孙子女，对于子女已经死亡或者子女无力赡养的祖父母、外祖父母，有赡养的义务。

第一千零七十五条 有负担能力的兄、姐，对于父母已经死亡或者父母无力抚养的未成年弟、妹，有扶养的义务。

由兄、姐扶养长大的有负担能力的弟、妹，对于缺乏劳动能力又缺乏生活来源的兄、姐，有扶养的义务。

第四章 离 婚

第一千零七十六条 夫妻双方自愿离婚的，应当签订书面离婚协议，并亲自到婚姻登记机关申请离婚登记。

离婚协议应当载明双方自愿离婚的意思表示和对子女抚养、财产以及债务处理等事项协商一致的意见。

第一千零七十七条 自婚姻登记机关收到离婚登记申请之日起三十日内，任何一方不愿意离婚的，可以向婚姻登记机关撤回离婚登记申请。

前款规定期限届满后三十日内，双方应当亲自到婚姻登记机关申请发给离婚证；未申请的，视为撤回离婚登记申请。

第一千零七十八条 婚姻登记机关查明双方确实是自愿离婚，并已经对子女抚养、财产以及债务处理等事项协商一致的，予以登记，发给离婚证。

第一千零七十九条 夫妻一方要求离婚的，可以由有关组织进行调解或者直接向人民法院提起离婚诉讼。

人民法院审理离婚案件，应当进行调解；如果感情确已破裂，调解无效的，应当准予离婚。

有下列情形之一，调解无效的，应当准予离婚：

（一）重婚或者与他人同居；

（二）实施家庭暴力或者虐待、遗弃家庭成员；

（三）有赌博、吸毒等恶习屡教不改；

（四）因感情不和分居满二年；

（五）其他导致夫妻感情破裂的情形。

一方被宣告失踪，另一方提起离婚诉讼的，应当准予离婚。

经人民法院判决不准离婚后，双方又分居满一年，一方再次提起离婚诉讼的，应当准予离婚。

第一千零八十条 完成离婚登记，或者离婚判决书、调解书生效，即解除婚姻关系。

第一千零八十一条 现役军人的配偶要求离婚，应当征得军人同意，但是军人一方有重大过错的除外。

第一千零八十二条 女方在怀孕期间、分娩后一年内或者终止妊娠后六个月内，男方不得提出离婚；但是，女方提出离婚或者人民法院认为确有必要受理男方离婚请求的除外。

第一千零八十三条 离婚后，男女双方自愿恢复婚姻关系的，应当到婚姻登记机关重新进行结婚登记。

第一千零八十四条 父母与子女间的关系，不因父母离婚而消除。离婚后，子女无论由父或者母直接抚养，仍是父母双方的子女。

离婚后，父母对于子女仍有抚养、教育、保护的权利和义务。

离婚后，不满两周岁的子女，以由母亲直接抚养为原则。已满两周岁的子女，父母双方对抚养问题协议不成的，由人民法院根据双方的具体情况，按照最有利于未成年子女的原则判决。子女已满八周岁的，应当尊重其真实意愿。

第一千零八十五条 离婚后，子女由一方直接抚养的，另一方应当负担部分或者全部抚养费。负担费用的多少和期限的长短，由双方协议；协议不成的，由人民法院判决。

前款规定的协议或者判决，不妨碍子女在必要时向父母任何一方提出超过协议或者判决原定数额的合理要求。

第一千零八十六条 离婚后，不直接抚养子女的父或者母，有探望子女的权利，另一方有协助的义务。

行使探望权利的方式、时间由当事人协议；协议不成的，由人民法院判决。

父或者母探望子女，不利于子女身心健康的，由人民法院依法中止探望；中止的事由消失后，应当恢复探望。

第一千零八十七条 离婚时，夫妻的共同财产由双方协议处理；协议不成的，由人民法院根据财产的具体情况，按照照顾子女、女方和无过错方权益的原则判决。

对夫或者妻在家庭土地承包经营中享有的权益等，应当依法予以保护。

第一千零八十八条 夫妻一方因抚育子女、照料老年人、协助另一方工作等负担较多义务的，离婚时有权向另一方请求补偿，另一方应当给予补偿。具体办法由双方协议；协议不成的，由人民法院判决。

第一千零八十九条 离婚时，夫妻共同债务应当共同偿还。共同财产不足清偿或者财产归各自所有的，由双方协议清偿；协议不成的，由人民法院判决。

第一千零九十条 离婚时，如果一方生活困难，有负担能力的另一方应当给予适当帮助。具体办法由双方协议；协议不成的，由人民法院判决。

第一千零九十一条 有下列情形之一，导致离婚的，无过错方有权请求损害赔偿：

（一）重婚；

（二）与他人同居；

（三）实施家庭暴力；

（四）虐待、遗弃家庭成员；

（五）有其他重大过错。

第一千零九十二条 夫妻一方隐藏、转移、变卖、毁损、挥霍夫妻共同财产，或者伪造夫妻共同债务企图侵占另一方财产的，在离婚分割夫妻共同财产时，对该方可以少分或者不分。离婚后，另一方发现有上述行为的，可以向人民法院提起诉讼，请求再次分割夫妻共同财产。

第五章 收 养

第一节 收养关系的成立

第一千零九十三条 下列未成年人，可以被收养：

（一）丧失父母的孤儿；

（二）查找不到生父母的未成年人；

（三）生父母有特殊困难无力抚养的子女。

第一千零九十四条 下列个人、组织可以作送养人：

（一）孤儿的监护人；

（二）儿童福利机构；

（三）有特殊困难无力抚养子女的生父母。

第一千零九十五条　未成年人的父母均不具备完全民事行为能力且可能严重危害该未成年人的，该未成年人的监护人可以将其送养。

第一千零九十六条　监护人送养孤儿的，应当征得有抚养义务的人同意。有抚养义务的人不同意送养、监护人不愿意继续履行监护职责的，应当依照本法第一编的规定另行确定监护人。

第一千零九十七条　生父母送养子女，应当双方共同送养。生父母一方不明或者查找不到的，可以单方送养。

第一千零九十八条　收养人应当同时具备下列条件：

（一）无子女或者只有一名子女；

（二）有抚养、教育和保护被收养人的能力；

（三）未患有在医学上认为不应当收养子女的疾病；

（四）无不利于被收养人健康成长的违法犯罪记录；

（五）年满三十周岁。

第一千零九十九条　收养三代以内旁系同辈血亲的子女，可以不受本法第一千零九十三条第三项、第一千零九十四条第三项和第一千一百零二条规定的限制。

华侨收养三代以内旁系同辈血亲的子女，还可以不受本法第一千零九十八条第一项规定的限制。

第一千一百条　无子女的收养人可以收养两名子女；有子女的收养人只能收养一名子女。

收养孤儿、残疾未成年人或者儿童福利机构抚养的查找不到生父母的未成年人，可以不受前款和本法第一千零九十八条第一项规定的限制。

第一千一百零一条　有配偶者收养子女，应当夫妻共同收养。

第一千一百零二条　无配偶者收养异性子女的，收养人与被收养人的年龄应当相差四十周岁以上。

第一千一百零三条　继父或者继母经继子女的生父母同意，可以收养继子女，并可以不受本法第一千零九十三条第三项、第一千零九十四条第三项、第一千零九十八条和第一千一百条第一款规定的限制。

第一千一百零四条 收养人收养与送养人送养，应当双方自愿。收养八周岁以上未成年人的，应当征得被收养人的同意。

第一千一百零五条 收养应当向县级以上人民政府民政部门登记。收养关系自登记之日起成立。

收养查找不到生父母的未成年人的，办理登记的民政部门应当在登记前予以公告。

收养关系当事人愿意签订收养协议的，可以签订收养协议。

收养关系当事人各方或者一方要求办理收养公证的，应当办理收养公证。

县级以上人民政府民政部门应当依法进行收养评估。

第一千一百零六条 收养关系成立后，公安机关应当按照国家有关规定为被收养人办理户口登记。

第一千一百零七条 孤儿或者生父母无力抚养的子女，可以由生父母的亲属、朋友抚养；抚养人与被抚养人的关系不适用本章规定。

第一千一百零八条 配偶一方死亡，另一方送养未成年子女的，死亡一方的父母有优先抚养的权利。

第一千一百零九条 外国人依法可以在中华人民共和国收养子女。

外国人在中华人民共和国收养子女，应当经其所在国主管机关依照该国法律审查同意。收养人应当提供由其所在国有权机构出具的有关其年龄、婚姻、职业、财产、健康、有无受过刑事处罚等状况的证明材料，并与送养人签订书面协议，亲自向省、自治区、直辖市人民政府民政部门登记。

前款规定的证明材料应当经收养人所在国外交机关或者外交机关授权的机构认证，并经中华人民共和国驻该国使领馆认证，但是国家另有规定的除外。

第一千一百一十条 收养人、送养人要求保守收养秘密的，其他人应当尊重其意愿，不得泄露。

第二节　收养的效力

第一千一百一十一条 自收养关系成立之日起，养父母与养子女间的权利义务关系，适用本法关于父母子女关系的规定；养子女与养父母的近亲属间的权利义务关系，适用本法关于子女与父母的近亲属关系的规定。

养子女与生父母以及其他近亲属间的权利义务关系，因收养关系的成立而消除。

第一千一百一十二条 养子女可以随养父或者养母的姓氏，经当事人协商一致，也可以保留原姓氏。

第一千一百一十三条 有本法第一编关于民事法律行为无效规定情形或者违反本编规定的收养行为无效。

无效的收养行为自始没有法律约束力。

第三节 收养关系的解除

第一千一百一十四条 收养人在被收养人成年以前，不得解除收养关系，但是收养人、送养人双方协议解除的除外。养子女八周岁以上的，应当征得本人同意。

收养人不履行抚养义务，有虐待、遗弃等侵害未成年养子女合法权益行为的，送养人有权要求解除养父母与养子女间的收养关系。送养人、收养人不能达成解除收养关系协议的，可以向人民法院提起诉讼。

第一千一百一十五条 养父母与成年养子女关系恶化、无法共同生活的，可以协议解除收养关系。不能达成协议的，可以向人民法院提起诉讼。

第一千一百一十六条 当事人协议解除收养关系的，应当到民政部门办理解除收养关系登记。

第一千一百一十七条 收养关系解除后，养子女与养父母以及其他近亲属间的权利义务关系即行消除，与生父母以及其他近亲属间的权利义务关系自行恢复。但是，成年养子女与生父母以及其他近亲属间的权利义务关系是否恢复，可以协商确定。

第一千一百一十八条 收养关系解除后，经养父母抚养的成年养子女，对缺乏劳动能力又缺乏生活来源的养父母，应当给付生活费。因养子女成年后虐待、遗弃养父母而解除收养关系的，养父母可以要求养子女补偿收养期间支出的抚养费。

生父母要求解除收养关系的，养父母可以要求生父母适当补偿收养期间支出的抚养费；但是，因养父母虐待、遗弃养子女而解除收养关系的除外。

第六编　继　承

第一章　一般规定

第一千一百一十九条　本编调整因继承产生的民事关系。

第一千一百二十条　国家保护自然人的继承权。

第一千一百二十一条　继承从被继承人死亡时开始。

相互有继承关系的数人在同一事件中死亡，难以确定死亡时间的，推定没有其他继承人的人先死亡。都有其他继承人，辈份不同的，推定长辈先死亡；辈份相同的，推定同时死亡，相互不发生继承。

第一千一百二十二条　遗产是自然人死亡时遗留的个人合法财产。

依照法律规定或者根据其性质不得继承的遗产，不得继承。

第一千一百二十三条　继承开始后，按照法定继承办理；有遗嘱的，按照遗嘱继承或者遗赠办理；有遗赠扶养协议的，按照协议办理。

第一千一百二十四条　继承开始后，继承人放弃继承的，应当在遗产处理前，以书面形式作出放弃继承的表示；没有表示的，视为接受继承。

受遗赠人应当在知道受遗赠后六十日内，作出接受或者放弃受遗赠的表示；到期没有表示的，视为放弃受遗赠。

第一千一百二十五条　继承人有下列行为之一的，丧失继承权：

（一）故意杀害被继承人；

（二）为争夺遗产而杀害其他继承人；

（三）遗弃被继承人，或者虐待被继承人情节严重；

（四）伪造、篡改、隐匿或者销毁遗嘱，情节严重；

（五）以欺诈、胁迫手段迫使或者妨碍被继承人设立、变更或者撤回遗嘱，情节严重。

继承人有前款第三项至第五项行为，确有悔改表现，被继承人表示宽恕或者事后在遗嘱中将其列为继承人的，该继承人不丧失继承权。

受遗赠人有本条第一款规定行为的，丧失受遗赠权。

第二章　法定继承

第一千一百二十六条　继承权男女平等。

第一千一百二十七条　遗产按照下列顺序继承：

（一）第一顺序：配偶、子女、父母；

（二）第二顺序：兄弟姐妹、祖父母、外祖父母。

继承开始后，由第一顺序继承人继承，第二顺序继承人不继承；没有第一顺序继承人继承的，由第二顺序继承人继承。

本编所称子女，包括婚生子女、非婚生子女、养子女和有扶养关系的继子女。

本编所称父母，包括生父母、养父母和有扶养关系的继父母。

本编所称兄弟姐妹，包括同父母的兄弟姐妹、同父异母或者同母异父的兄弟姐妹、养兄弟姐妹、有扶养关系的继兄弟姐妹。

第一千一百二十八条　被继承人的子女先于被继承人死亡的，由被继承人的子女的直系晚辈血亲代位继承。

被继承人的兄弟姐妹先于被继承人死亡的，由被继承人的兄弟姐妹的子女代位继承。

代位继承人一般只能继承被代位继承人有权继承的遗产份额。

第一千一百二十九条　丧偶儿媳对公婆，丧偶女婿对岳父母，尽了主要赡养义务的，作为第一顺序继承人。

第一千一百三十条　同一顺序继承人继承遗产的份额，一般应当均等。

对生活有特殊困难又缺乏劳动能力的继承人，分配遗产时，应当予以照顾。

对被继承人尽了主要扶养义务或者与被继承人共同生活的继承人，分配遗产时，可以多分。

有扶养能力和有扶养条件的继承人，不尽扶养义务的，分配遗产时，应当不分或者少分。

继承人协商同意的，也可以不均等。

第一千一百三十一条　对继承人以外的依靠被继承人扶养的人，或者继承人以外的对被继承人扶养较多的人，可以分给适当的遗产。

第一千一百三十二条 继承人应当本着互谅互让、和睦团结的精神，协商处理继承问题。遗产分割的时间、办法和份额，由继承人协商确定；协商不成的，可以由人民调解委员会调解或者向人民法院提起诉讼。

第三章 遗嘱继承和遗赠

第一千一百三十三条 自然人可以依照本法规定立遗嘱处分个人财产，并可以指定遗嘱执行人。

自然人可以立遗嘱将个人财产指定由法定继承人中的一人或者数人继承。

自然人可以立遗嘱将个人财产赠与国家、集体或者法定继承人以外的组织、个人。

自然人可以依法设立遗嘱信托。

第一千一百三十四条 自书遗嘱由遗嘱人亲笔书写，签名，注明年、月、日。

第一千一百三十五条 代书遗嘱应当有两个以上见证人在场见证，由其中一人代书，并由遗嘱人、代书人和其他见证人签名，注明年、月、日。

第一千一百三十六条 打印遗嘱应当有两个以上见证人在场见证。遗嘱人和见证人应当在遗嘱每一页签名，注明年、月、日。

第一千一百三十七条 以录音录像形式立的遗嘱，应当有两个以上见证人在场见证。遗嘱人和见证人应当在录音录像中记录其姓名或者肖像，以及年、月、日。

第一千一百三十八条 遗嘱人在危急情况下，可以立口头遗嘱。口头遗嘱应当有两个以上见证人在场见证。危急情况消除后，遗嘱人能够以书面或者录音录像形式立遗嘱的，所立的口头遗嘱无效。

第一千一百三十九条 公证遗嘱由遗嘱人经公证机构办理。

第一千一百四十条 下列人员不能作为遗嘱见证人：

（一）无民事行为能力人、限制民事行为能力人以及其他不具有见证能力的人；

（二）继承人、受遗赠人；

（三）与继承人、受遗赠人有利害关系的人。

第一千一百四十一条 遗嘱应当为缺乏劳动能力又没有生活来源的继承

人保留必要的遗产份额。

第一千一百四十二条　遗嘱人可以撤回、变更自己所立的遗嘱。

立遗嘱后，遗嘱人实施与遗嘱内容相反的民事法律行为的，视为对遗嘱相关内容的撤回。

立有数份遗嘱，内容相抵触的，以最后的遗嘱为准。

第一千一百四十三条　无民事行为能力人或者限制民事行为能力人所立的遗嘱无效。

遗嘱必须表示遗嘱人的真实意思，受欺诈、胁迫所立的遗嘱无效。

伪造的遗嘱无效。

遗嘱被篡改的，篡改的内容无效。

第一千一百四十四条　遗嘱继承或者遗赠附有义务的，继承人或者受遗赠人应当履行义务。没有正当理由不履行义务的，经利害关系人或者有关组织请求，人民法院可以取消其接受附义务部分遗产的权利。

第四章　遗产的处理

第一千一百四十五条　继承开始后，遗嘱执行人为遗产管理人；没有遗嘱执行人的，继承人应当及时推选遗产管理人；继承人未推选的，由继承人共同担任遗产管理人；没有继承人或者继承人均放弃继承的，由被继承人生前住所地的民政部门或者村民委员会担任遗产管理人。

第一千一百四十六条　对遗产管理人的确定有争议的，利害关系人可以向人民法院申请指定遗产管理人。

第一千一百四十七条　遗产管理人应当履行下列职责：

（一）清理遗产并制作遗产清单；

（二）向继承人报告遗产情况；

（三）采取必要措施防止遗产毁损、灭失；

（四）处理被继承人的债权债务；

（五）按照遗嘱或者依照法律规定分割遗产；

（六）实施与管理遗产有关的其他必要行为。

第一千一百四十八条　遗产管理人应当依法履行职责，因故意或者重大过失造成继承人、受遗赠人、债权人损害的，应当承担民事责任。

第一千一百四十九条 遗产管理人可以依照法律规定或者按照约定获得报酬。

第一千一百五十条 继承开始后，知道被继承人死亡的继承人应当及时通知其他继承人和遗嘱执行人。继承人中无人知道被继承人死亡或者知道被继承人死亡而不能通知的，由被继承人生前所在单位或者住所地的居民委员会、村民委员会负责通知。

第一千一百五十一条 存有遗产的人，应当妥善保管遗产，任何组织或者个人不得侵吞或者争抢。

第一千一百五十二条 继承开始后，继承人于遗产分割前死亡，并没有放弃继承的，该继承人应当继承的遗产转给其继承人，但是遗嘱另有安排的除外。

第一千一百五十三条 夫妻共同所有的财产，除有约定的外，遗产分割时，应当先将共同所有的财产的一半分出为配偶所有，其余的为被继承人的遗产。

遗产在家庭共有财产之中的，遗产分割时，应当先分出他人的财产。

第一千一百五十四条 有下列情形之一的，遗产中的有关部分按照法定继承办理：

（一）遗嘱继承人放弃继承或者受遗赠人放弃受遗赠；

（二）遗嘱继承人丧失继承权或者受遗赠人丧失受遗赠权；

（三）遗嘱继承人、受遗赠人先于遗嘱人死亡或者终止；

（四）遗嘱无效部分所涉及的遗产；

（五）遗嘱未处分的遗产。

第一千一百五十五条 遗产分割时，应当保留胎儿的继承份额。胎儿娩出时是死体的，保留的份额按照法定继承办理。

第一千一百五十六条 遗产分割应当有利于生产和生活需要，不损害遗产的效用。

不宜分割的遗产，可以采取折价、适当补偿或者共有等方法处理。

第一千一百五十七条 夫妻一方死亡后另一方再婚的，有权处分所继承的财产，任何组织或者个人不得干涉。

第一千一百五十八条 自然人可以与继承人以外的组织或者个人签订遗

赠扶养协议。按照协议，该组织或者个人承担该自然人生养死葬的义务，享有受遗赠的权利。

第一千一百五十九条 分割遗产，应当清偿被继承人依法应当缴纳的税款和债务；但是，应当为缺乏劳动能力又没有生活来源的继承人保留必要的遗产。

第一千一百六十条 无人继承又无人受遗赠的遗产，归国家所有，用于公益事业；死者生前是集体所有制组织成员的，归所在集体所有制组织所有。

第一千一百六十一条 继承人以所得遗产实际价值为限清偿被继承人依法应当缴纳的税款和债务。超过遗产实际价值部分，继承人自愿偿还的不在此限。

继承人放弃继承的，对被继承人依法应当缴纳的税款和债务可以不负清偿责任。

第一千一百六十二条 执行遗赠不得妨碍清偿遗赠人依法应当缴纳的税款和债务。

第一千一百六十三条 既有法定继承又有遗嘱继承、遗赠的，由法定继承人清偿被继承人依法应当缴纳的税款和债务；超过法定继承遗产实际价值部分，由遗嘱继承人和受遗赠人按比例以所得遗产清偿。

中华人民共和国反家庭暴力法

（2015 年 12 月 27 日第十二届全国人民代表大会常务委员会第十八次会议通过
2015 年 12 月 27 日中华人民共和国主席令第三十七号公布
自 2016 年 3 月 1 日起施行）

目　录

第一章　总　则

第一条　为了预防和制止家庭暴力，保护家庭成员的合法权益，维护平等、和睦、文明的家庭关系，促进家庭和谐、社会稳定，制定本法。

第二条　本法所称家庭暴力，是指家庭成员之间以殴打、捆绑、残害、限制人身自由以及经常性谩骂、恐吓等方式实施的身体、精神等侵害行为。

第三条　家庭成员之间应当互相帮助，互相关爱，和睦相处，履行家庭义务。

反家庭暴力是国家、社会和每个家庭的共同责任。

国家禁止任何形式的家庭暴力。

第四条　县级以上人民政府负责妇女儿童工作的机构，负责组织、协调、指导、督促有关部门做好反家庭暴力工作。

县级以上人民政府有关部门、司法机关、人民团体、社会组织、居民委员会、村民委员会、企业事业单位，应当依照本法和有关法律规定，做好反家庭暴力工作。

各级人民政府应当对反家庭暴力工作给予必要的经费保障。

第五条　反家庭暴力工作遵循预防为主，教育、矫治与惩处相结合原则。

反家庭暴力工作应当尊重受害人真实意愿，保护当事人隐私。

未成年人、老年人、残疾人、孕期和哺乳期的妇女、重病患者遭受家庭暴力的，应当给予特殊保护。

第二章　家庭暴力的预防

第六条　国家开展家庭美德宣传教育，普及反家庭暴力知识，增强公民反家庭暴力意识。

工会、共产主义青年团、妇女联合会、残疾人联合会应当在各自工作范围内，组织开展家庭美德和反家庭暴力宣传教育。

广播、电视、报刊、网络等应当开展家庭美德和反家庭暴力宣传。

学校、幼儿园应当开展家庭美德和反家庭暴力教育。

第七条　县级以上人民政府有关部门、司法机关、妇女联合会应当将预防和制止家庭暴力纳入业务培训和统计工作。

医疗机构应当做好家庭暴力受害人的诊疗记录。

第八条　乡镇人民政府、街道办事处应当组织开展家庭暴力预防工作，居民委员会、村民委员会、社会工作服务机构应当予以配合协助。

第九条　各级人民政府应当支持社会工作服务机构等社会组织开展心理健康咨询、家庭关系指导、家庭暴力预防知识教育等服务。

第十条　人民调解组织应当依法调解家庭纠纷，预防和减少家庭暴力的发生。

第十一条　用人单位发现本单位人员有家庭暴力情况的，应当给予批评教育，并做好家庭矛盾的调解、化解工作。

第十二条　未成年人的监护人应当以文明的方式进行家庭教育，依法履行监护和教育职责，不得实施家庭暴力。

第三章　家庭暴力的处置

第十三条　家庭暴力受害人及其法定代理人、近亲属可以向加害人或者受害人所在单位、居民委员会、村民委员会、妇女联合会等单位投诉、反映或者求助。有关单位接到家庭暴力投诉、反映或者求助后，应当给予帮助、处理。

家庭暴力受害人及其法定代理人、近亲属也可以向公安机关报案或者依法向人民法院起诉。

单位、个人发现正在发生的家庭暴力行为，有权及时劝阻。

第十四条　学校、幼儿园、医疗机构、居民委员会、村民委员会、社会工作服务机构、救助管理机构、福利机构及其工作人员在工作中发现无民事行为能力人、限制民事行为能力人遭受或者疑似遭受家庭暴力的，应当及时向公安机关报案。公安机关应当对报案人的信息予以保密。

第十五条　公安机关接到家庭暴力报案后应当及时出警，制止家庭暴力，按照有关规定调查取证，协助受害人就医、鉴定伤情。

无民事行为能力人、限制民事行为能力人因家庭暴力身体受到严重伤害、面临人身安全威胁或者处于无人照料等危险状态的，公安机关应当通知并协助民政部门将其安置到临时庇护场所、救助管理机构或者福利机构。

第十六条 家庭暴力情节较轻，依法不给予治安管理处罚的，由公安机关对加害人给予批评教育或者出具告诫书。

告诫书应当包括加害人的身份信息、家庭暴力的事实陈述、禁止加害人实施家庭暴力等内容。

第十七条 公安机关应当将告诫书送交加害人、受害人，并通知居民委员会、村民委员会。

居民委员会、村民委员会、公安派出所应当对收到告诫书的加害人、受害人进行查访，监督加害人不再实施家庭暴力。

第十八条 县级或者设区的市级人民政府可以单独或者依托救助管理机构设立临时庇护场所，为家庭暴力受害人提供临时生活帮助。

第十九条 法律援助机构应当依法为家庭暴力受害人提供法律援助。

人民法院应当依法对家庭暴力受害人缓收、减收或者免收诉讼费用。

第二十条 人民法院审理涉及家庭暴力的案件，可以根据公安机关出警记录、告诫书、伤情鉴定意见等证据，认定家庭暴力事实。

第二十一条 监护人实施家庭暴力严重侵害被监护人合法权益的，人民法院可以根据被监护人的近亲属、居民委员会、村民委员会、县级人民政府民政部门等有关人员或者单位的申请，依法撤销其监护人资格，另行指定监护人。

被撤销监护人资格的加害人，应当继续负担相应的赡养、扶养、抚养费用。

第二十二条 工会、共产主义青年团、妇女联合会、残疾人联合会、居民委员会、村民委员会等应当对实施家庭暴力的加害人进行法治教育，必要时可以对加害人、受害人进行心理辅导。

第四章 人身安全保护令

第二十三条 当事人因遭受家庭暴力或者面临家庭暴力的现实危险，向人民法院申请人身安全保护令的，人民法院应当受理。

当事人是无民事行为能力人、限制民事行为能力人，或者因受到强制、威吓等原因无法申请人身安全保护令的，其近亲属、公安机关、妇女联合会、居民委员会、村民委员会、救助管理机构可以代为申请。

第二十四条　申请人身安全保护令应当以书面方式提出；书面申请确有困难的，可以口头申请，由人民法院记入笔录。

第二十五条　人身安全保护令案件由申请人或者被申请人居住地、家庭暴力发生地的基层人民法院管辖。

第二十六条　人身安全保护令由人民法院以裁定形式作出。

第二十七条　作出人身安全保护令，应当具备下列条件：

（一）有明确的被申请人；

（二）有具体的请求；

（三）有遭受家庭暴力或者面临家庭暴力现实危险的情形。

第二十八条　人民法院受理申请后，应当在七十二小时内作出人身安全保护令或者驳回申请；情况紧急的，应当在二十四小时内作出。

第二十九条　人身安全保护令可以包括下列措施：

（一）禁止被申请人实施家庭暴力；

（二）禁止被申请人骚扰、跟踪、接触申请人及其相关近亲属；

（三）责令被申请人迁出申请人住所；

（四）保护申请人人身安全的其他措施。

第三十条　人身安全保护令的有效期不超过六个月，自作出之日起生效。人身安全保护令失效前，人民法院可以根据申请人的申请撤销、变更或者延长。

第三十一条　申请人对驳回申请不服或者被申请人对人身安全保护令不服的，可以自裁定生效之日起五日内向作出裁定的人民法院申请复议一次。人民法院依法作出人身安全保护令的，复议期间不停止人身安全保护令的执行。

第三十二条　人民法院作出人身安全保护令后，应当送达申请人、被申请人、公安机关以及居民委员会、村民委员会等有关组织。人身安全保护令由人民法院执行，公安机关以及居民委员会、村民委员会等应当协助执行。

第五章　法律责任

第三十三条　加害人实施家庭暴力，构成违反治安管理行为的，依法给予治安管理处罚；构成犯罪的，依法追究刑事责任。

第三十四条　被申请人违反人身安全保护令，构成犯罪的，依法追究刑事责任；尚不构成犯罪的，人民法院应当给予训诫，可以根据情节轻重处以一千元以下罚款、十五日以下拘留。

第三十五条　学校、幼儿园、医疗机构、居民委员会、村民委员会、社会工作服务机构、救助管理机构、福利机构及其工作人员未依照本法第十四条规定向公安机关报案，造成严重后果的，由上级主管部门或者本单位对直接负责的主管人员和其他直接责任人员依法给予处分。

第三十六条　负有反家庭暴力职责的国家工作人员玩忽职守、滥用职权、徇私舞弊的，依法给予处分；构成犯罪的，依法追究刑事责任。

第六章　附　则

第三十七条　家庭成员以外共同生活的人之间实施的暴力行为，参照本法规定执行。

第三十八条　本法自 2016 年 3 月 1 日起施行。

中华人民共和国妇女权益保障法

（1992年4月3日第七届全国人民代表大会第五次会议通过　根据2005年8月28日第十届全国人民代表大会常务委员会第十七次会议《关于修改〈中华人民共和国妇女权益保障法〉的决定》第一次修正　根据2018年10月26日第十三届全国人民代表大会常务委员会第六次会议《关于修改〈中华人民共和国野生动物保护法〉等十五部法律的决定》第二次修正　2022年10月30日第十三届全国人民代表大会常务委员会第三十七次会议修订
2022年10月30日中华人民共和国主席令第一二二号公布
自2023年1月1日起施行）

目　录

第一章　总　则

第一条　为了保障妇女的合法权益，促进男女平等和妇女全面发展，充分发挥妇女在全面建设社会主义现代化国家中的作用，弘扬社会主义核心价值观，根据宪法，制定本法。

第二条 男女平等是国家的基本国策。妇女在政治的、经济的、文化的、社会的和家庭的生活等各方面享有同男子平等的权利。

国家采取必要措施，促进男女平等，消除对妇女一切形式的歧视，禁止排斥、限制妇女依法享有和行使各项权益。

国家保护妇女依法享有的特殊权益。

第三条 坚持中国共产党对妇女权益保障工作的领导，建立政府主导、各方协同、社会参与的保障妇女权益工作机制。

各级人民政府应当重视和加强妇女权益的保障工作。

县级以上人民政府负责妇女儿童工作的机构，负责组织、协调、指导、督促有关部门做好妇女权益的保障工作。

县级以上人民政府有关部门在各自的职责范围内做好妇女权益的保障工作。

第四条 保障妇女的合法权益是全社会的共同责任。国家机关、社会团体、企业事业单位、基层群众性自治组织以及其他组织和个人，应当依法保障妇女的权益。

国家采取有效措施，为妇女依法行使权利提供必要的条件。

第五条 国务院制定和组织实施中国妇女发展纲要，将其纳入国民经济和社会发展规划，保障和促进妇女在各领域的全面发展。

县级以上地方各级人民政府根据中国妇女发展纲要，制定和组织实施本行政区域的妇女发展规划，将其纳入国民经济和社会发展规划。

县级以上人民政府应当将妇女权益保障所需经费列入本级预算。

第六条 中华全国妇女联合会和地方各级妇女联合会依照法律和中华全国妇女联合会章程，代表和维护各族各界妇女的利益，做好维护妇女权益、促进男女平等和妇女全面发展的工作。

工会、共产主义青年团、残疾人联合会等群团组织应当在各自的工作范围内，做好维护妇女权益的工作。

第七条 国家鼓励妇女自尊、自信、自立、自强，运用法律维护自身合法权益。

妇女应当遵守国家法律，尊重社会公德、职业道德和家庭美德，履行法律所规定的义务。

第八条 有关机关制定或者修改涉及妇女权益的法律、法规、规章和其他规范性文件，应当听取妇女联合会的意见，充分考虑妇女的特殊权益，必要时开展男女平等评估。

第九条 国家建立健全妇女发展状况统计调查制度，完善性别统计监测指标体系，定期开展妇女发展状况和权益保障统计调查和分析，发布有关信息。

第十条 国家将男女平等基本国策纳入国民教育体系，开展宣传教育，增强全社会的男女平等意识，培育尊重和关爱妇女的社会风尚。

第十一条 国家对保障妇女合法权益成绩显著的组织和个人，按照有关规定给予表彰和奖励。

第二章 政治权利

第十二条 国家保障妇女享有与男子平等的政治权利。

第十三条 妇女有权通过各种途径和形式，依法参与管理国家事务、管理经济和文化事业、管理社会事务。

妇女和妇女组织有权向各级国家机关提出妇女权益保障方面的意见和建议。

第十四条 妇女享有与男子平等的选举权和被选举权。

全国人民代表大会和地方各级人民代表大会的代表中，应当保证有适当数量的妇女代表。国家采取措施，逐步提高全国人民代表大会和地方各级人民代表大会的妇女代表的比例。

居民委员会、村民委员会成员中，应当保证有适当数量的妇女成员。

第十五条 国家积极培养和选拔女干部，重视培养和选拔少数民族女干部。

国家机关、群团组织、企业事业单位培养、选拔和任用干部，应当坚持男女平等的原则，并有适当数量的妇女担任领导成员。

妇女联合会及其团体会员，可以向国家机关、群团组织、企业事业单位推荐女干部。

国家采取措施支持女性人才成长。

第十六条 妇女联合会代表妇女积极参与国家和社会事务的民主协商、

民主决策、民主管理和民主监督。

第十七条 对于有关妇女权益保障工作的批评或者合理可行的建议，有关部门应当听取和采纳；对于有关侵害妇女权益的申诉、控告和检举，有关部门应当查清事实，负责处理，任何组织和个人不得压制或者打击报复。

第三章 人身和人格权益

第十八条 国家保障妇女享有与男子平等的人身和人格权益。

第十九条 妇女的人身自由不受侵犯。禁止非法拘禁和以其他非法手段剥夺或者限制妇女的人身自由；禁止非法搜查妇女的身体。

第二十条 妇女的人格尊严不受侵犯。禁止用侮辱、诽谤等方式损害妇女的人格尊严。

第二十一条 妇女的生命权、身体权、健康权不受侵犯。禁止虐待、遗弃、残害、买卖以及其他侵害女性生命健康权益的行为。

禁止进行非医学需要的胎儿性别鉴定和选择性别的人工终止妊娠。

医疗机构施行生育手术、特殊检查或者特殊治疗时，应当征得妇女本人同意；在妇女与其家属或者关系人意见不一致时，应当尊重妇女本人意愿。

第二十二条 禁止拐卖、绑架妇女；禁止收买被拐卖、绑架的妇女；禁止阻碍解救被拐卖、绑架的妇女。

各级人民政府和公安、民政、人力资源和社会保障、卫生健康等部门及村民委员会、居民委员会按照各自的职责及时发现报告，并采取措施解救被拐卖、绑架的妇女，做好被解救妇女的安置、救助和关爱等工作。妇女联合会协助和配合做好有关工作。任何组织和个人不得歧视被拐卖、绑架的妇女。

第二十三条 禁止违背妇女意愿，以言语、文字、图像、肢体行为等方式对其实施性骚扰。

受害妇女可以向有关单位和国家机关投诉。接到投诉的有关单位和国家机关应当及时处理，并书面告知处理结果。

受害妇女可以向公安机关报案，也可以向人民法院提起民事诉讼，依法请求行为人承担民事责任。

第二十四条 学校应当根据女学生的年龄阶段，进行生理卫生、心理健康和自我保护教育，在教育、管理、设施等方面采取措施，提高其防范性侵害、性骚扰的自我保护意识和能力，保障女学生的人身安全和身心健康发展。

学校应当建立有效预防和科学处置性侵害、性骚扰的工作制度。对性侵害、性骚扰女学生的违法犯罪行为，学校不得隐瞒，应当及时通知受害未成年女学生的父母或者其他监护人，向公安机关、教育行政部门报告，并配合相关部门依法处理。

对遭受性侵害、性骚扰的女学生，学校、公安机关、教育行政部门等相关单位和人员应当保护其隐私和个人信息，并提供必要的保护措施。

第二十五条　用人单位应当采取下列措施预防和制止对妇女的性骚扰：

（一）制定禁止性骚扰的规章制度；

（二）明确负责机构或者人员；

（三）开展预防和制止性骚扰的教育培训活动；

（四）采取必要的安全保卫措施；

（五）设置投诉电话、信箱等，畅通投诉渠道；

（六）建立和完善调查处置程序，及时处置纠纷并保护当事人隐私和个人信息；

（七）支持、协助受害妇女依法维权，必要时为受害妇女提供心理疏导；

（八）其他合理的预防和制止性骚扰措施。

第二十六条　住宿经营者应当及时准确登记住宿人员信息，健全住宿服务规章制度，加强安全保障措施；发现可能侵害妇女权益的违法犯罪行为，应当及时向公安机关报告。

第二十七条　禁止卖淫、嫖娼；禁止组织、强迫、引诱、容留、介绍妇女卖淫或者对妇女进行猥亵活动；禁止组织、强迫、引诱、容留、介绍妇女在任何场所或者利用网络进行淫秽表演活动。

第二十八条　妇女的姓名权、肖像权、名誉权、荣誉权、隐私权和个人信息等人格权益受法律保护。

媒体报道涉及妇女事件应当客观、适度，不得通过夸大事实、过度渲染等方式侵害妇女的人格权益。

禁止通过大众传播媒介或者其他方式贬低损害妇女人格。未经本人同意，不得通过广告、商标、展览橱窗、报纸、期刊、图书、音像制品、电子出版物、网络等形式使用妇女肖像，但法律另有规定的除外。

第二十九条 禁止以恋爱、交友为由或者在终止恋爱关系、离婚之后，纠缠、骚扰妇女，泄露、传播妇女隐私和个人信息。

妇女遭受上述侵害或者面临上述侵害现实危险的，可以向人民法院申请人身安全保护令。

第三十条 国家建立健全妇女健康服务体系，保障妇女享有基本医疗卫生服务，开展妇女常见病、多发病的预防、筛查和诊疗，提高妇女健康水平。

国家采取必要措施，开展经期、孕期、产期、哺乳期和更年期的健康知识普及、卫生保健和疾病防治，保障妇女特殊生理时期的健康需求，为有需要的妇女提供心理健康服务支持。

第三十一条 县级以上地方人民政府应当设立妇幼保健机构，为妇女提供保健以及常见病防治服务。

国家鼓励和支持社会力量通过依法捐赠、资助或者提供志愿服务等方式，参与妇女卫生健康事业，提供安全的生理健康用品或者服务，满足妇女多样化、差异化的健康需求。

用人单位应当定期为女职工安排妇科疾病、乳腺疾病检查以及妇女特殊需要的其他健康检查。

第三十二条 妇女依法享有生育子女的权利，也有不生育子女的自由。

第三十三条 国家实行婚前、孕前、孕产期和产后保健制度，逐步建立妇女全生育周期系统保健制度。医疗保健机构应当提供安全、有效的医疗保健服务，保障妇女生育安全和健康。

有关部门应当提供安全、有效的避孕药具和技术，保障妇女的健康和安全。

第三十四条 各级人民政府在规划、建设基础设施时，应当考虑妇女的特殊需求，配备满足妇女需要的公共厕所和母婴室等公共设施。

第四章 文化教育权益

第三十五条 国家保障妇女享有与男子平等的文化教育权利。

第三十六条 父母或者其他监护人应当履行保障适龄女性未成年人接受并完成义务教育的义务。

对无正当理由不送适龄女性未成年人入学的父母或者其他监护人，由当地乡镇人民政府或者县级人民政府教育行政部门给予批评教育，依法责令其限期改正。居民委员会、村民委员会应当协助政府做好相关工作。

政府、学校应当采取有效措施，解决适龄女性未成年人就学存在的实际困难，并创造条件，保证适龄女性未成年人完成义务教育。

第三十七条　学校和有关部门应当执行国家有关规定，保障妇女在入学、升学、授予学位、派出留学、就业指导和服务等方面享有与男子平等的权利。

学校在录取学生时，除国家规定的特殊专业外，不得以性别为由拒绝录取女性或者提高对女性的录取标准。

各级人民政府应当采取措施，保障女性平等享有接受中高等教育的权利和机会。

第三十八条　各级人民政府应当依照规定把扫除妇女中的文盲、半文盲工作，纳入扫盲和扫盲后继续教育规划，采取符合妇女特点的组织形式和工作方法，组织、监督有关部门具体实施。

第三十九条　国家健全全民终身学习体系，为妇女终身学习创造条件。

各级人民政府和有关部门应当采取措施，根据城镇和农村妇女的需要，组织妇女接受职业教育和实用技术培训。

第四十条　国家机关、社会团体和企业事业单位应当执行国家有关规定，保障妇女从事科学、技术、文学、艺术和其他文化活动，享有与男子平等的权利。

第五章　劳动和社会保障权益

第四十一条　国家保障妇女享有与男子平等的劳动权利和社会保障权利。

第四十二条　各级人民政府和有关部门应当完善就业保障政策措施，防止和纠正就业性别歧视，为妇女创造公平的就业创业环境，为就业困难的妇女提供必要的扶持和援助。

第四十三条　用人单位在招录（聘）过程中，除国家另有规定外，不得实施下列行为：

（一）限定为男性或者规定男性优先；

（二）除个人基本信息外，进一步询问或者调查女性求职者的婚育情况；

（三）将妊娠测试作为入职体检项目；

（四）将限制结婚、生育或者婚姻、生育状况作为录（聘）用条件；

（五）其他以性别为由拒绝录（聘）用妇女或者差别化地提高对妇女录（聘）用标准的行为。

第四十四条 用人单位在录（聘）用女职工时，应当依法与其签订劳动（聘用）合同或者服务协议，劳动（聘用）合同或者服务协议中应当具备女职工特殊保护条款，并不得规定限制女职工结婚、生育等内容。

职工一方与用人单位订立的集体合同中应当包含男女平等和女职工权益保护相关内容，也可以就相关内容制定专章、附件或者单独订立女职工权益保护专项集体合同。

第四十五条 实行男女同工同酬。妇女在享受福利待遇方面享有与男子平等的权利。

第四十六条 在晋职、晋级、评聘专业技术职称和职务、培训等方面，应当坚持男女平等的原则，不得歧视妇女。

第四十七条 用人单位应当根据妇女的特点，依法保护妇女在工作和劳动时的安全、健康以及休息的权利。

妇女在经期、孕期、产期、哺乳期受特殊保护。

第四十八条 用人单位不得因结婚、怀孕、产假、哺乳等情形，降低女职工的工资和福利待遇，限制女职工晋职、晋级、评聘专业技术职称和职务，辞退女职工，单方解除劳动（聘用）合同或者服务协议。

女职工在怀孕以及依法享受产假期间，劳动（聘用）合同或者服务协议期满的，劳动（聘用）合同或者服务协议期限自动延续至产假结束。但是，用人单位依法解除、终止劳动（聘用）合同、服务协议，或者女职工依法要求解除、终止劳动（聘用）合同、服务协议的除外。

用人单位在执行国家退休制度时，不得以性别为由歧视妇女。

第四十九条 人力资源和社会保障部门应当将招聘、录取、晋职、晋级、评聘专业技术职称和职务、培训、辞退等过程中的性别歧视行为纳入劳动保障监察范围。

第五十条 国家发展社会保障事业，保障妇女享有社会保险、社会救助和社会福利等权益。

国家提倡和鼓励为帮助妇女而开展的社会公益活动。

第五十一条　国家实行生育保险制度，建立健全婴幼儿托育服务等与生育相关的其他保障制度。

国家建立健全职工生育休假制度，保障孕产期女职工依法享有休息休假权益。

地方各级人民政府和有关部门应当按照国家有关规定，为符合条件的困难妇女提供必要的生育救助。

第五十二条　各级人民政府和有关部门应当采取必要措施，加强贫困妇女、老龄妇女、残疾妇女等困难妇女的权益保障，按照有关规定为其提供生活帮扶、就业创业支持等关爱服务。

第六章　财产权益

第五十三条　国家保障妇女享有与男子平等的财产权利。

第五十四条　在夫妻共同财产、家庭共有财产关系中，不得侵害妇女依法享有的权益。

第五十五条　妇女在农村集体经济组织成员身份确认、土地承包经营、集体经济组织收益分配、土地征收补偿安置或者征用补偿以及宅基地使用等方面，享有与男子平等的权利。

申请农村土地承包经营权、宅基地使用权等不动产登记，应当在不动产登记簿和权属证书上将享有权利的妇女等家庭成员全部列明。征收补偿安置或者征用补偿协议应当将享有相关权益的妇女列入，并记载权益内容。

第五十六条　村民自治章程、村规民约，村民会议、村民代表会议的决定以及其他涉及村民利益事项的决定，不得以妇女未婚、结婚、离婚、丧偶、户无男性等为由，侵害妇女在农村集体经济组织中的各项权益。

因结婚男方到女方住所落户的，男方和子女享有与所在地农村集体经济组织成员平等的权益。

第五十七条　国家保护妇女在城镇集体所有财产关系中的权益。妇女依照法律、法规的规定享有相关权益。

第五十八条　妇女享有与男子平等的继承权。妇女依法行使继承权，不受歧视。

丧偶妇女有权依法处分继承的财产，任何组织和个人不得干涉。

第五十九条 丧偶儿媳对公婆尽了主要赡养义务的，作为第一顺序继承人，其继承权不受子女代位继承的影响。

第七章 婚姻家庭权益

第六十条 国家保障妇女享有与男子平等的婚姻家庭权利。

第六十一条 国家保护妇女的婚姻自主权。禁止干涉妇女的结婚、离婚自由。

第六十二条 国家鼓励男女双方在结婚登记前，共同进行医学检查或者相关健康体检。

第六十三条 婚姻登记机关应当提供婚姻家庭辅导服务，引导当事人建立平等、和睦、文明的婚姻家庭关系。

第六十四条 女方在怀孕期间、分娩后一年内或者终止妊娠后六个月内，男方不得提出离婚；但是，女方提出离婚或者人民法院认为确有必要受理男方离婚请求的除外。

第六十五条 禁止对妇女实施家庭暴力。

县级以上人民政府有关部门、司法机关、社会团体、企业事业单位、基层群众性自治组织以及其他组织，应当在各自的职责范围内预防和制止家庭暴力，依法为受害妇女提供救助。

第六十六条 妇女对夫妻共同财产享有与其配偶平等的占有、使用、收益和处分的权利，不受双方收入状况等情形的影响。

对夫妻共同所有的不动产以及可以联名登记的动产，女方有权要求在权属证书上记载其姓名；认为记载的权利人、标的物、权利比例等事项有错误的，有权依法申请更正登记或者异议登记，有关机构应当按照其申请依法办理相应登记手续。

第六十七条 离婚诉讼期间，夫妻一方申请查询登记在对方名下财产状况且确因客观原因不能自行收集的，人民法院应当进行调查取证，有关部门和单位应当予以协助。

离婚诉讼期间，夫妻双方均有向人民法院申报全部夫妻共同财产的义务。一方隐藏、转移、变卖、损毁、挥霍夫妻共同财产，或者伪造夫妻共同债务企图侵占另一方财产的，在离婚分割夫妻共同财产时，对该方可以少分或者不分财产。

第六十八条　夫妻双方应当共同负担家庭义务，共同照顾家庭生活。

女方因抚育子女、照料老人、协助男方工作等负担较多义务的，有权在离婚时要求男方予以补偿。补偿办法由双方协议确定；协议不成的，可以向人民法院提起诉讼。

第六十九条　离婚时，分割夫妻共有的房屋或者处理夫妻共同租住的房屋，由双方协议解决；协议不成的，可以向人民法院提起诉讼。

第七十条　父母双方对未成年子女享有平等的监护权。

父亲死亡、无监护能力或者有其他情形不能担任未成年子女的监护人的，母亲的监护权任何组织和个人不得干涉。

第七十一条　女方丧失生育能力的，在离婚处理子女抚养问题时，应当在最有利于未成年子女的条件下，优先考虑女方的抚养要求。

第八章　救济措施

第七十二条　对侵害妇女合法权益的行为，任何组织和个人都有权予以劝阻、制止或者向有关部门提出控告或者检举。有关部门接到控告或者检举后，应当依法及时处理，并为控告人、检举人保密。

妇女的合法权益受到侵害的，有权要求有关部门依法处理，或者依法申请调解、仲裁，或者向人民法院起诉。

对符合条件的妇女，当地法律援助机构或者司法机关应当给予帮助，依法为其提供法律援助或者司法救助。

第七十三条　妇女的合法权益受到侵害的，可以向妇女联合会等妇女组织求助。妇女联合会等妇女组织应当维护被侵害妇女的合法权益，有权要求并协助有关部门或者单位查处。有关部门或者单位应当依法查处，并予以答复；不予处理或者处理不当的，县级以上人民政府负责妇女儿童工作的机构、妇女联合会可以向其提出督促处理意见，必要时可以提请同级人民政府开展督查。

受害妇女进行诉讼需要帮助的，妇女联合会应当给予支持和帮助。

第七十四条　用人单位侵害妇女劳动和社会保障权益的，人力资源和社会保障部门可以联合工会、妇女联合会约谈用人单位，依法进行监督并要求其限期纠正。

第七十五条 妇女在农村集体经济组织成员身份确认等方面权益受到侵害的，可以申请乡镇人民政府等进行协调，或者向人民法院起诉。

乡镇人民政府应当对村民自治章程、村规民约，村民会议、村民代表会议的决定以及其他涉及村民利益事项的决定进行指导，对其中违反法律、法规和国家政策规定，侵害妇女合法权益的内容责令改正；受侵害妇女向农村土地承包仲裁机构申请仲裁或者向人民法院起诉的，农村土地承包仲裁机构或者人民法院应当依法受理。

第七十六条 县级以上人民政府应当开通全国统一的妇女权益保护服务热线，及时受理、移送有关侵害妇女合法权益的投诉、举报；有关部门或者单位接到投诉、举报后，应当及时予以处置。

鼓励和支持群团组织、企业事业单位、社会组织和个人参与建设妇女权益保护服务热线，提供妇女权益保护方面的咨询、帮助。

第七十七条 侵害妇女合法权益，导致社会公共利益受损的，检察机关可以发出检察建议；有下列情形之一的，检察机关可以依法提起公益诉讼：

（一）确认农村妇女集体经济组织成员身份时侵害妇女权益或者侵害妇女享有的农村土地承包和集体收益、土地征收征用补偿分配权益和宅基地使用权益；

（二）侵害妇女平等就业权益；

（三）相关单位未采取合理措施预防和制止性骚扰；

（四）通过大众传播媒介或者其他方式贬低损害妇女人格；

（五）其他严重侵害妇女权益的情形。

第七十八条 国家机关、社会团体、企业事业单位对侵害妇女权益的行为，可以支持受侵害的妇女向人民法院起诉。

第九章 法律责任

第七十九条 违反本法第二十二条第二款规定，未履行报告义务的，依法对直接负责的主管人员和其他直接责任人员给予处分。

第八十条 违反本法规定，对妇女实施性骚扰的，由公安机关给予批评教育或者出具告诫书，并由所在单位依法给予处分。

学校、用人单位违反本法规定，未采取必要措施预防和制止性骚扰，造成妇女权益受到侵害或者社会影响恶劣的，由上级机关或者主管部门责令改正；拒不改正或者情节严重的，依法对直接负责的主管人员和其他直接责任人员给予处分。

第八十一条　违反本法第二十六条规定，未履行报告等义务的，依法给予警告、责令停业整顿或者吊销营业执照、吊销相关许可证，并处一万元以上五万元以下罚款。

第八十二条　违反本法规定，通过大众传播媒介或者其他方式贬低损害妇女人格的，由公安、网信、文化旅游、广播电视、新闻出版或者其他有关部门依据各自的职权责令改正，并依法给予行政处罚。

第八十三条　用人单位违反本法第四十三条和第四十八条规定的，由人力资源和社会保障部门责令改正；拒不改正或者情节严重的，处一万元以上五万元以下罚款。

第八十四条　违反本法规定，对侵害妇女权益的申诉、控告、检举，推诿、拖延、压制不予查处，或者对提出申诉、控告、检举的人进行打击报复的，依法责令改正，并对直接负责的主管人员和其他直接责任人员给予处分。

国家机关及其工作人员未依法履行职责，对侵害妇女权益的行为未及时制止或者未给予受害妇女必要帮助，造成严重后果的，依法对直接负责的主管人员和其他直接责任人员给予处分。

违反本法规定，侵害妇女人身和人格权益、文化教育权益、劳动和社会保障权益、财产权益以及婚姻家庭权益的，依法责令改正，直接负责的主管人员和其他直接责任人员属于国家工作人员的，依法给予处分。

第八十五条　违反本法规定，侵害妇女的合法权益，其他法律、法规规定行政处罚的，从其规定；造成财产损失或者人身损害的，依法承担民事责任；构成犯罪的，依法追究刑事责任。

第十章　附　则

第八十六条　本法自 2023 年 1 月 1 日起施行。

中华人民共和国未成年人保护法

（1991 年 9 月 4 日第七届全国人民代表大会常务委员会第二十一次会议通过　2006 年 12 月 29 日第十届全国人民代表大会常务委员会第二十五次会议第一次修订　根据 2012 年 10 月 26 日第十一届全国人民代表大会常务委员会第二十九次会议《关于修改〈中华人民共和国未成年人保护法〉的决定》第一次修正　2020 年 10 月 17 日第十三届全国人民代表大会常务委员会第二十二次会议第二次修订　根据 2024 年 4 月 26 日第十四届全国人民代表大会常务委员会第九次会议《关于修改〈中华人民共和国农业技术推广法〉〈中华人民共和国未成年人保护法〉〈中华人民共和国生物安全法〉的决定》第二次修正）

目　　录

第一章　总　　则

第一条　为了保护未成年人身心健康，保障未成年人合法权益，促进未成年人德智体美劳全面发展，培养有理想、有道德、有文化、有纪律的社会主义建设者和接班人，培养担当民族复兴大任的时代新人，根据宪法，制定本法。

第二条　本法所称未成年人是指未满十八周岁的公民。

第三条　国家保障未成年人的生存权、发展权、受保护权、参与权等权利。

未成年人依法平等地享有各项权利，不因本人及其父母或者其他监护人的民族、种族、性别、户籍、职业、宗教信仰、教育程度、家庭状况、身心健康状况等受到歧视。

第四条　保护未成年人，应当坚持最有利于未成年人的原则。处理涉及未成年人事项，应当符合下列要求：

（一）给予未成年人特殊、优先保护；

（二）尊重未成年人人格尊严；

（三）保护未成年人隐私权和个人信息；

（四）适应未成年人身心健康发展的规律和特点；

（五）听取未成年人的意见；

（六）保护与教育相结合。

第五条　国家、社会、学校和家庭应当对未成年人进行理想教育、道德教育、科学教育、文化教育、法治教育、国家安全教育、健康教育、劳动教育，加强爱国主义、集体主义和中国特色社会主义的教育，培养爱祖国、爱人民、爱劳动、爱科学、爱社会主义的公德，抵制资本主义、封建主义和其他腐朽思想的侵蚀，引导未成年人树立和践行社会主义核心价值观。

第六条　保护未成年人，是国家机关、武装力量、政党、人民团体、企业事业单位、社会组织、城乡基层群众性自治组织、未成年人的监护人以及其他成年人的共同责任。

国家、社会、学校和家庭应当教育和帮助未成年人维护自身合法权益，增强自我保护的意识和能力。

第七条　未成年人的父母或者其他监护人依法对未成年人承担监护职责。

国家采取措施指导、支持、帮助和监督未成年人的父母或者其他监护人履行监护职责。

第八条　县级以上人民政府应当将未成年人保护工作纳入国民经济和社会发展规划，相关经费纳入本级政府预算。

第九条 各级人民政府应当重视和加强未成年人保护工作。县级以上人民政府负责妇女儿童工作的机构，负责未成年人保护工作的组织、协调、指导、督促，有关部门在各自职责范围内做好相关工作。

第十条 共产主义青年团、妇女联合会、工会、残疾人联合会、关心下一代工作委员会、青年联合会、学生联合会、少年先锋队以及其他人民团体、有关社会组织，应当协助各级人民政府及其有关部门、人民检察院、人民法院做好未成年人保护工作，维护未成年人合法权益。

第十一条 任何组织或者个人发现不利于未成年人身心健康或者侵犯未成年人合法权益的情形，都有权劝阻、制止或者向公安、民政、教育等有关部门提出检举、控告。

国家机关、居民委员会、村民委员会、密切接触未成年人的单位及其工作人员，在工作中发现未成年人身心健康受到侵害、疑似受到侵害或者面临其他危险情形的，应当立即向公安、民政、教育等有关部门报告。

有关部门接到涉及未成年人的检举、控告或者报告，应当依法及时受理、处置，并以适当方式将处理结果告知相关单位和人员。

第十二条 国家鼓励和支持未成年人保护方面的科学研究，建设相关学科、设置相关专业，加强人才培养。

第十三条 国家建立健全未成年人统计调查制度，开展未成年人健康、受教育等状况的统计、调查和分析，发布未成年人保护的有关信息。

第十四条 国家对保护未成年人有显著成绩的组织和个人给予表彰和奖励。

第二章　家庭保护

第十五条 未成年人的父母或者其他监护人应当学习家庭教育知识，接受家庭教育指导，创造良好、和睦、文明的家庭环境。

共同生活的其他成年家庭成员应当协助未成年人的父母或者其他监护人抚养、教育和保护未成年人。

第十六条 未成年人的父母或者其他监护人应当履行下列监护职责：

（一）为未成年人提供生活、健康、安全等方面的保障；

（二）关注未成年人的生理、心理状况和情感需求；

（三）教育和引导未成年人遵纪守法、勤俭节约，养成良好的思想品德和行为习惯；

（四）对未成年人进行安全教育，提高未成年人的自我保护意识和能力；

（五）尊重未成年人受教育的权利，保障适龄未成年人依法接受并完成义务教育；

（六）保障未成年人休息、娱乐和体育锻炼的时间，引导未成年人进行有益身心健康的活动；

（七）妥善管理和保护未成年人的财产；

（八）依法代理未成年人实施民事法律行为；

（九）预防和制止未成年人的不良行为和违法犯罪行为，并进行合理管教；

（十）其他应当履行的监护职责。

第十七条　未成年人的父母或者其他监护人不得实施下列行为：

（一）虐待、遗弃、非法送养未成年人或者对未成年人实施家庭暴力；

（二）放任、教唆或者利用未成年人实施违法犯罪行为；

（三）放任、唆使未成年人参与邪教、迷信活动或者接受恐怖主义、分裂主义、极端主义等侵害；

（四）放任、唆使未成年人吸烟（含电子烟，下同）、饮酒、赌博、流浪乞讨或者欺凌他人；

（五）放任或者迫使应当接受义务教育的未成年人失学、辍学；

（六）放任未成年人沉迷网络，接触危害或者可能影响其身心健康的图书、报刊、电影、广播电视节目、音像制品、电子出版物和网络信息等；

（七）放任未成年人进入营业性娱乐场所、酒吧、互联网上网服务营业场所等不适宜未成年人活动的场所；

（八）允许或者迫使未成年人从事国家规定以外的劳动；

（九）允许、迫使未成年人结婚或者为未成年人订立婚约；

（十）违法处分、侵吞未成年人的财产或者利用未成年人牟取不正当利益；

（十一）其他侵犯未成年人身心健康、财产权益或者不依法履行未成年人保护义务的行为。

第十八条 未成年人的父母或者其他监护人应当为未成年人提供安全的家庭生活环境，及时排除引发触电、烫伤、跌落等伤害的安全隐患；采取配备儿童安全座椅、教育未成年人遵守交通规则等措施，防止未成年人受到交通事故的伤害；提高户外安全保护意识，避免未成年人发生溺水、动物伤害等事故。

第十九条 未成年人的父母或者其他监护人应当根据未成年人的年龄和智力发展状况，在作出与未成年人权益有关的决定前，听取未成年人的意见，充分考虑其真实意愿。

第二十条 未成年人的父母或者其他监护人发现未成年人身心健康受到侵害、疑似受到侵害或者其他合法权益受到侵犯的，应当及时了解情况并采取保护措施；情况严重的，应当立即向公安、民政、教育等部门报告。

第二十一条 未成年人的父母或者其他监护人不得使未满八周岁或者由于身体、心理原因需要特别照顾的未成年人处于无人看护状态，或者将其交由无民事行为能力、限制民事行为能力、患有严重传染性疾病或者其他不适宜的人员临时照护。

未成年人的父母或者其他监护人不得使未满十六周岁的未成年人脱离监护单独生活。

第二十二条 未成年人的父母或者其他监护人因外出务工等原因在一定期限内不能完全履行监护职责的，应当委托具有照护能力的完全民事行为能力人代为照护；无正当理由的，不得委托他人代为照护。

未成年人的父母或者其他监护人在确定被委托人时，应当综合考虑其道德品质、家庭状况、身心健康状况、与未成年人生活情感上的联系等情况，并听取有表达意愿能力未成年人的意见。

具有下列情形之一的，不得作为被委托人：

（一）曾实施性侵害、虐待、遗弃、拐卖、暴力伤害等违法犯罪行为；

（二）有吸毒、酗酒、赌博等恶习；

（三）曾拒不履行或者长期怠于履行监护、照护职责；

（四）其他不适宜担任被委托人的情形。

第二十三条 未成年人的父母或者其他监护人应当及时将委托照护情况书面告知未成年人所在学校、幼儿园和实际居住地的居民委员会、村民委员会，加强和未成年人所在学校、幼儿园的沟通；与未成年人、被委托人至少每周联系和交流一次，了解未成年人的生活、学习、心理等情况，并给予未成年人亲情关爱。

未成年人的父母或者其他监护人接到被委托人、居民委员会、村民委员会、学校、幼儿园等关于未成年人心理、行为异常的通知后，应当及时采取干预措施。

第二十四条　未成年人的父母离婚时，应当妥善处理未成年子女的抚养、教育、探望、财产等事宜，听取有表达意愿能力未成年人的意见。不得以抢夺、藏匿未成年子女等方式争夺抚养权。

未成年人的父母离婚后，不直接抚养未成年子女的一方应当依照协议、人民法院判决或者调解确定的时间和方式，在不影响未成年人学习、生活的情况下探望未成年子女，直接抚养的一方应当配合，但被人民法院依法中止探望权的除外。

第三章　学校保护

第二十五条　学校应当全面贯彻国家教育方针，坚持立德树人，实施素质教育，提高教育质量，注重培养未成年学生认知能力、合作能力、创新能力和实践能力，促进未成年学生全面发展。

学校应当建立未成年学生保护工作制度，健全学生行为规范，培养未成年学生遵纪守法的良好行为习惯。

第二十六条　幼儿园应当做好保育、教育工作，遵循幼儿身心发展规律，实施启蒙教育，促进幼儿在体质、智力、品德等方面和谐发展。

第二十七条　学校、幼儿园的教职员工应当尊重未成年人人格尊严，不得对未成年人实施体罚、变相体罚或者其他侮辱人格尊严的行为。

第二十八条　学校应当保障未成年学生受教育的权利，不得违反国家规定开除、变相开除未成年学生。

学校应当对尚未完成义务教育的辍学未成年学生进行登记并劝返复学；劝返无效的，应当及时向教育行政部门书面报告。

第二十九条　学校应当关心、爱护未成年学生，不得因家庭、身体、心理、学习能力等情况歧视学生。对家庭困难、身心有障碍的学生，应当提供关爱；对行为异常、学习有困难的学生，应当耐心帮助。

学校应当配合政府有关部门建立留守未成年学生、困境未成年学生的信息档案，开展关爱帮扶工作。

第三十条 学校应当根据未成年学生身心发展特点，进行社会生活指导、心理健康辅导、青春期教育和生命教育。

第三十一条 学校应当组织未成年学生参加与其年龄相适应的日常生活劳动、生产劳动和服务性劳动，帮助未成年学生掌握必要的劳动知识和技能，养成良好的劳动习惯。

第三十二条 学校、幼儿园应当开展勤俭节约、反对浪费、珍惜粮食、文明饮食等宣传教育活动，帮助未成年人树立浪费可耻、节约为荣的意识，养成文明健康、绿色环保的生活习惯。

第三十三条 学校应当与未成年学生的父母或者其他监护人互相配合，合理安排未成年学生的学习时间，保障其休息、娱乐和体育锻炼的时间。

学校不得占用国家法定节假日、休息日及寒暑假期，组织义务教育阶段的未成年学生集体补课，加重其学习负担。

幼儿园、校外培训机构不得对学龄前未成年人进行小学课程教育。

第三十四条 学校、幼儿园应当提供必要的卫生保健条件，协助卫生健康部门做好在校、在园未成年人的卫生保健工作。

第三十五条 学校、幼儿园应当建立安全管理制度，对未成年人进行安全教育，完善安保设施、配备安保人员，保障未成年人在校、在园期间的人身和财产安全。

学校、幼儿园不得在危及未成年人人身安全、身心健康的校舍和其他设施、场所中进行教育教学活动。

学校、幼儿园安排未成年人参加文化娱乐、社会实践等集体活动，应当保护未成年人的身心健康，防止发生人身伤害事故。

第三十六条 使用校车的学校、幼儿园应当建立健全校车安全管理制度，配备安全管理人员，定期对校车进行安全检查，对校车驾驶人进行安全教育，并向未成年人讲解校车安全乘坐知识，培养未成年人校车安全事故应急处理技能。

第三十七条 学校、幼儿园应当根据需要，制定应对自然灾害、事故灾难、公共卫生事件等突发事件和意外伤害的预案，配备相应设施并定期进行必要的演练。

未成年人在校内、园内或者本校、本园组织的校外、园外活动中发生人身伤害事故的，学校、幼儿园应当立即救护，妥善处理，及时通知未成年人的父母或者其他监护人，并向有关部门报告。

第三十八条　学校、幼儿园不得安排未成年人参加商业性活动，不得向未成年人及其父母或者其他监护人推销或者要求其购买指定的商品和服务。

学校、幼儿园不得与校外培训机构合作为未成年人提供有偿课程辅导。

第三十九条　学校应当建立学生欺凌防控工作制度，对教职员工、学生等开展防治学生欺凌的教育和培训。

学校对学生欺凌行为应当立即制止，通知实施欺凌和被欺凌未成年学生的父母或者其他监护人参与欺凌行为的认定和处理；对相关未成年学生及时给予心理辅导、教育和引导；对相关未成年学生的父母或者其他监护人给予必要的家庭教育指导。

对实施欺凌的未成年学生，学校应当根据欺凌行为的性质和程度，依法加强管教。对严重的欺凌行为，学校不得隐瞒，应当及时向公安机关、教育行政部门报告，并配合相关部门依法处理。

第四十条　学校、幼儿园应当建立预防性侵害、性骚扰未成年人工作制度。对性侵害、性骚扰未成年人等违法犯罪行为，学校、幼儿园不得隐瞒，应当及时向公安机关、教育行政部门报告，并配合相关部门依法处理。

学校、幼儿园应当对未成年人开展适合其年龄的性教育，提高未成年人防范性侵害、性骚扰的自我保护意识和能力。对遭受性侵害、性骚扰的未成年人，学校、幼儿园应当及时采取相关的保护措施。

第四十一条　婴幼儿照护服务机构、早期教育服务机构、校外培训机构、校外托管机构等应当参照本章有关规定，根据不同年龄阶段未成年人的成长特点和规律，做好未成年人保护工作。

第四章　社会保护

第四十二条　全社会应当树立关心、爱护未成年人的良好风尚。

国家鼓励、支持和引导人民团体、企业事业单位、社会组织以及其他组织和个人，开展有利于未成年人健康成长的社会活动和服务。

第四十三条 居民委员会、村民委员会应当设置专人专岗负责未成年人保护工作，协助政府有关部门宣传未成年人保护方面的法律法规，指导、帮助和监督未成年人的父母或者其他监护人依法履行监护职责，建立留守未成年人、困境未成年人的信息档案并给予关爱帮扶。

居民委员会、村民委员会应当协助政府有关部门监督未成年人委托照护情况，发现被委托人缺乏照护能力、怠于履行照护职责等情况，应当及时向政府有关部门报告，并告知未成年人的父母或者其他监护人，帮助、督促被委托人履行照护职责。

第四十四条 爱国主义教育基地、图书馆、青少年宫、儿童活动中心、儿童之家应当对未成年人免费开放；博物馆、纪念馆、科技馆、展览馆、美术馆、文化馆、社区公益性互联网上网服务场所以及影剧院、体育场馆、动物园、植物园、公园等场所，应当按照有关规定对未成年人免费或者优惠开放。

国家鼓励爱国主义教育基地、博物馆、科技馆、美术馆等公共场馆开设未成年人专场，为未成年人提供有针对性的服务。

国家鼓励国家机关、企业事业单位、部队等开发自身教育资源，设立未成年人开放日，为未成年人主题教育、社会实践、职业体验等提供支持。

国家鼓励科研机构和科技类社会组织对未成年人开展科学普及活动。

第四十五条 城市公共交通以及公路、铁路、水路、航空客运等应当按照有关规定对未成年人实施免费或者优惠票价。

第四十六条 国家鼓励大型公共场所、公共交通工具、旅游景区景点等设置母婴室、婴儿护理台以及方便幼儿使用的坐便器、洗手台等卫生设施，为未成年人提供便利。

第四十七条 任何组织或者个人不得违反有关规定，限制未成年人应当享有的照顾或者优惠。

第四十八条 国家鼓励创作、出版、制作和传播有利于未成年人健康成长的图书、报刊、电影、广播电视节目、舞台艺术作品、音像制品、电子出版物和网络信息等。

第四十九条 新闻媒体应当加强未成年人保护方面的宣传，对侵犯未成年人合法权益的行为进行舆论监督。新闻媒体采访报道涉及未成年人事件应当客观、审慎和适度，不得侵犯未成年人的名誉、隐私和其他合法权益。

第五十条　禁止制作、复制、出版、发布、传播含有宣扬淫秽、色情、暴力、邪教、迷信、赌博、引诱自杀、恐怖主义、分裂主义、极端主义等危害未成年人身心健康内容的图书、报刊、电影、广播电视节目、舞台艺术作品、音像制品、电子出版物和网络信息等。

第五十一条　任何组织或者个人出版、发布、传播的图书、报刊、电影、广播电视节目、舞台艺术作品、音像制品、电子出版物或者网络信息，包含可能影响未成年人身心健康内容的，应当以显著方式作出提示。

第五十二条　禁止制作、复制、发布、传播或者持有有关未成年人的淫秽色情物品和网络信息。

第五十三条　任何组织或者个人不得刊登、播放、张贴或者散发含有危害未成年人身心健康内容的广告；不得在学校、幼儿园播放、张贴或者散发商业广告；不得利用校服、教材等发布或者变相发布商业广告。

第五十四条　禁止拐卖、绑架、虐待、非法收养未成年人，禁止对未成年人实施性侵害、性骚扰。

禁止胁迫、引诱、教唆未成年人参加黑社会性质组织或者从事违法犯罪活动。

禁止胁迫、诱骗、利用未成年人乞讨。

第五十五条　生产、销售用于未成年人的食品、药品、玩具、用具和游戏游艺设备、游乐设施等，应当符合国家或者行业标准，不得危害未成年人的人身安全和身心健康。上述产品的生产者应当在显著位置标明注意事项，未标明注意事项的不得销售。

第五十六条　未成年人集中活动的公共场所应当符合国家或者行业安全标准，并采取相应安全保护措施。对可能存在安全风险的设施，应当定期进行维护，在显著位置设置安全警示标志并标明适龄范围和注意事项；必要时应当安排专门人员看管。

大型的商场、超市、医院、图书馆、博物馆、科技馆、游乐场、车站、码头、机场、旅游景区景点等场所运营单位应当设置搜寻走失未成年人的安全警报系统。场所运营单位接到求助后，应当立即启动安全警报系统，组织人员进行搜寻并向公安机关报告。

公共场所发生突发事件时，应当优先救护未成年人。

第五十七条 旅馆、宾馆、酒店等住宿经营者接待未成年人入住，或者接待未成年人和成年人共同入住时，应当询问父母或者其他监护人的联系方式、入住人员的身份关系等有关情况；发现有违法犯罪嫌疑的，应当立即向公安机关报告，并及时联系未成年人的父母或者其他监护人。

第五十八条 学校、幼儿园周边不得设置营业性娱乐场所、酒吧、互联网上网服务营业场所等不适宜未成年人活动的场所。营业性歌舞娱乐场所、酒吧、互联网上网服务营业场所等不适宜未成年人活动场所的经营者，不得允许未成年人进入；游艺娱乐场所设置的电子游戏设备，除国家法定节假日外，不得向未成年人提供。经营者应当在显著位置设置未成年人禁入、限入标志；对难以判明是否是未成年人的，应当要求其出示身份证件。

第五十九条 学校、幼儿园周边不得设置烟、酒、彩票销售网点。禁止向未成年人销售烟、酒、彩票或者兑付彩票奖金。烟、酒和彩票经营者应当在显著位置设置不向未成年人销售烟、酒或者彩票的标志；对难以判明是否是未成年人的，应当要求其出示身份证件。

任何人不得在学校、幼儿园和其他未成年人集中活动的公共场所吸烟、饮酒。

第六十条 禁止向未成年人提供、销售管制刀具或者其他可能致人严重伤害的器具等物品。经营者难以判明购买者是否是未成年人的，应当要求其出示身份证件。

第六十一条 任何组织或者个人不得招用未满十六周岁未成年人，国家另有规定的除外。

营业性娱乐场所、酒吧、互联网上网服务营业场所等不适宜未成年人活动的场所不得招用已满十六周岁的未成年人。

招用已满十六周岁未成年人的单位和个人应当执行国家在工种、劳动时间、劳动强度和保护措施等方面的规定，不得安排其从事过重、有毒、有害等危害未成年人身心健康的劳动或者危险作业。

任何组织或者个人不得组织未成年人进行危害其身心健康的表演等活动。经未成年人的父母或者其他监护人同意，未成年人参与演出、节目制作等活动，活动组织方应当根据国家有关规定，保障未成年人合法权益。

第六十二条　密切接触未成年人的单位招聘工作人员时，应当向公安机关、人民检察院查询应聘者是否具有性侵害、虐待、拐卖、暴力伤害等违法犯罪记录；发现其具有前述行为记录的，不得录用。

密切接触未成年人的单位应当每年定期对工作人员是否具有上述违法犯罪记录进行查询。通过查询或者其他方式发现其工作人员具有上述行为的，应当及时解聘。

第六十三条　任何组织或者个人不得隐匿、毁弃、非法删除未成年人的信件、日记、电子邮件或者其他网络通讯内容。

除下列情形外，任何组织或者个人不得开拆、查阅未成年人的信件、日记、电子邮件或者其他网络通讯内容：

（一）无民事行为能力未成年人的父母或者其他监护人代未成年人开拆、查阅；

（二）因国家安全或者追查刑事犯罪依法进行检查；

（三）紧急情况下为了保护未成年人本人的人身安全。

第五章　网络保护

第六十四条　国家、社会、学校和家庭应当加强未成年人网络素养宣传教育，培养和提高未成年人的网络素养，增强未成年人科学、文明、安全、合理使用网络的意识和能力，保障未成年人在网络空间的合法权益。

第六十五条　国家鼓励和支持有利于未成年人健康成长的网络内容的创作与传播，鼓励和支持专门以未成年人为服务对象、适合未成年人身心健康特点的网络技术、产品、服务的研发、生产和使用。

第六十六条　网信部门及其他有关部门应当加强对未成年人网络保护工作的监督检查，依法惩处利用网络从事危害未成年人身心健康的活动，为未成年人提供安全、健康的网络环境。

第六十七条　网信部门会同公安、文化和旅游、新闻出版、电影、广播电视等部门根据保护不同年龄阶段未成年人的需要，确定可能影响未成年人身心健康网络信息的种类、范围和判断标准。

第六十八条　新闻出版、教育、卫生健康、文化和旅游、网信等部门应当定期开展预防未成年人沉迷网络的宣传教育，监督网络产品和服务提供者履行预防未成年人沉迷网络的义务，指导家庭、学校、社会组织互相配合，采取科学、合理的方式对未成年人沉迷网络进行预防和干预。

任何组织或者个人不得以侵害未成年人身心健康的方式对未成年人沉迷网络进行干预。

第六十九条 学校、社区、图书馆、文化馆、青少年宫等场所为未成年人提供的互联网上网服务设施，应当安装未成年人网络保护软件或者采取其他安全保护技术措施。

智能终端产品的制造者、销售者应当在产品上安装未成年人网络保护软件，或者以显著方式告知用户未成年人网络保护软件的安装渠道和方法。

第七十条 学校应当合理使用网络开展教学活动。未经学校允许，未成年学生不得将手机等智能终端产品带入课堂，带入学校的应当统一管理。

学校发现未成年学生沉迷网络的，应当及时告知其父母或者其他监护人，共同对未成年学生进行教育和引导，帮助其恢复正常的学习生活。

第七十一条 未成年人的父母或者其他监护人应当提高网络素养，规范自身使用网络的行为，加强对未成年人使用网络行为的引导和监督。

未成年人的父母或者其他监护人应当通过在智能终端产品上安装未成年人网络保护软件、选择适合未成年人的服务模式和管理功能等方式，避免未成年人接触危害或者可能影响其身心健康的网络信息，合理安排未成年人使用网络的时间，有效预防未成年人沉迷网络。

第七十二条 信息处理者通过网络处理未成年人个人信息的，应当遵循合法、正当和必要的原则。处理不满十四周岁未成年人个人信息的，应当征得未成年人的父母或者其他监护人同意，但法律、行政法规另有规定的除外。

未成年人、父母或者其他监护人要求信息处理者更正、删除未成年人个人信息的，信息处理者应当及时采取措施予以更正、删除，但法律、行政法规另有规定的除外。

第七十三条 网络服务提供者发现未成年人通过网络发布私密信息的，应当及时提示，并采取必要的保护措施。

第七十四条 网络产品和服务提供者不得向未成年人提供诱导其沉迷的产品和服务。

网络游戏、网络直播、网络音视频、网络社交等网络服务提供者应当针对未成年人使用其服务设置相应的时间管理、权限管理、消费管理等功能。

以未成年人为服务对象的在线教育网络产品和服务，不得插入网络游戏链接，不得推送广告等与教学无关的信息。

第七十五条　网络游戏经依法审批后方可运营。

国家建立统一的未成年人网络游戏电子身份认证系统。网络游戏服务提供者应当要求未成年人以真实身份信息注册并登录网络游戏。

网络游戏服务提供者应当按照国家有关规定和标准，对游戏产品进行分类，作出适龄提示，并采取技术措施，不得让未成年人接触不适宜的游戏或者游戏功能。

网络游戏服务提供者不得在每日二十二时至次日八时向未成年人提供网络游戏服务。

第七十六条　网络直播服务提供者不得为未满十六周岁的未成年人提供网络直播发布者账号注册服务；为年满十六周岁的未成年人提供网络直播发布者账号注册服务时，应当对其身份信息进行认证，并征得其父母或者其他监护人同意。

第七十七条　任何组织或者个人不得通过网络以文字、图片、音视频等形式，对未成年人实施侮辱、诽谤、威胁或者恶意损害形象等网络欺凌行为。

遭受网络欺凌的未成年人及其父母或者其他监护人有权通知网络服务提供者采取删除、屏蔽、断开链接等措施。网络服务提供者接到通知后，应当及时采取必要的措施制止网络欺凌行为，防止信息扩散。

第七十八条　网络产品和服务提供者应当建立便捷、合理、有效的投诉和举报渠道，公开投诉、举报方式等信息，及时受理并处理涉及未成年人的投诉、举报。

第七十九条　任何组织或者个人发现网络产品、服务含有危害未成年人身心健康的信息，有权向网络产品和服务提供者或者网信、公安等部门投诉、举报。

第八十条　网络服务提供者发现用户发布、传播可能影响未成年人身心健康的信息且未作显著提示的，应当作出提示或者通知用户予以提示；未作出提示的，不得传输相关信息。

网络服务提供者发现用户发布、传播含有危害未成年人身心健康内容的信息的，应当立即停止传输相关信息，采取删除、屏蔽、断开链接等处置措施，保存有关记录，并向网信、公安等部门报告。

网络服务提供者发现用户利用其网络服务对未成年人实施违法犯罪行为的，应当立即停止向该用户提供网络服务，保存有关记录，并向公安机关报告。

第六章　政府保护

第八十一条　县级以上人民政府承担未成年人保护协调机制具体工作的职能部门应当明确相关内设机构或者专门人员，负责承担未成年人保护工作。

乡镇人民政府和街道办事处应当设立未成年人保护工作站或者指定专门人员，及时办理未成年人相关事务；支持、指导居民委员会、村民委员会设立专人专岗，做好未成年人保护工作。

第八十二条　各级人民政府应当将家庭教育指导服务纳入城乡公共服务体系，开展家庭教育知识宣传，鼓励和支持有关人民团体、企业事业单位、社会组织开展家庭教育指导服务。

第八十三条　各级人民政府应当保障未成年人受教育的权利，并采取措施保障留守未成年人、困境未成年人、残疾未成年人接受义务教育。

对尚未完成义务教育的辍学未成年学生，教育行政部门应当责令父母或者其他监护人将其送入学校接受义务教育。

第八十四条　各级人民政府应当发展托育、学前教育事业，办好婴幼儿照护服务机构、幼儿园，支持社会力量依法兴办母婴室、婴幼儿照护服务机构、幼儿园。

县级以上地方人民政府及其有关部门应当培养和培训婴幼儿照护服务机构、幼儿园的保教人员，提高其职业道德素质和业务能力。

第八十五条　各级人民政府应当发展职业教育，保障未成年人接受职业教育或者职业技能培训，鼓励和支持人民团体、企业事业单位、社会组织为未成年人提供职业技能培训服务。

第八十六条　各级人民政府应当保障具有接受普通教育能力、能适应校园生活的残疾未成年人就近在普通学校、幼儿园接受教育；保障不具有接受普通教育能力的残疾未成年人在特殊教育学校、幼儿园接受学前教育、义务教育和职业教育。

各级人民政府应当保障特殊教育学校、幼儿园的办学、办园条件，鼓励和支持社会力量举办特殊教育学校、幼儿园。

第八十七条　地方人民政府及其有关部门应当保障校园安全，监督、指导学校、幼儿园等单位落实校园安全责任，建立突发事件的报告、处置和协调机制。

第八十八条　公安机关和其他有关部门应当依法维护校园周边的治安和交通秩序，设置监控设备和交通安全设施，预防和制止侵害未成年人的违法犯罪行为。

第八十九条　地方人民政府应当建立和改善适合未成年人的活动场所和设施，支持公益性未成年人活动场所和设施的建设和运行，鼓励社会力量兴办适合未成年人的活动场所和设施，并加强管理。

地方人民政府应当采取措施，鼓励和支持学校在国家法定节假日、休息日及寒暑假期将文化体育设施对未成年人免费或者优惠开放。

地方人民政府应当采取措施，防止任何组织或者个人侵占、破坏学校、幼儿园、婴幼儿照护服务机构等未成年人活动场所的场地、房屋和设施。

第九十条　各级人民政府及其有关部门应当对未成年人进行卫生保健和营养指导，提供卫生保健服务。

卫生健康部门应当依法对未成年人的疫苗预防接种进行规范，防治未成年人常见病、多发病，加强传染病防治和监督管理，做好伤害预防和干预，指导和监督学校、幼儿园、婴幼儿照护服务机构开展卫生保健工作。

教育行政部门应当加强未成年人的心理健康教育，建立未成年人心理问题的早期发现和及时干预机制。卫生健康部门应当做好未成年人心理治疗、心理危机干预以及精神障碍早期识别和诊断治疗等工作。

第九十一条　各级人民政府及其有关部门对困境未成年人实施分类保障，采取措施满足其生活、教育、安全、医疗康复、住房等方面的基本需要。

第九十二条　具有下列情形之一的，民政部门应当依法对未成年人进行临时监护：

（一）未成年人流浪乞讨或者身份不明，暂时查找不到父母或者其他监护人；

（二）监护人下落不明且无其他人可以担任监护人；

（三）监护人因自身客观原因或者因发生自然灾害、事故灾难、公共卫生事件等突发事件不能履行监护职责，导致未成年人监护缺失；

（四）监护人拒绝或者怠于履行监护职责，导致未成年人处于无人照料的状态；

（五）监护人教唆、利用未成年人实施违法犯罪行为，未成年人需要被带离安置；

（六）未成年人遭受监护人严重伤害或者面临人身安全威胁，需要被紧急安置；

（七）法律规定的其他情形。

第九十三条 对临时监护的未成年人，民政部门可以采取委托亲属抚养、家庭寄养等方式进行安置，也可以交由未成年人救助保护机构或者儿童福利机构进行收留、抚养。

临时监护期间，经民政部门评估，监护人重新具备履行监护职责条件的，民政部门可以将未成年人送回监护人抚养。

第九十四条 具有下列情形之一的，民政部门应当依法对未成年人进行长期监护：

（一）查找不到未成年人的父母或者其他监护人；

（二）监护人死亡或者被宣告死亡且无其他人可以担任监护人；

（三）监护人丧失监护能力且无其他人可以担任监护人；

（四）人民法院判决撤销监护人资格并指定由民政部门担任监护人；

（五）法律规定的其他情形。

第九十五条 民政部门进行收养评估后，可以依法将其长期监护的未成年人交由符合条件的申请人收养。收养关系成立后，民政部门与未成年人的监护关系终止。

第九十六条 民政部门承担临时监护或者长期监护职责的，财政、教育、卫生健康、公安等部门应当根据各自职责予以配合。

县级以上人民政府及其民政部门应当根据需要设立未成年人救助保护机构、儿童福利机构，负责收留、抚养由民政部门监护的未成年人。

第九十七条　县级以上人民政府应当开通全国统一的未成年人保护热线，及时受理、转介侵犯未成年人合法权益的投诉、举报；鼓励和支持人民团体、企业事业单位、社会组织参与建设未成年人保护服务平台、服务热线、服务站点，提供未成年人保护方面的咨询、帮助。

第九十八条　国家建立性侵害、虐待、拐卖、暴力伤害等违法犯罪人员信息查询系统，向密切接触未成年人的单位提供免费查询服务。

第九十九条　地方人民政府应当培育、引导和规范有关社会组织、社会工作者参与未成年人保护工作，开展家庭教育指导服务，为未成年人的心理辅导、康复救助、监护及收养评估等提供专业服务。

第七章　司法保护

第一百条　公安机关、人民检察院、人民法院和司法行政部门应当依法履行职责，保障未成年人合法权益。

第一百零一条　公安机关、人民检察院、人民法院和司法行政部门应当确定专门机构或者指定专门人员，负责办理涉及未成年人案件。办理涉及未成年人案件的人员应当经过专门培训，熟悉未成年人身心特点。专门机构或者专门人员中，应当有女性工作人员。

公安机关、人民检察院、人民法院和司法行政部门应当对上述机构和人员实行与未成年人保护工作相适应的评价考核标准。

第一百零二条　公安机关、人民检察院、人民法院和司法行政部门办理涉及未成年人案件，应当考虑未成年人身心特点和健康成长的需要，使用未成年人能够理解的语言和表达方式，听取未成年人的意见。

第一百零三条　公安机关、人民检察院、人民法院、司法行政部门以及其他组织和个人不得披露有关案件中未成年人的姓名、影像、住所、就读学校以及其他可能识别出其身份的信息，但查找失踪、被拐卖未成年人等情形除外。

第一百零四条　对需要法律援助或者司法救助的未成年人，法律援助机构或者公安机关、人民检察院、人民法院和司法行政部门应当给予帮助，依法为其提供法律援助或者司法救助。

法律援助机构应当指派熟悉未成年人身心特点的律师为未成年人提供法

律援助服务。

法律援助机构和律师协会应当对办理未成年人法律援助案件的律师进行指导和培训。

第一百零五条 人民检察院通过行使检察权，对涉及未成年人的诉讼活动等依法进行监督。

第一百零六条 未成年人合法权益受到侵犯，相关组织和个人未代为提起诉讼的，人民检察院可以督促、支持其提起诉讼；涉及公共利益的，人民检察院有权提起公益诉讼。

第一百零七条 人民法院审理继承案件，应当依法保护未成年人的继承权和受遗赠权。

人民法院审理离婚案件，涉及未成年子女抚养问题的，应当尊重已满八周岁未成年子女的真实意愿，根据双方具体情况，按照最有利于未成年子女的原则依法处理。

第一百零八条 未成年人的父母或者其他监护人不依法履行监护职责或者严重侵犯被监护的未成年人合法权益的，人民法院可以根据有关人员或者单位的申请，依法作出人身安全保护令或者撤销监护人资格。

被撤销监护人资格的父母或者其他监护人应当依法继续负担抚养费用。

第一百零九条 人民法院审理离婚、抚养、收养、监护、探望等案件涉及未成年人的，可以自行或者委托社会组织对未成年人的相关情况进行社会调查。

第一百一十条 公安机关、人民检察院、人民法院讯问未成年犯罪嫌疑人、被告人，询问未成年被害人、证人，应当依法通知其法定代理人或者其成年亲属、所在学校的代表等合适成年人到场，并采取适当方式，在适当场所进行，保障未成年人的名誉权、隐私权和其他合法权益。

人民法院开庭审理涉及未成年人案件，未成年被害人、证人一般不出庭作证；必须出庭的，应当采取保护其隐私的技术手段和心理干预等保护措施。

第一百一十一条 公安机关、人民检察院、人民法院应当与其他有关政府部门、人民团体、社会组织互相配合，对遭受性侵害或者暴力伤害的未成年被害人及其家庭实施必要的心理干预、经济救助、法律援助、转学安置等保护措施。

第一百一十二条　公安机关、人民检察院、人民法院办理未成年人遭受性侵害或者暴力伤害案件，在询问未成年被害人、证人时，应当采取同步录音录像等措施，尽量一次完成；未成年被害人、证人是女性的，应当由女性工作人员进行。

第一百一十三条　对违法犯罪的未成年人，实行教育、感化、挽救的方针，坚持教育为主、惩罚为辅的原则。

对违法犯罪的未成年人依法处罚后，在升学、就业等方面不得歧视。

第一百一十四条　公安机关、人民检察院、人民法院和司法行政部门发现有关单位未尽到未成年人教育、管理、救助、看护等保护职责的，应当向该单位提出建议。被建议单位应当在一个月内作出书面回复。

第一百一十五条　公安机关、人民检察院、人民法院和司法行政部门应当结合实际，根据涉及未成年人案件的特点，开展未成年人法治宣传教育工作。

第一百一十六条　国家鼓励和支持社会组织、社会工作者参与涉及未成年人案件中未成年人的心理干预、法律援助、社会调查、社会观护、教育矫治、社区矫正等工作。

第八章　法律责任

第一百一十七条　违反本法第十一条第二款规定，未履行报告义务造成严重后果的，由上级主管部门或者所在单位对直接负责的主管人员和其他直接责任人员依法给予处分。

第一百一十八条　未成年人的父母或者其他监护人不依法履行监护职责或者侵犯未成年人合法权益的，由其居住地的居民委员会、村民委员会予以劝诫、制止；情节严重的，居民委员会、村民委员会应当及时向公安机关报告。

公安机关接到报告或者公安机关、人民检察院、人民法院在办理案件过程中发现未成年人的父母或者其他监护人存在上述情形的，应当予以训诫，并可以责令其接受家庭教育指导。

第一百一十九条　学校、幼儿园、婴幼儿照护服务等机构及其教职员工违反本法第二十七条、第二十八条、第三十九条规定的，由公安、教育、卫生健康、市场监督管理等部门按照职责分工责令改正；拒不改正或者情节严重的，对直接负责的主管人员和其他直接责任人员依法给予处分。

第一百二十条 违反本法第四十四条、第四十五条、第四十七条规定，未给予未成年人免费或者优惠待遇的，由市场监督管理、文化和旅游、交通运输等部门按照职责分工责令限期改正，给予警告；拒不改正的，处一万元以上十万元以下罚款。

第一百二十一条 违反本法第五十条、第五十一条规定的，由新闻出版、广播电视、电影、网信等部门按照职责分工责令限期改正，给予警告，没收违法所得，可以并处十万元以下罚款；拒不改正或者情节严重的，责令暂停相关业务、停产停业或者吊销营业执照、吊销相关许可证，违法所得一百万元以上的，并处违法所得一倍以上十倍以下的罚款，没有违法所得或者违法所得不足一百万元的，并处十万元以上一百万元以下罚款。

第一百二十二条 场所运营单位违反本法第五十六条第二款规定、住宿经营者违反本法第五十七条规定的，由市场监督管理、应急管理、公安等部门按照职责分工责令限期改正，给予警告；拒不改正或者造成严重后果的，责令停业整顿或者吊销营业执照、吊销相关许可证，并处一万元以上十万元以下罚款。

第一百二十三条 相关经营者违反本法第五十八条、第五十九条第一款、第六十条规定的，由文化和旅游、市场监督管理、烟草专卖、公安等部门按照职责分工责令限期改正，给予警告，没收违法所得，可以并处五万元以下罚款；拒不改正或者情节严重的，责令停业整顿或者吊销营业执照、吊销相关许可证，可以并处五万元以上五十万元以下罚款。

第一百二十四条 违反本法第五十九条第二款规定，在学校、幼儿园和其他未成年人集中活动的公共场所吸烟、饮酒的，由卫生健康、教育、市场监督管理等部门按照职责分工责令改正，给予警告，可以并处五百元以下罚款；场所管理者未及时制止的，由卫生健康、教育、市场监督管理等部门按照职责分工给予警告，并处一万元以下罚款。

第一百二十五条 违反本法第六十一条规定的，由文化和旅游、人力资源和社会保障、市场监督管理等部门按照职责分工责令限期改正，给予警告，没收违法所得，可以并处十万元以下罚款；拒不改正或者情节严重的，责令停产停业或者吊销营业执照、吊销相关许可证，并处十万元以上一百万元以下罚款。

第一百二十六条 密切接触未成年人的单位违反本法第六十二条规定，未履行查询义务，或者招用、继续聘用具有相关违法犯罪记录人员的，由教育、人力资源和社会保障、市场监督管理等部门按照职责分工责令限期改正，给予警告，并处五万元以下罚款；拒不改正或者造成严重后果的，责令停业整顿或者吊销营业执照、吊销相关许可证，并处五万元以上五十万元以下罚款，对直接负责的主管人员和其他直接责任人员依法给予处分。

第一百二十七条 信息处理者违反本法第七十二条规定，或者网络产品和服务提供者违反本法第七十三条、第七十四条、第七十五条、第七十六条、第七十七条、第八十条规定的，由公安、网信、电信、新闻出版、广播电视、文化和旅游等有关部门按照职责分工责令改正，给予警告，没收违法所得，违法所得一百万元以上的，并处违法所得一倍以上十倍以下罚款，没有违法所得或者违法所得不足一百万元的，并处十万元以上一百万元以下罚款，对直接负责的主管人员和其他责任人员处一万元以上十万元以下罚款；拒不改正或者情节严重的，并可以责令暂停相关业务、停业整顿、关闭网站、吊销营业执照或者吊销相关许可证。

第一百二十八条 国家机关工作人员玩忽职守、滥用职权、徇私舞弊，损害未成年人合法权益的，依法给予处分。

第一百二十九条 违反本法规定，侵犯未成年人合法权益，造成人身、财产或者其他损害的，依法承担民事责任。

违反本法规定，构成违反治安管理行为的，依法给予治安管理处罚；构成犯罪的，依法追究刑事责任。

第九章 附 则

第一百三十条 本法中下列用语的含义：

（一）密切接触未成年人的单位，是指学校、幼儿园等教育机构；校外培训机构；未成年人救助保护机构、儿童福利机构等未成年人安置、救助机构；婴幼儿照护服务机构、早期教育服务机构；校外托管、临时看护机构；家政服务机构；为未成年人提供医疗服务的医疗机构；其他对未成年人负有教育、培训、监护、救助、看护、医疗等职责的企业事业单位、社会组织等。

（二）学校，是指普通中小学、特殊教育学校、中等职业学校、专门学校。

（三）学生欺凌，是指发生在学生之间，一方蓄意或者恶意通过肢体、语言及网络等手段实施欺压、侮辱，造成另一方人身伤害、财产损失或者精神损害的行为。

第一百三十一条 对中国境内未满十八周岁的外国人、无国籍人，依照本法有关规定予以保护。

第一百三十二条 本法自2021年6月1日起施行。

婚姻登记条例

（2003年8月8日中华人民共和国国务院令第387号公布
根据2024年12月6日《国务院关于修改和废止部分行政法规的决定》修订）

第一章 总 则

第一条 为了规范婚姻登记工作，保障婚姻自由、一夫一妻、男女平等的婚姻制度的实施，保护婚姻当事人的合法权益，根据《中华人民共和国民法典》（以下简称民法典），制定本条例。

第二条 内地居民办理婚姻登记的机关是县级人民政府民政部门或者乡（镇）人民政府，省、自治区、直辖市人民政府可以按照便民原则确定农村居民办理婚姻登记的具体机关。

中国公民同外国人，内地居民同香港特别行政区居民（以下简称香港居民）、澳门特别行政区居民（以下简称澳门居民）、台湾地区居民（以下简称台湾居民）、华侨办理婚姻登记的机关是省、自治区、直辖市人民政府民政部门或者省、自治区、直辖市人民政府民政部门确定的机关。

第三条 婚姻登记机关的婚姻登记员应当接受婚姻登记业务培训，经考核合格，方可从事婚姻登记工作。

婚姻登记机关办理婚姻登记，除按收费标准向当事人收取工本费外，不得收取其他费用或者附加其他义务。

第二章　结婚登记

第四条　内地居民结婚，男女双方应当共同到一方当事人常住户口所在地的婚姻登记机关办理结婚登记。

中国公民同外国人在中国内地结婚的，内地居民同香港居民、澳门居民、台湾居民、华侨在中国内地结婚的，男女双方应当共同到内地居民常住户口所在地的婚姻登记机关办理结婚登记。

第五条　办理结婚登记的内地居民应当出具下列证件和证明材料：

（一）本人的户口簿、身份证；

（二）本人无配偶以及与对方当事人没有直系血亲和三代以内旁系血亲关系的签字声明。

办理结婚登记的香港居民、澳门居民、台湾居民应当出具下列证件和证明材料：

（一）本人的有效通行证、身份证；

（二）经居住地公证机构公证的本人无配偶以及与对方当事人没有直系血亲和三代以内旁系血亲关系的声明。

办理结婚登记的华侨应当出具下列证件和证明材料：

（一）本人的有效护照；

（二）居住国公证机构或者有权机关出具的、经中华人民共和国驻该国使（领）馆认证的本人无配偶以及与对方当事人没有直系血亲和三代以内旁系血亲关系的证明，或者中华人民共和国驻该国使（领）馆出具的本人无配偶以及与对方当事人没有直系血亲和三代以内旁系血亲关系的证明。中华人民共和国缔结或者参加的国际条约另有规定的，按照国际条约规定的证明手续办理。

办理结婚登记的外国人应当出具下列证件和证明材料：

（一）本人的有效护照或者其他有效的国际旅行证件；

（二）所在国公证机构或者有权机关出具的、经中华人民共和国驻该国使（领）馆认证或者该国驻华使（领）馆认证的本人无配偶的证明，或者所在国驻华使（领）馆出具的本人无配偶的证明。中华人民共和国缔结或者参加的国际条约另有规定的，按照国际条约规定的证明手续办理。

办理结婚登记的当事人对外国主管机关依据本条第三款、第四款提及的国际条约出具的证明文书的真实性负责，签署书面声明，并承担相应法律责任。

第六条 办理结婚登记的当事人有下列情形之一的，婚姻登记机关不予登记：

（一）未到法定结婚年龄的；

（二）非双方自愿的；

（三）一方或者双方已有配偶的；

（四）属于直系血亲或者三代以内旁系血亲的。

第七条 婚姻登记机关应当对结婚登记当事人出具的证件、证明材料进行审查并询问相关情况。对当事人符合结婚条件的，应当当场予以登记，发给结婚证；对当事人不符合结婚条件不予登记的，应当向当事人说明理由。

第八条 男女双方补办结婚登记的，适用本条例结婚登记的规定。

第九条 因胁迫结婚的，受胁迫的当事人可以依据民法典第一千零五十二条的规定向人民法院请求撤销婚姻。一方当事人患有重大疾病的，应当在结婚登记前如实告知另一方当事人；不如实告知的，另一方当事人可以依据民法典第一千零五十三条的规定向人民法院请求撤销婚姻。

第三章 离婚登记

第十条 内地居民自愿离婚的，男女双方应当共同到一方当事人常住户口所在地的婚姻登记机关办理离婚登记。

中国公民同外国人在中国内地自愿离婚的，内地居民同香港居民、澳门居民、台湾居民、华侨在中国内地自愿离婚的，男女双方应当共同到内地居民常住户口所在地的婚姻登记机关办理离婚登记。

第十一条 办理离婚登记的内地居民应当出具下列证件和证明材料：

（一）本人的户口簿、身份证；

（二）本人的结婚证；

（三）双方当事人共同签署的离婚协议书。

办理离婚登记的香港居民、澳门居民、台湾居民、华侨、外国人除应当出具前款第（二）项、第（三）项规定的证件、证明材料外，香港居民、澳门居民、台湾居民还应当出具本人的有效通行证、身份证，华侨、外国人还应当出具本人的有效护照或者其他有效国际旅行证件。

离婚协议书应当载明双方当事人自愿离婚的意思表示以及对子女抚养、财产及债务处理等事项协商一致的意见。

第十二条　办理离婚登记的当事人有下列情形之一的，婚姻登记机关不予受理：

(一) 未达成离婚协议的；

(二) 属于无民事行为能力人或者限制民事行为能力人的；

(三) 其结婚登记不是在中国内地办理的。

第十三条　婚姻登记机关应当对离婚登记当事人出具的证件、证明材料进行审查并询问相关情况。对当事人确属自愿离婚，并已对子女抚养、财产、债务等问题达成一致处理意见的，应当当场予以登记，发给离婚证。

第十四条　离婚的男女双方自愿恢复夫妻关系的，应当到婚姻登记机关办理复婚登记。复婚登记适用本条例结婚登记的规定。

第四章　婚姻登记档案和婚姻登记证

第十五条　婚姻登记机关应当建立婚姻登记档案。婚姻登记档案应当长期保管。具体管理办法由国务院民政部门会同国家档案管理部门规定。

第十六条　婚姻登记机关收到人民法院宣告婚姻无效或者撤销婚姻的判决书副本后，应当将该判决书副本收入当事人的婚姻登记档案。

第十七条　结婚证、离婚证遗失或者损毁的，当事人可以持户口簿、身份证向原办理婚姻登记的机关或者一方当事人常住户口所在地的婚姻登记机关申请补领。婚姻登记机关对当事人的婚姻登记档案进行查证，确认属实的，应当为当事人补发结婚证、离婚证。

第五章　罚　则

第十八条　婚姻登记机关及其婚姻登记员有下列行为之一的，对直接负责的主管人员和其他直接责任人员依法给予行政处分：

(一) 为不符合婚姻登记条件的当事人办理婚姻登记的；

(二) 玩忽职守造成婚姻登记档案损失的；

(三)办理婚姻登记或者补发结婚证、离婚证超过收费标准收取费用的。

违反前款第(三)项规定收取的费用，应当退还当事人。

第六章　附　则

第十九条　中华人民共和国驻外使(领)馆可以依照本条例的有关规定，为男女双方均居住于驻在国的中国公民办理婚姻登记。

第二十条　本条例规定的婚姻登记证由国务院民政部门规定式样并监制。

第二十一条　当事人办理婚姻登记或者补领结婚证、离婚证应当交纳工本费。工本费的收费标准由国务院价格主管部门会同国务院财政部门规定并公布。

第二十二条　本条例自2003年10月1日起施行。1994年1月12日国务院批准、1994年2月1日民政部发布的《婚姻登记管理条例》同时废止。

中国公民收养子女登记办法

（1999年5月12日国务院批准　1999年5月25日民政部令第14号发布
根据2019年3月2日《国务院关于修改部分行政法规的决定》
第一次修订　根据2023年7月20日《国务院关于修改和
废止部分行政法规的决定》第二次修订）

第一条　为了规范收养登记行为，根据《中华人民共和国民法典》(以下简称民法典)，制定本办法。

第二条　中国公民在中国境内收养子女或者协议解除收养关系的，应当依照本办法的规定办理登记。

办理收养登记的机关是县级人民政府民政部门。

第三条　收养登记工作应当坚持中国共产党的领导，遵循最有利于被收养人的原则，保障被收养人和收养人的合法权益。

第四条　收养社会福利机构抚养的查找不到生父母的弃婴、儿童和孤儿的，在社会福利机构所在地的收养登记机关办理登记。

收养非社会福利机构抚养的查找不到生父母的弃婴和儿童的，在弃婴和儿童发现地的收养登记机关办理登记。

收养生父母有特殊困难无力抚养的子女或者由监护人监护的孤儿的，在被收养人生父母或者监护人常住户口所在地（组织作监护人的，在该组织所在地）的收养登记机关办理登记。

收养三代以内同辈旁系血亲的子女，以及继父或者继母收养继子女的，在被收养人生父或者生母常住户口所在地的收养登记机关办理登记。

第五条　收养关系当事人应当亲自到收养登记机关办理成立收养关系的登记手续。

夫妻共同收养子女的，应当共同到收养登记机关办理登记手续；一方因故不能亲自前往的，应当书面委托另一方办理登记手续，委托书应当经过村民委员会或者居民委员会证明或者经过公证。

第六条　收养人应当向收养登记机关提交收养申请书和下列证件、证明材料：

（一）收养人的居民户口簿和居民身份证；

（二）由收养人所在单位或者村民委员会、居民委员会出具的本人婚姻状况和抚养教育被收养人的能力等情况的证明，以及收养人出具的子女情况声明；

（三）县级以上医疗机构出具的未患有在医学上认为不应当收养子女的疾病的身体健康检查证明。

收养查找不到生父母的弃婴、儿童的，并应当提交收养人经常居住地卫生健康主管部门出具的收养人生育情况证明；其中收养非社会福利机构抚养的查找不到生父母的弃婴、儿童的，收养人应当提交下列证明材料：

（一）收养人经常居住地卫生健康主管部门出具的收养人生育情况证明；

（二）公安机关出具的捡拾弃婴、儿童报案的证明。

收养继子女的，可以只提交居民户口簿、居民身份证和收养人与被收养人生父或者生母结婚的证明。

对收养人出具的子女情况声明，登记机关可以进行调查核实。

第七条　送养人应当向收养登记机关提交下列证件和证明材料：

（一）送养人的居民户口簿和居民身份证（组织作监护人的，提交其负责人的身份证件）；

（二）民法典规定送养时应当征得其他有抚养义务的人同意的，并提交其他有抚养义务的人同意送养的书面意见。

社会福利机构为送养人的，并应当提交弃婴、儿童进入社会福利机构的原始记录，公安机关出具的捡拾弃婴、儿童报案的证明，或者孤儿的生父母死亡或者宣告死亡的证明。

监护人为送养人的，并应当提交实际承担监护责任的证明，孤儿的父母死亡或者宣告死亡的证明，或者被收养人生父母无完全民事行为能力并对被收养人有严重危害的证明。

生父母为送养人，有特殊困难无力抚养子女的，还应当提交送养人有特殊困难的声明；因丧偶或者一方下落不明由单方送养的，还应当提交配偶死亡或者下落不明的证明。对送养人有特殊困难的声明，登记机关可以进行调查核实；子女由三代以内同辈旁系血亲收养的，还应当提交公安机关出具的或者经过公证的与收养人有亲属关系的证明。

被收养人是残疾儿童的，并应当提交县级以上医疗机构出具的该儿童的残疾证明。

第八条 收养登记机关收到收养登记申请书及有关材料后，应当自次日起30日内进行审查。对符合民法典规定条件的，为当事人办理收养登记，发给收养登记证，收养关系自登记之日起成立；对不符合民法典规定条件的，不予登记，并对当事人说明理由。

收养查找不到生父母的弃婴、儿童的，收养登记机关应当在登记前公告查找其生父母；自公告之日起满60日，弃婴、儿童的生父母或者其他监护人未认领的，视为查找不到生父母的弃婴、儿童。公告期间不计算在登记办理期限内。

第九条 收养关系成立后，需要为被收养人办理户口登记或者迁移手续的，由收养人持收养登记证到户口登记机关按照国家有关规定办理。

第十条 收养关系当事人协议解除收养关系的，应当持居民户口簿、居民身份证、收养登记证和解除收养关系的书面协议，共同到被收养人常住户口所在地的收养登记机关办理解除收养关系登记。

第十一条 收养登记机关收到解除收养关系登记申请书及有关材料后，

应当自次日起30日内进行审查；对符合民法典规定的，为当事人办理解除收养关系的登记，收回收养登记证，发给解除收养关系证明。

第十二条　为收养关系当事人出具证明材料的组织，应当如实出具有关证明材料。出具虚假证明材料的，由收养登记机关没收虚假证明材料，并建议有关组织对直接责任人员给予批评教育，或者依法给予行政处分、纪律处分。

第十三条　收养关系当事人弄虚作假骗取收养登记的，收养关系无效，由收养登记机关撤销登记，收缴收养登记证。

第十四条　本办法规定的收养登记证、解除收养关系证明的式样，由国务院民政部门制订。

第十五条　华侨以及居住在香港、澳门、台湾地区的中国公民在内地收养子女的，申请办理收养登记的管辖以及所需要出具的证件和证明材料，按照国务院民政部门的有关规定执行。

第十六条　本办法自发布之日起施行。

二、司法文件

最高人民法院　最高人民检察院　公安部　司法部 印发《关于依法办理家庭暴力犯罪案件的意见》的通知

2015年3月2日　　法发〔2015〕4号

各省、自治区、直辖市高级人民法院、人民检察院、公安厅（局）、司法厅（局），解放军军事法院、军事检察院，新疆维吾尔自治区高级人民法院生产建设兵团分院，新疆生产建设兵团人民检察院、公安局、司法局：

为积极预防和有效惩治家庭暴力犯罪，加强对家庭暴力被害人的刑事司法保护，现将《最高人民法院、最高人民检察院、公安部、司法部关于依法办理家庭暴力犯罪案件的意见》印发给你们，请认真贯彻执行。

附：

关于依法办理家庭暴力犯罪案件的意见

发生在家庭成员之间，以及具有监护、扶养、寄养、同居等关系的共同生活人员之间的家庭暴力犯罪，严重侵害公民人身权利，破坏家庭关系，影响社会和谐稳定。人民法院、人民检察院、公安机关、司法行政机关应当严格履行职责，充分运用法律，积极预防和有效惩治各种家庭暴力犯罪，切实保障人权，维护社会秩序。为此，根据刑法、刑事诉讼法、婚姻法、未成年人保护法、老年人权益保障法、妇女权益保障法等法律，结合司法实践经验，制定本意见。

一、基本原则

1. 依法及时、有效干预。针对家庭暴力持续反复发生，不断恶化升级的特点，人民法院、人民检察院、公安机关、司法行政机关对已发现的家庭暴力，应当依法采取及时、有效的措施，进行妥善处理，不能以家庭暴力发生在家庭成员之间，或者属于家务事为由而置之不理，互相推诿。

2. 保护被害人安全和隐私。办理家庭暴力犯罪案件，应当首先保护被害人的安全。通过对被害人进行紧急救治、临时安置，以及对施暴人采取刑事强制措施、判处刑罚、宣告禁止令等措施，制止家庭暴力并防止再次发生，消除家庭暴力的现实侵害和潜在危险。对与案件有关的个人隐私，应当保密，但法律有特别规定的除外。

3. 尊重被害人意愿。办理家庭暴力犯罪案件，既要严格依法进行，也要尊重被害人的意愿。在立案、采取刑事强制措施、提起公诉、判处刑罚、减刑、假释时，应当充分听取被害人意见，在法律规定的范围内作出合情、合理的处理。对法律规定可以调解、和解的案件，应当在当事人双方自愿的基础上进行调解、和解。

4. 对未成年人、老年人、残疾人、孕妇、哺乳期妇女、重病患者特殊保护。办理家庭暴力犯罪案件，应当根据法律规定和案件情况，通过代为告诉、法律援助等措施，加大对未成年人、老年人、残疾人、孕妇、哺乳期妇女、重病患者的司法保护力度，切实保障他们的合法权益。

二、案件受理

5. 积极报案、控告和举报。依照刑事诉讼法第一百零八条第一款“任何单位和个人发现有犯罪事实或者犯罪嫌疑人，有权利也有义务向公安机关、人民检察院或者人民法院报案或者举报”的规定，家庭暴力被害人及其亲属、朋友、邻居、同事，以及村（居）委会、人民调解委员会、妇联、共青团、残联、医院、学校、幼儿园等单位、组织，发现家庭暴力，有权利也有义务及时向公安机关、人民检察院、人民法院报案、控告或者举报。

公安机关、人民检察院、人民法院对于报案人、控告人和举报人不愿意公开自己的姓名和报案、控告、举报行为的，应当为其保守秘密，保护报案人、控告人和举报人的安全。

6. 迅速审查、立案和转处。公安机关、人民检察院、人民法院接到家庭暴力的报案、控告或者举报后，应当立即问明案件的初步情况，制作笔录，迅速进行审查，按照刑事诉讼法关于立案的规定，根据自己的管辖范围，决定是否立案。对于符合立案条件的，要及时立案。对于可能构成犯罪但不属于自己管辖的，应当移送主管机关处理，并且通知报案人、控告人或者举报人；对于不属于自己管辖而又必须采取紧急措施的，应当先采取紧急措施，然后移送主管机关。

经审查，对于家庭暴力行为尚未构成犯罪，但属于违反治安管理行为的，应当将案件移送公安机关，依照治安管理处罚法的规定进行处理，同时告知被害人可以向人民调解委员会提出申请，或者向人民法院提起民事诉讼，要求施暴人承担停止侵害、赔礼道歉、赔偿损失等民事责任。

7. 注意发现犯罪案件。公安机关在处理人身伤害、虐待、遗弃等行政案件过程中，人民法院在审理婚姻家庭、继承、侵权责任纠纷等民事案件过程中，应当注意发现可能涉及的家庭暴力犯罪。一旦发现家庭暴力犯罪线索，公安机关应当将案件转为刑事案件办理，人民法院应当将案件移送公安机关；属于自诉案件的，公安机关、人民法院应当告知被害人提起自诉。

8. 尊重被害人的程序选择权。对于被害人有证据证明的轻微家庭暴力犯罪案件，在立案审查时，应当尊重被害人选择公诉或者自诉的权利。被害人要求公安机关处理的，公安机关应当依法立案、侦查。在侦查过程中，被害人不再要求公安机关处理或者要求转为自诉案件的，应当告知被害人向公安机关提交书面申请。经审查确系被害人自愿提出的，公安机关应当依法撤销案件。被害人就这类案件向人民法院提起自诉的，人民法院应当依法受理。

9. 通过代为告诉充分保障被害人自诉权。对于家庭暴力犯罪自诉案件，被害人无法告诉或者不能亲自告诉的，其法定代理人、近亲属可以告诉或者代为告诉；被害人是无行为能力人、限制行为能力人，其法定代理人、近亲属没有告诉或者代为告诉的，人民检察院可以告诉；侮辱、暴力干涉婚姻自由等告诉才处理的案件，被害人因受强制、威吓无法告诉的，人民检察院也可以告诉。人民法院对告诉或者代为告诉的，应当依法受理。

10. 切实加强立案监督。人民检察院要切实加强对家庭暴力犯罪案件的立案监督，发现公安机关应当立案而不立案的，或者被害人及其法定代理人、近亲属，有关单位、组织就公安机关不予立案向人民检察院提出异议的，人民检察院应当要求公安机关说明不立案的理由。人民检察院认为不立案理由不成立的，应当通知公安机关立案，公安机关接到通知后应当立案；认为不立案理由成立的，应当将理由告知提出异议的被害人及其法定代理人、近亲属或者有关单位、组织。

11. 及时、全面收集证据。公安机关在办理家庭暴力案件时，要充分、全面地收集、固定证据，除了收集现场的物证、被害人陈述、证人证言等证据外，还应当注意及时向村（居）委会、人民调解委员会、妇联、共青团、残联、医院、学校、幼儿园等单位、组织的工作人员，以及被害人的亲属、邻居等收集涉及家庭暴力的处理记录、病历、照片、视频等证据。

12. 妥善救治、安置被害人。人民法院、人民检察院、公安机关等负有保护公民人身安全职责的单位和组织，对因家庭暴力受到严重伤害需要紧急救治的被害人，应当立即协助联系医疗机构救治；对面临家庭暴力严重威胁，或者处于无人照料等危险状态，需要临时安置的被害人或者相关未成年人，应当通知并协助有关部门进行安置。

13. 依法采取强制措施。人民法院、人民检察院、公安机关对实施家庭暴力的犯罪嫌疑人、被告人，符合拘留、逮捕条件的，可以依法拘留、逮捕；没有采取拘留、逮捕措施的，应当通过走访、打电话等方式与被害人或者其法定代理人、近亲属联系，了解被害人的人身安全状况。对于犯罪嫌疑人、被告人再次实施家庭暴力的，应当根据情况，依法采取必要的强制措施。

人民法院、人民检察院、公安机关决定对实施家庭暴力的犯罪嫌疑人、被告人取保候审的，为了确保被害人及其子女和特定亲属的安全，可以依照刑事诉讼法第六十九条第二款的规定，责令犯罪嫌疑人、被告人不得再次实施家庭暴力；不得侵扰被害人的生活、工作、学习；不得进行酗酒、赌博等活动；经被害人申请且有必要的，责令不得接近被害人及其未成年子女。

14. 加强自诉案件举证指导。家庭暴力犯罪案件具有案发周期较长、证据难以保存，被害人处于相对弱势、举证能力有限，相关事实难以认定等特点。有些特点在自诉案件中表现得更为突出。因此，人民法院在审理家庭暴力自诉案件时，对于因当事人举证能力不足等原因，难以达到法律规定的证据要求的，应当及时对当事人进行举证指导，告知需要收集的证据及收集证据的方法。对于因客观原因不能取得的证据，当事人申请人民法院调取的，人民法院应当认真审查，认为确有必要的，应当调取。

15. 加大对被害人的法律援助力度。人民检察院自收到移送审查起诉的案件材料之日起三日内，人民法院自受理案件之日起三日内，应当告知被害人及其法定代理人或者近亲属有权委托诉讼代理人，如果经济困难，可以向法律援助机构申请法律援助；对于被害人是未成年人、老年人、重病患者或者残疾人等，因经济困难没有委托诉讼代理人的，人民检察院、人民法院应当帮助其申请法律援助。

法律援助机构应当依法为符合条件的被害人提供法律援助，指派熟悉反家庭暴力法律法规的律师办理案件。

三、定罪处罚

16. 依法准确定罪处罚。对故意杀人、故意伤害、强奸、猥亵儿童、非法拘禁、侮辱、暴力干涉婚姻自由、虐待、遗弃等侵害公民人身权利的家庭暴力犯罪，应当根据犯罪的事实、犯罪的性质、情节和对社会的危害程度，严格依照刑法的有关规定判处。对于同一行为同时触犯多个罪名的，依照处罚较重的规定定罪处罚。

17. 依法惩处虐待犯罪。采取殴打、冻饿、强迫过度劳动、限制人身自由、恐吓、侮辱、谩骂等手段，对家庭成员的身体和精神进行摧残、折磨，是实践中较为多发的虐待性质的家庭暴力。根据司法实践，具有虐待持续时间较长、次数较多；虐待手段残忍；虐待造成被害人轻微伤或者患较严重疾病；对未成年人、老年人、残疾人、孕妇、哺乳期妇女、重病患者实施较为严重的虐待行为等情形，属于刑法第二百六十条第一款规定的虐待“情节恶劣”，应当依法以虐待罪定罪处罚。

准确区分虐待犯罪致人重伤、死亡与故意伤害、故意杀人犯罪致人重伤、死亡的界限，要根据被告人的主观故意、所实施的暴力手段与方式、是否立即或者直接造成被害人伤亡后果等进行综合判断。对于被告人主观上不具有侵害被害人健康或者剥夺被害人生命的故意，而是出于追求被害人肉体和精神上的痛苦，长期或者多次实施虐待行为，逐渐造成被害人身体损害，过失导致被害人重伤或者死亡的；或者因虐待致使被害人不堪忍受而自残、自杀，导致重伤或者死亡的，属于刑法第二百六十条第二款规定的虐待“致使被害人重伤、死亡”，应当以虐待罪定罪处罚。对于被告人虽然实施家庭暴力呈现出经常性、持续性、反复性的特点，但其主观上具有希望或者放任被害人重伤或者死亡的故意，持凶器实施暴力，暴力手段残忍，暴力程度较强，直接或者立即造成被害人重伤或者死亡的，应当以故意伤害罪或者故意杀人罪定罪处罚。

依法惩处遗弃犯罪。负有扶养义务且有扶养能力的人，拒绝扶养年幼、年老、患病或者其他没有独立生活能力的家庭成员，是危害严重的遗弃性质的家庭暴力。根据司法实践，具有对被害人长期不予照顾、不提供生活来源；驱赶、逼迫被害人离家，致使被害人流离失所或者生存困难；遗弃患严重疾病或者生活不能自理的被害人；遗弃致使被害人身体严重损害或者造成其他严重后果等情形，属于刑法第二百六十一条规定的遗弃“情节恶劣”，应当依法以遗弃罪定罪处罚。

准确区分遗弃罪与故意杀人罪的界限，要根据被告人的主观故意、所实施行为的时间与地点、是否立即造成被害人死亡，以及被害人对被告人的依赖程度等进行综合判断。对于只是为了逃避扶养义务，并不希望或者放任被害人死亡，将生活不能自理的被害人弃置在福利院、医院、派出所等单位或者广场、车站等行人较多的场所，希望被害人得到他人救助的，一般以遗弃罪定罪处罚。对于希望或者放任被害人死亡，不履行必要的扶养义务，致使被害人因缺乏生活照料而死亡，或者将生活不能自理的被害人带至荒山野岭等人迹罕至的场所扔弃，使被害人难以得到他人救助的，应当以故意杀人罪定罪处罚。

18. 切实贯彻宽严相济刑事政策。对于实施家庭暴力构成犯罪的，应当根据罪刑法定、罪刑相适应原则，兼顾维护家庭稳定、尊重被害人意愿等因素综合考虑，宽严并用，区别对待。根据司法实践，对于实施家庭暴力手段残忍或者造成严重后果；出于恶意侵占财产等卑劣动机实施家庭暴力；因酗酒、吸毒、赌博等恶习而长期或者多次实施家庭暴力；曾因实施家庭暴力受到刑事处罚、行政处罚；或者具有其他恶劣情形的，可以酌情从重处罚。对于实施家庭暴力犯罪情节较轻，或者被告人真诚悔罪，获得被害人谅解，从轻处罚有利于被扶养人的，可以酌情从轻处罚；对于情节轻微不需要判处刑罚的，人民检察院可以不起诉，人民法院可以判处免予刑事处罚。

对于实施家庭暴力情节显著轻微危害不大不构成犯罪的，应当撤销案件、不起诉，或者宣告无罪。

人民法院、人民检察院、公安机关应当充分运用训诫，责令施暴人保证不再实施家庭暴力，或者向被害人赔礼道歉、赔偿损失等非刑罚处罚措施，加强对施暴人的教育与惩戒。

19. 准确认定对家庭暴力的正当防卫。为了使本人或者他人的人身权利免受不法侵害，对正在进行的家庭暴力采取制止行为，只要符合刑法规定的条件，就应当依法认定为正当防卫，不负刑事责任。防卫行为造成施暴人重伤、死亡，且明显超过必要限度，属于防卫过当，应当负刑事责任，但是应当减轻或者免除处罚。

认定防卫行为是否“明显超过必要限度”，应当以足以制止并使防卫人免受家庭暴力不法侵害的需要为标准，根据施暴人正在实施家庭暴力的严重程度、手段的残忍程度，防卫人所处的环境、面临的危险程度、采取的制止暴力的手段、造成施暴人重大损害的程度，以及既往家庭暴力的严重程度等进行综合判断。

20. 充分考虑案件中的防卫因素和过错责任。对于长期遭受家庭暴力后，在激愤、恐惧状态下为了防止再次遭受家庭暴力，或者为了摆脱家庭暴力而故意杀害、伤害施暴人，被告人的行为具有防卫因素，施暴人在案件起因上具有明显过错或者直接责任的，可以酌情从宽处罚。对于因遭受严重家庭暴力，身体、精神受到重大损害而故意杀害施暴人；或者因不堪忍受长期家庭暴力而故意杀害施暴人，犯罪情节不是特别恶劣，手段不是特别残忍的，可以认定为刑法第二百三十二条规定的故意杀人“情节较轻”。在服刑期间确有悔改表现的，可以根据其家庭情况，依法放宽减刑的幅度，缩短减刑的起始时间与间隔时间；符合假释条件的，应当假释。被杀害施暴人的近亲属表示谅解的，在量刑、减刑、假释时应当予以充分考虑。

四、其他措施

21. 充分运用禁止令措施。人民法院对实施家庭暴力构成犯罪被判处管制或者宣告缓刑的犯罪分子，为了确保被害人及其子女和特定亲属的人身安全，可以依照刑法第三十八条第二款、第七十二条第二款的规定，同时禁止犯罪分子再次实施家庭暴力，侵扰被害人的生活、工作、学习，进行酗酒、赌博等活动；经被害人申请且有必要的，禁止接近被害人及其未成年子女。

22. 告知申请撤销施暴人的监护资格。人民法院、人民检察院、公安机关对于监护人实施家庭暴力，严重侵害被监护人合法权益的，在必要时可以告知被监护人及其他有监护资格的人员、单位，向人民法院提出申请，要求撤销监护人资格，依法另行指定监护人。

23. 充分运用人身安全保护措施。人民法院为了保护被害人的人身安全，避免其再次受到家庭暴力的侵害，可以根据申请，依照民事诉讼法等法律的相关规定，作出禁止施暴人再次实施家庭暴力、禁止接近被害人、迁出被害人的住所等内容的裁定。对于施暴人违反裁定的行为，如对被害人进行威胁、恐吓、殴打、伤害、杀害，或者未经被害人同意拒不迁出住所的，人民法院可以根据情节轻重予以罚款、拘留；构成犯罪的，应当依法追究刑事责任。

24. 充分运用社区矫正措施。社区矫正机构对因实施家庭暴力构成犯罪被判处管制、宣告缓刑、假释或者暂予监外执行的犯罪分子，应当依法开展家庭暴力行为矫治，通过制定有针对性的监管、教育和帮助措施，矫正犯罪分子的施暴心理和行为恶习。

25. 加强反家庭暴力宣传教育。人民法院、人民检察院、公安机关、司法行政机关应当结合本部门工作职责，通过以案说法、社区普法、针对重点对象法制教育等多种形式，开展反家庭暴力宣传教育活动，有效预防家庭暴力，促进平等、和睦、文明的家庭关系，维护社会和谐、稳定。

最高人民法院　最高人民检察院　公安部　民政部
关于印发《关于妥善处理以冒名顶替或者弄虚作假的方式办理婚姻登记问题的指导意见》的通知

2021年11月18日　　高检发办字〔2021〕109号

各省、自治区、直辖市高级人民法院、人民检察院、公安厅（局）、民政厅（局），新疆维吾尔自治区高级人民法院生产建设兵团分院，新疆生产建设兵团人民检察院、公安局、民政局：

为妥善有效处理以冒名顶替或者弄虚作假的方式办理婚姻登记引发的各类纠纷，维护婚姻登记秩序和当事人合法权益，节约行政成本和司法资源，根据《中华人民共和国民法典》《中华人民共和国行政诉讼法》《婚姻登记条例》等规定，最高人民法院、最高人民检察院、公安部、民政部制定了《关于妥善处理以冒名顶替或者弄虚作假的方式办理婚姻登记问题的指导意见》，现予印发，请结合实际贯彻执行。

附：

关于妥善处理以冒名顶替或者弄虚作假的方式办理婚姻登记问题的指导意见

一、人民法院办理当事人冒名顶替或者弄虚作假婚姻登记类行政案件，应当根据案情实际，以促进问题解决、维护当事人合法权益为目的，依法立案、审理并作出裁判。

人民法院对当事人冒名顶替或者弄虚作假办理婚姻登记类行政案件，应当结合具体案情依法认定起诉期限；对被冒名顶替者或者其他当事人不属于其自身的原因耽误起诉期限的，被耽误的时间不计算在起诉期限内，但最长不得超过《中华人民共和国行政诉讼法》第四十六条第二款规定的起诉期限。

人民法院对相关事实进行调查认定后认为应当撤销婚姻登记的，应当及时向民政部门发送撤销婚姻登记的司法建议书。

二、人民检察院办理当事人冒名顶替或者弄虚作假婚姻登记类行政诉讼监督案件，应当依法开展调查核实，认为人民法院生效行政裁判确有错误的，应当依法提出监督纠正意见。可以根据案件实际情况，开展行政争议实质性化解工作。发现相关个人涉嫌犯罪的，应当依法移送线索、监督立案查处。

人民检察院根据调查核实认定情况、监督情况，认为婚姻登记存在错误应当撤销的，应当及时向民政部门发送检察建议书。

三、公安机关应当及时受理当事人冒名顶替或者弄虚作假婚姻登记的报案、举报，有证据证明存在违法犯罪事实，符合立案条件的，应当依法立案侦查。经调查属实的，依法依规认定处理并出具相关证明材料。

四、民政部门对于当事人反映身份信息被他人冒用办理婚姻登记，或者婚姻登记的一方反映另一方系冒名顶替、弄虚作假骗取婚姻登记的，应当及时将有关线索转交公安、司法等部门，配合相关部门做好调查处理。

民政部门收到公安、司法等部门出具的事实认定相关证明、情况说明、司法建议书、检察建议书等证据材料，应当对相关情况进行审核，符合条件的及时撤销相关婚姻登记。

民政部门决定撤销或者更正婚姻登记的，应当将撤销或者更正婚姻登记决定书于作出之日起 15 个工作日内送达当事人及利害关系人，同时抄送人民法院、人民检察院或者公安机关。

民政部门作出撤销或者更正婚姻登记决定后，应当及时在婚姻登记管理信息系统中备注说明情况并在附件中上传决定书。同时参照婚姻登记档案管理相关规定存档保管相关文书和证据材料。

五、民政部门应当根据《关于对婚姻登记严重失信当事人开展联合惩戒的合作备忘录》等文件要求，及时将使用伪造、变造或者冒用他人身份证件、户口簿、无配偶证明及其他证件、证明材料办理婚姻登记的当事人纳入婚姻登记领域严重失信当事人名单，由相关部门进行联合惩戒。

六、本指导意见所指当事人包括：涉案婚姻登记行为记载的自然人，使用伪造、变造的身份证件或者冒用他人身份证件办理婚姻登记的自然人，被冒用身份证件的自然人，其他利害关系人。

七、本指导意见自印发之日起施行。法律法规、规章、司法解释有新规定的，从其规定。